AF344734

Gestión logística integral

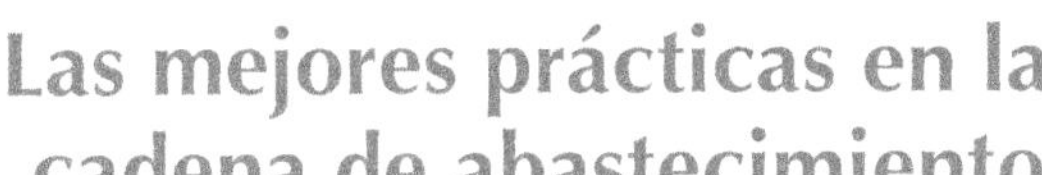

Las mejores prácticas en la cadena de abastecimiento

Luis Aníbal Mora García

Colección: Biblioteca de logística
Director: David Soler

Gestión logística integral. Las mejores prácticas en la cadena de abastecimiento
1.ª edición, Ecoe Ediciones, 2011, Bogotá, ISBN 978-958-648-910-2 – 978-958-648-572-2
  (edición digital)
2.ª edición, Ecoe Ediciones, 2016, Bogotá, ISBN 978-958-771-395-4 – 978-958-771-396-1
  (edición digital)
3.ª edición, Marge Books, 2021

© 2011, 2016 Luis Aníbal Mora García
© de esta edición, ICG Marge, SL

Edita: Marge Books
València, 558 - 08026 Barcelona
Tel. 931 429 486 - marge@margebooks.com
www.margebooks.com

Dirección editorial: Claudia Garay C.
Gestión editorial: Eva Franch
Edición: Camilo Moreno, Nerea Gilabert y Laura Serral
Compaginación: Alfonso Álvarez y Mercedes Lara
Impresión: Prodigitalk, SL (Martorell, Barcelona)

ISBN edición impresa: 978-84-18532-82-5
ISBN edición digital: 978-84-18532-83-2
Depósito Legal: B 15663-2021

El papel empleado en este libro no ha sido blanqueado con cloro elemental (CI_2).

El autor

Luis Aníbal Mora García

Graduado en Ingeniería Industrial por la Universidad Nacional de Colombia, se especializó en Marketing Internacional de la Universidad EAFIT (Medellín) y tiene un máster en Dirección Logística y Operaciones en la Escuela de Negocios ENAE de Murcia (España). Tiene una larga carrera profesional y consultora en logística y distribución en compañías de los sectores automotriz, transportes, construcción y consumo masivo. En la actualidad es catedrático en másteres de logística de universidades de Colombia, México, Ecuador, Panamá y España. Autor de *Gestión logística en centros de distribución* (2011), *Logística inversa y ambiental* (2014) y *Logística del transporte y distribución de carga* (2014), entre otras.

Índice

Índice de tablas

Índice de gráficas

Índice de fotografías

Prólogo

◆

'Lo único constante es el cambio'

Nunca antes fue tan válida esta frase como en el contexto logístico actual y en sus implicaciones sobre la efectividad de las empresas que deben enfrentarse a un mercado global con una competencia local. En estos tiempos no basta con tener un producto "ganador" y un precio competitivo, es necesario prestar el mejor servicio al cliente, logrando gerenciar los recursos involucrados en su cadena de abastecimiento apropiadamente.

En este momento, la buena logística se convierte en una ventaja competitiva para las empresas, pues de su desarrollo surgen las inmensas oportunidades de rentabilidad (optimización de niveles de inventario), de eficiencia (optimización de la red de distribución) y de diferenciación ante el cliente (entregas completas y a tiempo). Por lo anterior, no podemos mirar la logística como una isla dentro de la compañía, independiente de los departamentos de compras, manufactura, *marketing* y ventas. Más bien, hay que mirarla como un área facilitadora de información e integradora de procesos y recursos que permiten disponer oportunamente del producto que requiere el mercado, en el lugar correcto y a un costo razonable.

La logística integral en el interior de la organización tiene su réplica en el exterior de la empresa, pues permite configurarla como parte de la cadena de distribución: desde la empresa productora hasta las personas consumidoras, pasando por los operadores logísticos (almacenadoras, transportistas, subcontratistas, etc.) y por los diferentes canales de distribución (distribuidoras, mayoristas y detallistas).

Es esto lo que pretende el autor con este trabajo: Mostrar de forma didáctica y amena, lo que es la logística, su desarrollo a través del tiempo, su infraestructura básica y sus aplicaciones más importantes para lograr un servicio al cliente con un mayor valor añadido.

Ing. José Iván Granada

Prefacio 1

◆

La logística se comenzó a abordar tímidamente como un concepto y hoy prácticamente es una cultura, gracias a inquietos emprendedores que se dedicaron a estudiar y aportar a esta disciplina, como es el caso del autor de esta interesante obra.

En algunos de los apartados del libro enuncia el concepto *multi* que se relaciona con lo integral que debe ser la logística con las necesidades amplias, específicas y flexibles del mercado y que se constituye en uno de los patrones que marcarán la diferencia entre cadenas de abastecimiento. Dentro de los multi podemos destacar: la especialización entre proveedores y sus alianzas (*multiproveedor*); la diversificación de productos y servicios (*multisolución*); las diversas formas de transporte (*multimodal*); la cobertura geográfica y poblacional (*multidestino*); horarios flexibles de atención y operación (*multihorario*); canales de comercialización y distribución (*multicanal*); el empaque básico, técnico y estructurado (*multiempaque*); diversas modalidades y formas de pago (*multipago*); entre otros.

Podríamos decir que de la logística por sí sola depende la efectividad del comercio de productos y servicios entre clientes y proveedores, mientras que de la *logística integral* depende la gestión de una cadena de abastecimiento que trasciende a la competitividad de un país.

Cada uno de estos conceptos y tendencias del amplio mundo de la logística, requieren de mecanismos concretos para convertirlos en acciones reales, es decir, pasarlos del discurso a la práctica. Es aquí donde deben converger los diferentes grupos de interés o *stake holders* que intervienen en la cadena de abastecimiento (centros de extracción, centros de producción y centros de consumo) incluyendo a los entes que legislan los diferentes procesos (la academia y los gremios) de tal manera que exista unidad de criterio y acción para que la gestión de la logística sea verdaderamente integral.

Los invito a interiorizar esta importante investigación y a profundizar en su teoría y sus aplicaciones, porque de ello depende la competitividad de nuestras empresas, más aún cuando la exigencia en materia de logística y de distribución pasó de ser doméstica a global.

Luz Mary Guerrero Hernández

Presidente Grupo Servientrega

Prefacio 2

Las condiciones altamente competitivas en las que actualmente se mueven los negocios han provocado que las compañías busquen mayores oportunidades y alternativas que les permitan ganar espacios en los mercados globales.

Por ello, en las últimas décadas la logística se ha convertido en un elemento fundamental que ha ganado una posición estratégica en el corazón de los negocios y de la misma competitividad nacional.

Gestión Logística Integral, Las mejores prácticas en la cadena de abastecimiento, analiza temas de mayor importancia para todos aquellos que vivimos y gozamos la logística. Además, logra de una manera muy clara conectar los orígenes de esta disciplina, desde la órbita militar; para luego convertirse en un aliado imprescindible en la gestión empresarial y la satisfacción del cliente.

Todo el contenido pormenorizado que contiene este libro acerca de principios logísticos, tecnología, casos de éxito y tendencias mundialmente exitosas como el *outsourcing* logístico, lo convierten en una herramienta indispensable en cualquier biblioteca empresarial.

Omar González Pardo
Expresidente Almacenar
Presidente de la Asociación Latinoamericana de Logística (ALL)

Gestión logística integral

Las mejores prácticas en la cadena de abastecimiento

Introducción

La logística se ha convertido en una ventaja competitiva en el entorno actual, repleta de avances tecnológicos, alta competencia y mayor exigencia de parte del cliente. Esto obliga a las empresas a ser más eficientes y productivas en los diferentes procesos de la cadena de abastecimientos y así poder competir a nivel local e internacional.

El libro visualiza, desde los inicios de la logística integral hasta la actualidad, los avances y desarrollos de la gestión empresarial en la cadena de abastecimientos. Los lectores encontrarán de forma secuencial desde los inicios de la logística hasta el día de hoy, de forma coherente, la caracterización de la cadena de abastecimiento y distribución. Además, se contemplan los diferentes aspectos que componen la logística integral, mostrando los factores claves de éxito y su proyección como herramienta indispensable en la mejora de los procesos logísticos internos y externos, los cuales se constituyen en un factor de alta incidencia y preponderancia en la rentabilidad de las organizaciones. Por último, muestra al lector, una visión de cómo gerenciar todo el proceso logístico.

Cabe anotar que este trabajo se enfoca en la descripción y aplicación de mejores prácticas en el ciclo logístico de abastecimientos y distribución de las mercancías (materia prima y productos terminados) desde su adquisición del proveedor hasta la recepción por parte del consumidor final, complementando los procesos transversales como los sistemas de información, costos e indicadores de gestión y sus respectivas megatendencias y proyecciones.

Capítulo 1

◆

Gerencia de la cadena de abastecimiento

1.1. Retrospectiva y evolución

En el mundo de los negocios el concepto de logística no tiene más de dos décadas, pese a que su desarrollo en el campo de la ingeniería industrial y la investigación de operaciones se inserta en la historia militar a partir de la Segunda Guerra Mundial.

La evolución del concepto de logística tiene que ver con su asimilación a la función de *marketing* de la empresa, debido al énfasis en su enfoque de satisfacción de las necesidades del cliente. La noción fundamental de esta evolución de la logística es *time to market*: el tiempo que media entre la concepción de la idea que dará origen al producto y su distribución física.

Con frecuencia, los términos distribución física y logística son confundidos entre sí. *Distribución física* es un concepto originado en el *marketing* e introducido por los Estados Unidos a finales de los años sesenta. Este se refiere a una unificación de cinco subsistemas (transporte, almacenaje, embalaje, carga/descarga y distribución) y un sistema de apoyo e información.

La logística en cambio está ligada al área de obtención, producción y ventas. Así, el quehacer logístico no tiene límites y debe ser manejado desde el punto de vista de un gerente de negocios.

1.1.1 Orígenes de la logística

El término logística proviene del campo militar; está relacionado con la adquisición y suministro de los equipos y materiales que se requieren para cumplir una misión. Los ingenieros logísticos de las compañías siempre han coordinado la gestión de aprovisionamiento de los suministros y materiales y el reporte continuo de insumos para *sus ejércitos*, enfrentando las *batallas* sin contratiempos y con todo lo necesario para llevar a cabo exitosamente su misión. En la actualidad, cada vez es más frecuente el uso de este término por parte de organizaciones que cuentan con un número elevado de puntos de suministro y clientes geográficamente dispersos. Un ejemplo representativo de esta situación lo constituyen las multinacionales, que llevan a cabo el aprovisionamiento de materiales, la fabricación y la distribución de sus productos en distintos países.

La década de los setenta fue muy importante para el desarrollo de la logística. Hasta ese momento, la filosofía de gestión mundial de las empresas estaba basada en:

- Los recursos energéticos en el mundo eran baratos e ilimitados.
- Las empresas tenían tasas de crecimiento siempre positivas.
- La demanda siempre sería el factor determinante de ventas y beneficios.

Pero iniciando la década de los setenta se presentan los siguientes hechos:

1. Sun Tzu, *El arte de la guerra*

La referencia más antigua de la logística militar aparece entre los años 2900 y 2800 a.C., es decir, que antecede a todo dato histórico, incluyendo los innumerables descubrimientos con que la civilización china contribuyó al avance de la humanidad: la invención de la red, la escritura, el papel, la pólvora, la imprenta, el arnés, el estribo, el paraguas, la brújula, la circulación de la sangre, la acupuntura, el cero en matemáticas, la primera ley del movimiento, que por tanto tiempo hemos atribuido a Newton, y otros aportes de los que da cuenta la obra monumental de Sun Tzu, *El arte de la guerra.*

Tabla 1. **Hechos relevantes en el desarrollo de la logística.**

Crisis de Petróleo	Recesión Económica	Aumento de tasas de interés	Aumento competencia internacional
• Aumento del precio del crudo. • Reducción del suministro de derivados y aumento de costos de transporte. • Escasez de materias primas.	• Alta inflación. • Alto desempleo. • Altas tasas de interés. • Escasez de materias primas. • Incertidumbre de precios. • Fluctuaciones en las tasas de cambio de las principales monedas.	• Alto costo por inventarios inactivos. • Alquiler de almacenes y contratación de transporte.	• Oportunidad de mercados externos. • Bajar costos a partir de la distribución física.

Para comprender mejor la relación existente entre la logística militar y la logística empresarial, se muestran en el siguiente cuadro las afinidades entre las principales variables de ambas disciplinas.

Tabla 2. **Comparativo entre la logística militar y empresarial.**

Concepto	El campo de batalla	Logística empresarial
Tácticas estratégicas	• Análisis del enemigo • Divide y vencerás • Posición	• Análisis de la competencia • Diversión • Multi-proveedores
Estructura organizacional	• División por ejercicios	• División por productos
Recursos básicos	• Personas de alto desempeño • Armas eficaces • Munición y tecnología	• Personal de alto desempeño • Métodos y procesos ágiles • Capital y tecnología
Sistema de información y comunicación	• Ordenadores • Radares • Telecomunicaciones • Prensa y radio	• Ordenadores • Internet, EDI, GPS • Código de barras, RFID
Claves de éxito	• Estrategia • Liderazgo • Recursos humanos	• Globalización • Core *Business* • Talento humano

Tabla 3. **Evolución de la logística.**

Los orígenes (1950)
Período de crecimiento y aumento de la demanda: la capacidad de producción y venta era muy superior a la capacidad de distribución. Muchas empresas podían fabricar productos con rapidez y venderlos con regularidad, pero tenían dificultades para entregarlos a tiempo y de manera eficiente.
La transición (1960)
La polarización del mundo en dos grandes bloques políticos: capitalismo y socialismo. El tiempo de respuesta es «hoy» mismo, pues los centros de distribución están abarrotados de los productos que el mercado demanda; los medios de transporte fueron la prioridad del desarrollo, especialmente el ferrocarril en Europa y el transporte terrestre en Norteamérica.
Tiempos de respuestas (1980)
El concepto de distribución física se unió con el de gestión de materiales. La economía comenzó a experimentar períodos de recesión y de crecimiento. Los equipos directivos de distribución física empezaron a analizar los programas de *marketing* y a preguntar sobre temas relativos al servicio al cliente, en términos cuantitativos y cualitativos. Los equipos que iniciaron su participación en procesos de toma de decisiones relativas a la estrategia de gestión de inventarios, vieron que el tiempo de respuesta podía mejorar de forma considerable la rentabilidad de la empresa si se planeaban correctamente las operaciones de distribución. Los equipos de distribución física comenzaron a ganar respetabilidad entre sus colegas de *marketing* y finanzas.
Gestión de materiales (1980)
Apareció el concepto de gestión de materiales. El MRP brinda el soporte específico para propiciar una mayor productividad de las plantas y los principios del Kaizen. La gestión de materiales adoptó rápidamente una postura proactiva en el diseño de la estrategia de fabricación. En el desarrollo de los conceptos de distribución física y gestión de materiales ha jugado un papel destacado la digitalización de las operaciones en las empresas. Cobró importancia la disponibilidad de capital, así como su coste (una escasez de capital es negativa, puesto que distribución física y gestión de materiales son procesos intensivos en capital). Durante la década de 1980 también se vio el desarrollo de nuevos servicios de distribución y, posteriormente, se inició el proceso de racionalización de los servicios de transporte.
Globalización (1990)
Adquieren creciente importancia las operaciones a nivel internacional, las cuales no sólo significan importación y exportación. Las multinacionales se distinguen por su capacidad para integrar y controlar operaciones internacionales, con fabricación especializada y estrategias de *marketing* globales. Esta globalización exige ser capaz de coordinar actividades complejas, de forma que las compras, la producción y la financiación tengan lugar en los países con costos más bajos. Una perspectiva global de este tipo ha evidenciado la necesidad de gestionar la logística a nivel mundial. Más concretamente, esta nueva logística debe ser capaz de controlar el proceso complejo de distribución de inversiones dentro y entre un gran número de naciones con leyes, culturas, niveles de desarrollo económico y aspiraciones diferentes. Ejemplo: Mac Donald´s.

1.1.2 Madurez de la logística

Cuando se habla de logística empresarial, muchos profesionales aún no tienen claridad sobre el término. Algunos se refieren a las actividades de despacho y al personal que separa, consolida, carga y envía los pedidos de los clientes de una compañía, catalogándolas como rutinarias y no generadoras de valor añadido para el producto. La verdad es que *marketing y ventas trajeron los pedidos y consiguieron convertir el inventario en dinero, es decir, ya cumplieron con su función.* Las demás áreas como compras, programación de producción, manufactura y distribución tienen que satisfacer las necesidades prometidas e ingresadas a nuestro sistema. En ocasiones, ese es un problema de estos departamentos. Si no se logra el objetivo de satisfacer esos requerimientos, parece que las ventas perdidas son responsabilidad de la compañía, excepto de *marketing* y ventas.

Hay una verdad inobjetable: *Todas las compañías están para satisfacer las necesidades de los clientes.* La materialización de este principio se realiza por medio del *marketing* y de las ventas, cuando la empresa recibe los pedidos, los procesa, despacha y cobra lo facturado al cliente. Todos los departamentos deben tener el mismo horizonte: solo existe un cliente para la compañía. *Marketing* y ventas no tienen un cliente; compras otro y así sucesivamente. Es necesario planificar y coordinar estas actividades para cumplir con el cliente y también con nuestra organización: Bajos costos, mayor rentabilidad y un nivel de servicio en continuo proceso de mejora.

Gráfica 1. **Evolución de la gestión logística.**

1. Caos operativo	– Responsables de área aislados
2. Integración y planificación	– Gerencia de logística y planificación
3. Gestión de la cadena de suministro	– Redes de valor
4. E-logística	– Entregas con recursos electrónicos
5. Logística inversa	– Reciclaje y normas de protección medioambiental
6. Logística inalámbrica y sin papel	– Trazabilidad

1.2 Caracterización y generalidades

Actualmente dentro de una empresa, las necesidades pueden ser internas (aprovisionamiento de bienes y servicios para garantizar el funcionamiento de la organización) o externas (la satisfacción del cliente). La logística recurre a varias actividades y *know how* que participan en la gestión y control de flujos físicos y de informaciones, así como de medios.

La logística es una actividad interdisciplinaria que vincula las diferentes áreas de la compañía, desde la programación de compras hasta el servicio postventa; pasando por el aprovisionamiento de materias primas; la planificación y gestión de la producción; el almacenamiento, manipuleo y gestión de *stock*, empaques, embalajes, transporte, distribución física y los flujos de información.

Con la logística se determina y coordina de forma óptima el producto correcto, el cliente correcto, el lugar correcto y el tiempo correcto.

Por lo tanto, la logística no es una actividad funcional sino un modelo, un marco referencial. No es una función operacional, sino un mecanismo de planificación. Es una manera de pensar que permitirá incluso reducir la incertidumbre en un futuro desconocido.

La importancia de la logística viene dada por la necesidad de mejorar el servicio al cliente, optimizando la fase de *marketing* y transporte al menor costo posible. Algunas de las actividades que pueden derivarse de la gestión logística en una empresa son las siguientes:

- Aumento en líneas de producción.

- Eficiencia en la producción, es decir, alcanzar niveles altos de manufactura.

- Mantenimiento de niveles de inventarios cada vez menores en la cadena de distribución.

- Desarrollo de sistemas de información.

1.2.1 Definición

La definición promulgada por el *Council of Logistics Management* (CLM, en español Consejo de Administración Logística), una organización profesional de administradores logísticos, educadores y profesionales fundada en 1962, con el propósito de su educación continua y el intercambio de ideas, es: '*La logística es el proceso de planificar, implementar y controlar el flujo y almacenamiento eficiente y a un costo efectivo de las materias primas, inventarios en proceso, de producto ter-*

minado e información relacionada, desde los puntos de origen hasta los de consumo; con el propósito de satisfacer las necesidades de los clientes'.

Gráfica 2. **Esquema del sistema logístico.**

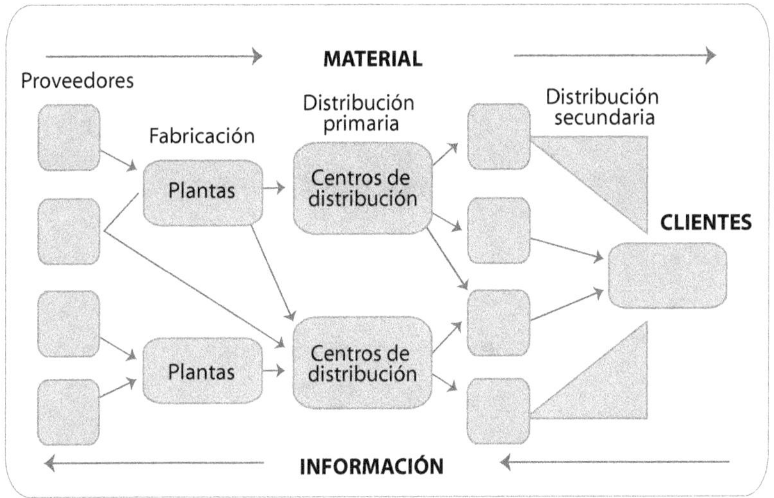

La anterior es una excelente definición, con dos posibles objeciones:

- Da la impresión de que solamente está relacionada con el movimiento de productos. Realmente, muchas empresas que producen servicios en lugar de bienes afrontan problemas logísticos importantes y también pueden beneficiarse de la buena administración logística.

- La acepción del CLM implica que el logístico está interesado en el flujo de bienes para y desde su organización. Esta responsabilidad parece también incluir los flujos del producto a lo largo del proceso de manufactura. Para el logístico no es probable tratar con procesos de producción detallados como el control del inventario en proceso, programación de máquinas o control de calidad de las operaciones. Además, excluye la actividad de mantenimiento.

La misión de la logística es entregar los bienes o servicios correctos en el lugar y tiempo acordados y en la condición deseada, mientras se hace la contribución mayor a la compañía.

En síntesis, se puede definir la logística como la gerencia de la cadena de abastecimiento, desde la materia prima hasta el punto donde el producto o servicio es finalmente consumido o utilizado. Con tres flujos importantes de materiales (inventarios), información (trazabilidad) y capital de trabajo (costos).

Como función gerencial, la logística involucra, además de la distribución física (el almacenamiento y el transporte), otros conceptos como la localización de las plantas y almacenes, los niveles de inventarios, los sistemas de indicadores de gestión y el sistema de información; los cuales se constituyen en aspectos importantes del proceso logístico integral.

Gráfica 3. ¿Qué es logística?

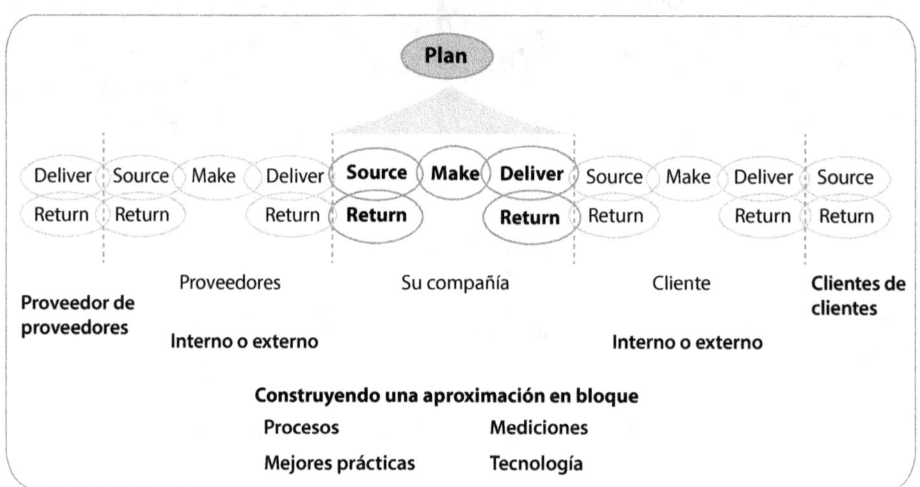

1.2.2 Componentes de la logística

La logística es un conjunto de actividades que son repetidas muchas veces a lo largo de la cadena de abastecimiento, desde que las materias primas son convertidas en productos terminados y se agrega valor para los consumidores. Debido a que las fuentes de materias primas, fábricas y puntos de venta no están típicamente localizadas en los mismos lugares y el canal representa una secuencia de pasos de manufactura, las actividades logísticas ocurren muchas veces antes que un producto llegue al mercado. Además, las acciones logísticas se repiten también cuando los bienes son usados y reciclados en el canal logístico.

Gráfica 4. **Cadena logística tradicional.**

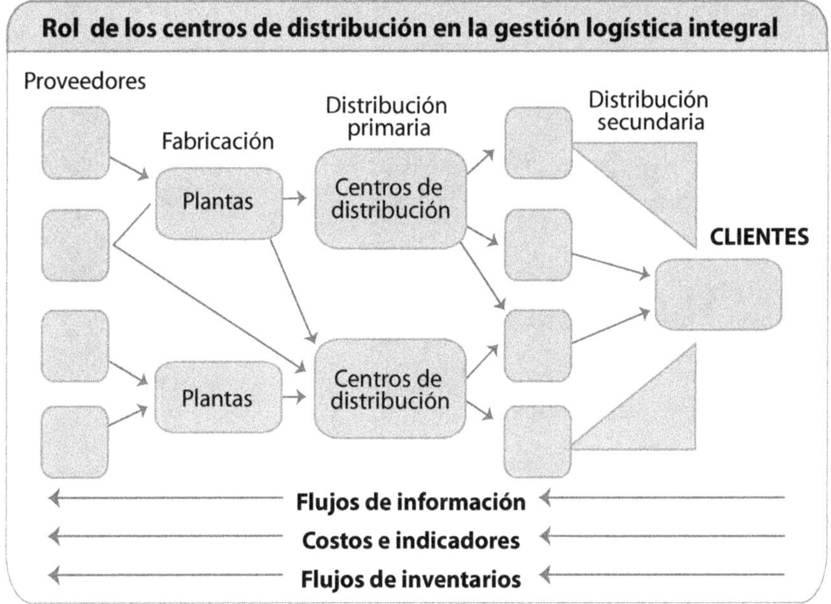

Generalmente, una sola organización no es capaz de controlar su canal completo de flujo de productos, desde las fuentes de materia prima hasta los puntos de consumo final, aunque es una oportunidad emergente. Para propósitos prácticos, la logística de negocios para empresas individuales tiene un alcance limitado. Usualmente, el control administrativo máximo que puede esperarse está sobre los canales de abastecimiento y distribución física.

El canal de abastecimiento físico se refiere al intervalo de tiempo y espacio entre las fuentes inmediatas de material y sus puntos de procesamiento. Igualmente, el canal de distribución física se refiere al intervalo de tiempo y espacio entre los puntos de procesamiento de la empresa y sus clientes. Debido a las similitudes en las actividades de los dos canales, el abastecimiento físico (comúnmente llamado manejo de materiales) y la distribución física comprenden aquellas labores que están integradas en la logística de negocios. La administración logística de negocios es conocida popularmente también como gestión de la cadena de abastecimiento.

Una variable de gran importancia es si la empresa es de carácter industrial o comercial, pues de ahí depende en gran parte cuáles actividades logísticas va a desarrollar, lo cual se observa en la gráfica 5.

Gráfica 5. **Procesos logísticos en empresas comerciales e industriales.**

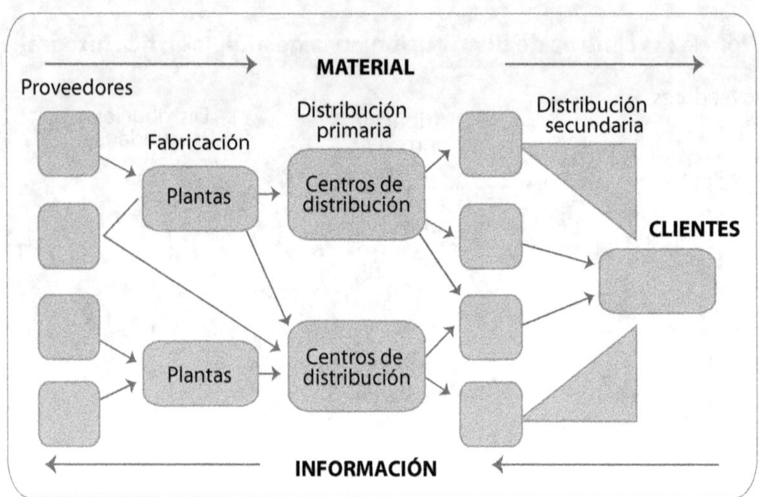

Aunque es fácil pensar la logística como la gestión del flujo de productos desde los puntos de adquisición hasta los clientes, para muchas compañías existe un canal de logística inverso que también debe ser administrado. La vida de un bien, desde el punto de vista logístico, no finaliza con el despacho hacia el cliente. Las mercancías se vuelven obsoletas, se averían o no son funcionales y son devueltas a sus puntos de origen para ser reparadas o disponer de ellas en otras formas. El canal de logística inverso puede ser completo o una porción del canal logístico futuro, o este puede requerir un diseño por separado. La cadena de abastecimiento termina con la disposición final de un producto y el canal inverso debe ser considerado dentro del alcance de la planificación y el control logísticos.

1.2.3 Objetivos de la logística

El objetivo de la logística es aumentar las ventajas competitivas, captando y reteniendo clientes y generando un incremento en los beneficios económicos obtenidos por la comercialización y producción de los bienes y servicios; mediante la interacción de las actividades enumeradas anteriormente: distribución física, aprovisionamiento de materias primas, manejo de información, tiempos de respuesta, control del nivel de inventarios, estudio de la demanda, servicio al cliente. Todo ello se traduce en una tasa de retorno de la inversión más elevada, con un aumento de la rentabilidad.

Otro de los objetivos primordiales de la logística es reducir costos y contribuir sustancialmente a los beneficios de las compañías, mediante la racionalización y optimización de los recursos utilizados.

Se tienen entonces los siguientes objetivos:

- Asegurar que el menor costo operativo sea un factor clave de éxito.
- Suministrar adecuada y oportunamente los productos que requiere el cliente final.
- Convertir la logística en una ventaja competitiva ante los rivales.

Para ser competitivo en un esquema tradicional, elevar el precio de venta era la estrategia moderadora en los mercados protegidos y cerrados. Lo anterior ya no es posible porque en un mercado globalizado el precio no lo fija la empresa productora, sino que lo establece quien consume. En consecuencia, el beneficio se plantea como:

Precio Mercado – Costo = Beneficio

La otra alternativa está basada en la reducción del costo de producción, lo cual no es significativo si no existe reconversión tecnológica, que además de costosa es de muy lenta implantación. Por lo anterior, se puede concluir que cualquier racionalidad en los niveles de inventario y en su flujo a lo largo de la cadena logística, incide positivamente en los estados financieros.

1.2.4 Causas y alcance

Causas

Como se anotó anteriormente, la necesidad de las organizaciones de ser eficientes en la cadena de abastecimiento y competitivas en el mercado actual ha ayudado a desarrollar el esquema logístico a nivel interno y con un acelerado crecimiento a nivel mundial. Esto se ha evidenciado especialmente en las multinacionales. Desde el momento en que se incrementó el libre comercio, los precios de venta al público los impone el mercado y no las compañías. En este entorno tan exigente las organizaciones que sobreviven y son exitosas son aquellas basadas en optimizar su gestión logística con el fin de reducir costos y ser más competitivas internacionalmente. El quehacer logístico se convierte entonces en un factor de éxito y en una herramienta crítica para la incursión en nuevos mercados.

Entre las causas más importantes que motivan a las compañías a tecnificarse y a desarrollar intensamente su cadena logística se destacan:

- Exigencia creciente de los consumidores.
- Importancia de los costos logísticos en el valor añadido de los productos.
- Competencia creciente a nivel mundial.
- Globalización de la economía.
- Desarrollo tecnológico de los sistemas y comunicaciones.
- Aumento en el nivel de servicio al cliente.

Para administrar acertadamente la gran variedad de funciones operacionales involucradas en este flujo de materiales y mercancías a lo largo de la cadena de abastecimiento, se ha recurrido a la logística como una herramienta de gestión que proporciona una visión de conjunto sobre la demanda, el almacenamiento, el manejo de materiales, el transporte y los inventarios.

Como proceso de gestión, la logística es el concepto económico que responde a una necesidad económica: la búsqueda de la rentabilidad, tal como lo dijo Peter Drucker: *'La logística es la última frontera de la rentabilidad'.*

Alcance de la logística

La aplicación de la logística va más allá de determinar, por ejemplo, cómo se deben mover las mercancías (¿por medio de una carretilla elevadora o por medio de una transpaleta?), cuándo se deben mover (¿debe haber un momento de existencias?) o cuándo un pedido debe entrar a producción. Visto de esta manera, la logística no solo es una función del almacenamiento, manejo de materiales y transporte, sino es un método de dirección y gestión que se limita a ser una 'esclava' de sus requerimientos. Como resultado de la implementación de estas medidas, la nueva estructura de costos logísticos parece ser mejor o más flexible; sin embargo, una vez hecho esto, ¿qué nuevos desafíos existen para la logística y para los responsables que se desempeñan en esta área?

Gráfica 6. **Gestión integrada del sistema logístico.**

Gestión integrada del sistema logístico interno

Flujo de material

Proveedores | Aprovisionamiento | Producción | Distribución física | Clientes

Flujos de información

• Gestión de abastecimiento
• Programa de necesidades
• Gestión de capacidad

• Gestión del programa maestro
• Gestión de la demanda
• Programa de distribución

Base de datos integrada

• Mínimo costo total de operaciones

• Variación mínima

• Control del serv. cliente
• Reducción del inventario

TEORÍA DE RESTRICCIONES

Es aquí cuando surge el concepto de gestión de la cadena de suministro o *Supply Chain Management,* el cual no es un nombre nuevo para las tareas logísticas tradicionales, sino una redefinición de su radio de acción o cobertura y una visión extendida de la cadena de abastecimiento: integrando las cadenas logísticas de los proveedores y clientes más las organizaciones de servicios logísticos que intervienen en la cadena logística primaria. Respecto a la gestión de la logística tradicional, las principales diferencias radican en que las áreas anexas son definidas como parte de la *Supply Chain.*

Adicionalmente a las metas que han sido fijadas a los responsables logísticos tradicionales de las empresas, los *Supply Chain Managers* deben reducir las interfaces en la cadena de suministros. Es decir, deben eliminar aquellos procesos que no otorgan valor añadido. En definitiva, su pensamiento debe estar orientado a los procesos y no a las funciones.

La tarea de un *Supply Chain Manager* es la gestión integrada de la cadena de suministros incluyendo clientes, operadores y proveedores, para los cuales no es el "esclavo" de las áreas anexas, sino que es un 'optimizador e integrador' de estrategias y tácticas; con el poder suficiente para la toma de decisiones sobre las áreas funcionales de las compañías (cuándo y dónde producir, en qué cantidad, de qué sucursal despachar, a qué cliente, etc.).

Evidentemente, esta es una gestión con un alto grado de complejidad, lo cual ha generado la aparición de nuevos sistemas de apoyo informático. En la actualidad, varias empresas ya han reemplazado sus sistemas informáticos múltiples por otros que tienen la capacidad de manejar todos los ámbitos internos de la organización bajo una sola plataforma (ERP). Los positivos resultados de estas implementaciones se reflejan tanto en el aumento de la seguridad y la agilidad de los procesos en todas las áreas funcionales (por ejemplo, en la guía de recepción de una importación se actualiza la tabla de precios importados de los múltiples productos de forma *online,* prorrateando los costos logísticos como el transporte *in bound*), como en la mayor agilidad para acceder a la información interna.

Estos sistemas permiten a los responsables de la cadena de suministro ver el estado actual sin visualizar la cadena de suministro completa (situación más favorable para una planificación óptima). Así, al ejecutar planificaciones de forma secuencial no toman en cuenta restricciones de la cadena de suministro global (filosofía MRP). Esta deficiencia es absorbida por sistemas adicionales como el *software* de *Supply Chain Management,* los cuales se complementan con los sistemas ERP añadiendo herramientas más sofisticadas (por ejemplo, permiten incluir restricciones, realizar simulaciones, etc.) e incluso sustituyéndolos en algunas funciones de planificación.

Es importante destacar que el *software* de *Supply Chain Management* necesita un sistema ERP para la ejecución de los planes (transacciones) y está diseñado para integrarse con distintos sistemas ERP. Entonces, ¿es esto el avance más grande al que han llegado las organizaciones líderes o *Trend Setters*, que compiten entre sí, gestionando sus cadenas de suministro? La respuesta es claramente no. Los *Trend Setters* han eliminado la 'grasa' de los sobrecostos logísticos, generados por la gestión de la cadena de suministro, mediante los nuevos sistemas. Sin embargo, estos han llegado a la conclusión que los mayores potenciales de mejora están en el manejo de la información, es decir, mirando, no hacia el pasado, sino hacía el futuro cercano. Ya no es una cadena de suministro tradicional, sino una comunidad de suministro colaborativo. Los gestores de esta comunidad deben integrar los procesos de planificación y *forecasting* (pronóstico), requiriendo para ello considerar a los clientes y proveedores como sus socios en el intercambio de la información.

Gráfica 7. ***Supply Chain Management*** **(Cadena de Abastecimiento).**

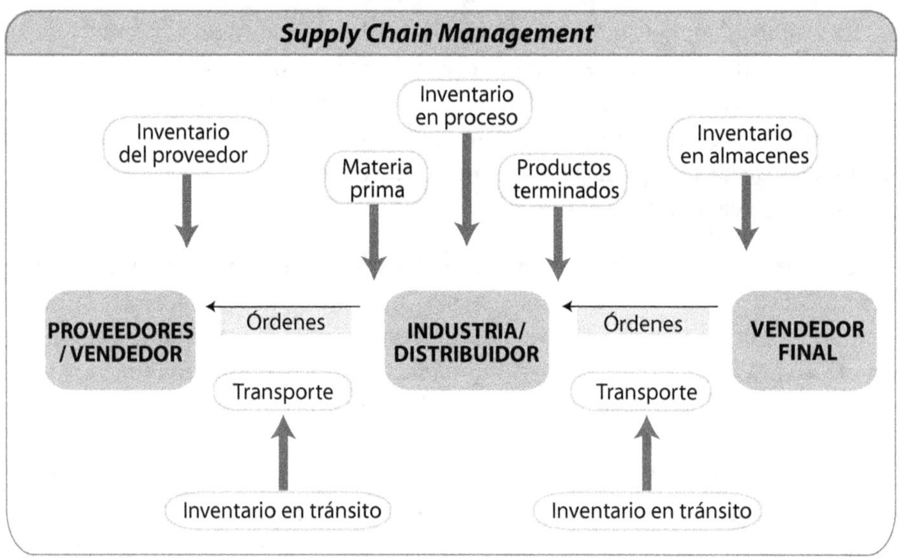

De esta manera, la gestión integrada de la cadena de suministro depende de la calidad de la información. El secreto entonces es dónde obtener dicha información, cómo procesarla y cómo minimizar la incertidumbre involucrada. Disponer únicamente de la información de ventas a clientes significa tener poca visibilidad de la demanda real. La falta de la visibilidad de la demanda resulta en un círculo vicioso. Las empresas con poca o nula visibilidad de su demanda absorben este defecto con niveles de *stocks* adicionales. Por su parte, los alcances de *stock* elevados aumentan el *lead time* logístico de la cadena completa, lo cual resulta en que los análisis son ejecutados no en función de los datos reales de venta, sino en función de los pedidos de los clientes. Estos pedidos tampoco reflejan la información requerida del consumidor final. Esta estimación de la demanda resulta obviamente en errores en la previsión, los cuales se absorben nuevamente con *stock* adicional.

Las compañías líderes tratan de redefinir la receta tradicional del *forecasting*. Esta tiene como ingredientes principales las metas de la gerencia, los pronósticos basados en estudios de *marketing*, de producción y de ventas; siendo este último, al avanzar en dirección a la demanda del consumidor, el ingrediente más 'caliente', es decir, que expresa la información más fidedigna acerca de la demanda. No obstante, se observa que por lo general se da más importancia a los ingredientes 'fríos', como las instrucciones entregadas por la casa matriz, que convierten a esta receta en una 'sopa fría'.

Entonces el objetivo de la integración y la colaboración a lo largo de la cadena de suministros es sincronizarla con la demanda, debido a que la optimización de procesos individuales no conlleva a la optimización global de la cadena. Para incrementar la velocidad de la cadena de abastecimiento es necesario que las cantidades a pedir sean planificadas simultáneamente. Sincronizar las empresas por medio de información precisa y en el momento exacto es la clave para reducir tiempos de ciclo y simplificar procesos. El enfoque tradicional ha sido mantener niveles de *stocks*, pero hoy la tendencia apunta a reducir el *lead time* logístico para romper el círculo vicioso.

La filosofía detrás de la compresión del *lead time* logístico es: "Cambiar *stocks* por información". Al contrario de la definición tradicional de reducción de tiempos de ciclos, que implica aumentar la cantidad de ciclos de producción y de entrega a clientes, la nueva acepción significa adelantarse al conocimiento de la demanda real. Para romper esta última barrera, las organizaciones líderes se han acordado de la necesidad de colaborar. Existen procesos complejos en la cadena de suministros que requieren una estrecha colaboración entre fabricantes y distribuidores, para conseguir una gestión eficiente de los mismos, como la planificación conjunta de promociones para la introducción de nuevos productos, para productos estacionales, entre otros.

Estos procesos pueden desarrollarse con distintos grados de colaboración entre las compañías, que van desde la nula ayuda, la información escrita (vía fax o *e-mail*) compartida con poca frecuencia, hasta la información intercambiada con frecuencia por medio de una página web; así como la compartida dinámicamente con estándares y *software*s de colaboración.

1.2.5 Paradigmas internos empresariales

- Es imposible ver la demanda real.
- La demanda real puede ser captada y debe ser compartida con los proveedores.
- Compartir información con nuestros proveedores/clientes no nos hace necesariamente vulnerables.

- Las empresas compiten con productos, servicio a los clientes y eficiencia de sus operaciones; no con datos de ventas.

- Se requieren sistemas muy poderosos para obtener mejor información.

- Solo se trata de conseguir la información adecuada. Los sistemas ayudan a mejorar, pero en general el primer paso genera grandes beneficios.

- El pronóstico se hace mensualmente, de acuerdo con lo pactado en el presupuesto.

- El *forecast* es dinámico y debe revisarse incluso diariamente.

- El presupuesto anual es el peor enemigo de una buena planificación operativa.

- La planificación logística y de producción se genera, muchas veces, a partir de un pronóstico distorsionado por objetivos o sistemas de incentivos.

- Por otro lado, en las empresas creen que 'empujar' el producto crea demanda.

- En general, forzar el ingreso de bienes al mercado solamente significa aumentar el costo logístico por retornos y exceso de inventarios.

Paradigmas externos

- El más beneficiado es el proveedor.

- Un beneficio para el proveedor necesariamente se trasforma en un beneficio para toda la cadena de suministro hasta el consumidor.

- Compartir información con proveedores compromete la postura de negociación del cliente.

- Compartir información permite negociar con base en reducciones de costo genuinas.

- Los lanzamientos y promociones tienen un impacto clave sobre la planificación. Sin embargo, representan información demasiado sensible para compartirla.

- El costo de una mala planificación, en el caso de lanzamientos y promociones, es muy alto para toda la cadena. El problema principal: la confianza.

Para los responsables de logística de hoy, el primer gran paso es lograr integrar una visión orientada a la cadena de suministro. Desde el proveedor hasta el cliente, el *forecasting* y la planificación operativa resultante nunca serán mejores que los datos de entrada. El secreto es aumentar la visibilidad de la demanda a lo largo de la cadena de suministro. Esto se logra identificando las fuentes de información más confiables (*point of sale*); eliminando las barreras internas de la organización; e integrando a proveedores y clientes como 'socios' en la obtención y usufructo de la información.

Además, es necesario reducir todos los tiempos de ciclo internos y externos de la cadena de suministro, es decir, el *lead time* logístico. Solo en algunos casos se debe evaluar la integración de herramientas de planificación operativa para complementar las herramientas de planificación táctica. La idea es avanzar paso a paso y únicamente hacer las grandes inversiones cuando la empresa haya entendido y adoptado profundamente el concepto del cambio (*Change management* interno).

1.3 Logística, herramienta competitiva

La evolución de los mercados ha hecho que cada día sea más difícil para las compañías satisfacer las necesidades y exigencias de los consumidores y usuarios de bienes y servicios producidos y comercializados en un entorno global de la economía, las comunicaciones y los negocios.

1.3.1 Cadena de valor logística

Partiendo de la concepción de Michael Porter sobre las ventajas competitivas que deben generar las empresas para diferenciarse de sus competidores y para mantener los clientes, se concibe la logística como una actividad que genera valor al producto, en términos de oportunidad y reducción de costos.

Gráfica 8. **Cadena de valor logística.**

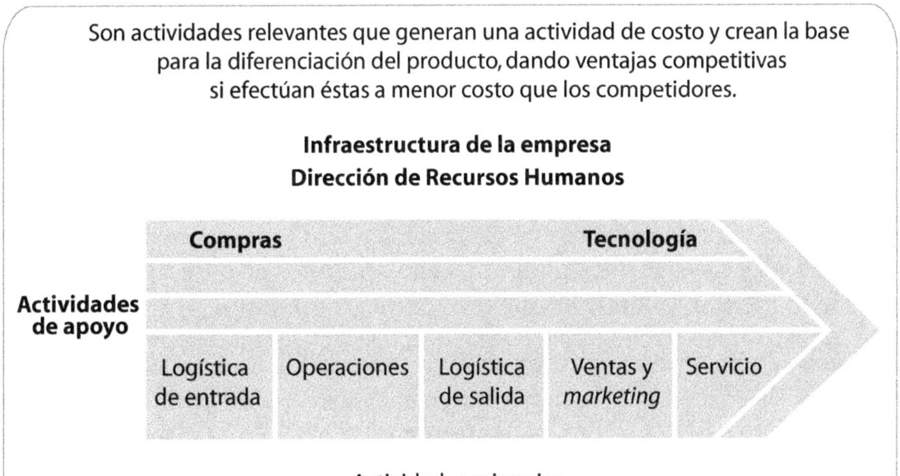

Es importante precisar que el modelo de cadena de valor propuesto por Michael Porter, visualizando el esquema logístico en tres macro procesos operativos que agregan valor al producto e identificando las actividades que no lo hacen (estas se ubican en áreas de soporte de la compañía y son susceptibles de ser tercerizadas o inclusive eliminadas para reducir costos fijos), se ve afectado si existen problemas en las entregas y en la calidad del bien ofertado.

Es indudable que las empresas deben identificar y fortalecer las ventajas competitivas que las diferencian en el mercado de sus competidores y les generan más ventas y riqueza.

Gráfica 9. **Ventajas comparativas y competitivas.**

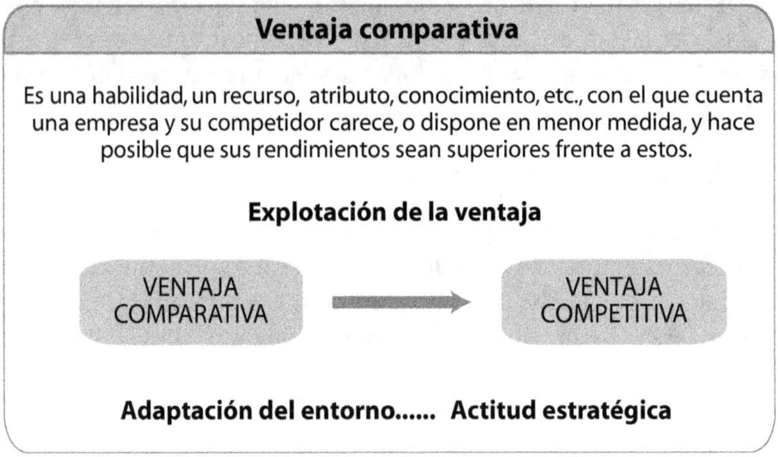

Ventaja comparativa

Es una habilidad, un recurso, atributo, conocimiento, etc., con el que cuenta una empresa y su competidor carece, o dispone en menor medida, y hace posible que sus rendimientos sean superiores frente a estos.

Explotación de la ventaja

VENTAJA COMPARATIVA → VENTAJA COMPETITIVA

Adaptación del entorno...... Actitud estratégica

1.3.2 Creación de valor añadido

La logística está para crear valor a los clientes, proveedores y accionistas de la compañía. El valor en logística está expresado en términos de tiempo y lugar. Los productos y servicios no tienen valor, a menos que estén en posesión de los clientes cuándo (tiempo) y dónde (lugar) ellos deseen consumirlos.

La buena administración logística observa cada una de las actividades en la cadena de abastecimiento y analiza cómo contribuyen para el proceso de añadir valor. Sin embargo, se adiciona valor cuando los clientes están dispuestos a pagar más por un producto o servicio después de recibirlo.

Para muchas empresas en el mundo, la logística se ha convertido en un proceso de agregar valor significativamente importante por diferentes razones:

Los principales interrogantes básicos que se plantean al estructurar una red de distribución (como ¿dónde ubicar los centros?, ¿con qué niveles de inventarios deben contar?, ¿con qué frecuencia deben aprovisionarse?, entre otros) pueden responderse usando modelos de optimización o simulación. Estas herramientas de soporte de decisiones posibilitan reducir el tiempo dedicado a valorar cada combinación, a la vez que dan la posibilidad de una interacción dinámica entre el analista y el sistema, enriqueciendo el resultado del estudio.

Gráfica 10. **Evolución del valor en la gestión logística.**

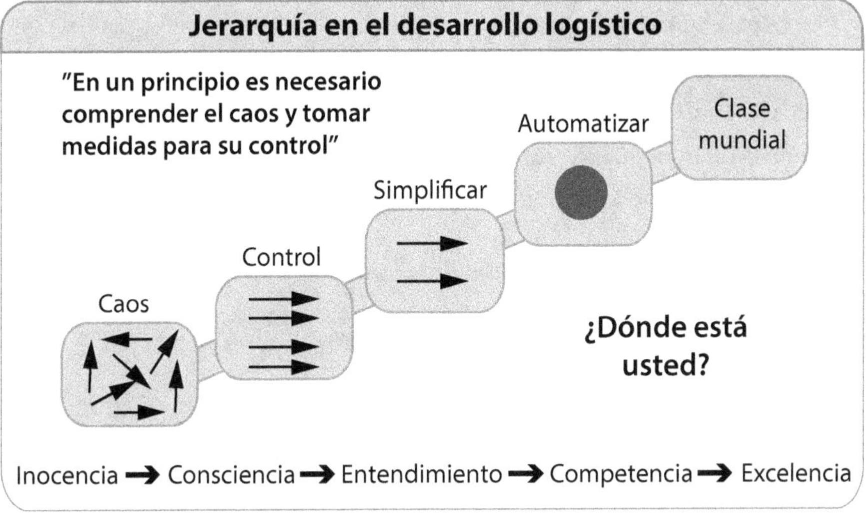

Un análisis de este tipo debe realizarse con el enfoque de integración del flujo logístico, desde el aprovisionamiento hasta la entrega del bien al cliente. Con este enlace es como se consiguen realmente los mejores resultados.

Cabe observar que para las organizaciones es imprescindible agrupar todas sus actividades logísticas de acuerdo con el tipo de actividad que desarrollan y, luego, crear una red logística que tenga un liderazgo que planifique y organice todas las funciones de una manera armónica y eficiente. Así se puede evitar que, por el error o descuido de uno de los agentes de la cadena de distribución, el producto no llegue al cliente de forma oportuna, en las cantidades acordadas y con la calidad requerida.

Adicionalmente, el quehacer logístico se convierte en un instrumento diferenciador en el mercado cuando logra aplicarse de forma efectiva en el punto de venta (momento de la verdad).

Cada día más empresas reconocen el preponderante papel de la logística en el desarrollo industrial. En su sentido más general, la logística facilita la transformación de los bienes desde la materia prima hasta su distribución como producto terminado. Su objetivo final, por lo tanto, consiste en la generación de un servicio que proporcione el nivel adecuado de disponibilidad de las mercancías, al menor costo y en las mejores condiciones posibles.

Competitividad logística equivale a:

- Satisfacción completa del cliente.
- Aplicación de tecnologías avanzadas.
- Estrategias logísticas coherentes.
- Mejora continua de procesos.
- Generación de ventajas competitivas.
- Sistemas de información integrados.
- Rápida adaptación al cambio.

Gráfica 11. **Responsabilidad del sistema logístico.**

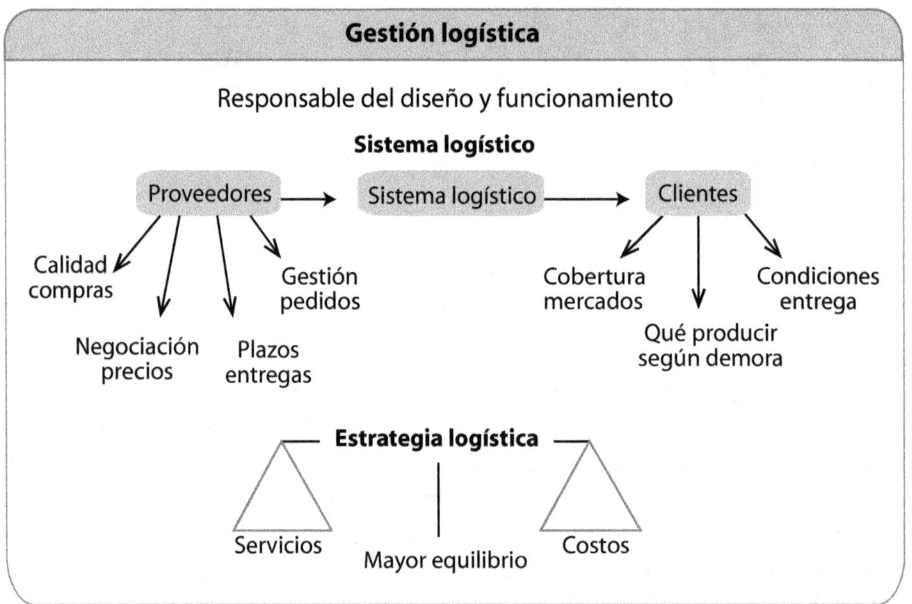

La logística, por ende, añade valor al producto y tiene un papel sobresaliente en el desarrollo empresarial:

- Como elemento de enlace entre oferta y demanda. Cuanto mayor es el nivel de sustitución del producto, mayor importancia adquiere la función de aprovisionamiento de los mercados.

- Como centro de costos. Impacta tanto sobre la política de activos fijos (almacenes automatizados, flotas de transporte, etc.) como sobre el circulante (niveles de inventario, mejoras de flujo de caja, etc.).

- Como elemento de *marketing*, tanto en la disponibilidad, crítica en las primeras etapas de la vida de un bien, como en la estructura de precios, debido a los costos de distribución.

- El servicio logístico se convierte en un componente primario del valor del servicio ofrecido por el distribuidor.

- Por lo tanto, el servicio logístico se convierte en una variable estratégica que influye sobre la globalidad de la compañía, a la que hay que dotar de estructura física, estructura orgánica y estructura de gestión.

- El modo de organizar el flujo de mercancías (pedidos, recepción, devoluciones, etc.) se convierte en una operación clave del negocio. Además, sumada a la poca relevancia de los procedimientos de transformación.

- Normalmente, el reaprovisionamiento de un distribuidor es más complejo que el de una empresa industrial. Hay que gestionar un gran número de referencias, fechas de vencimiento, promociones, descuentos por cantidad, surtido, etc.

- Los costos logísticos tienen una gran influencia en el valor unitario del producto, lo cual llega a condicionar la presentación del mismo (peso, volumen, diseño de envases, etc.).

1.3.3 ¿Cómo destruimos valor?

En la identificación de los procesos logísticos clave para una organización, se encuentran unas actividades que no aportan, sino que destruyen valor en las empresas. Estas generan sobrecostos y gastos que no están presupuestados y reducen la rentabilidad de las compañías. Estas tareas innecesarias no se vislumbran en un estado de pérdidas y ganancias, se mantienen ocultas en la operación logística, debido a problemas de eficiencia interna, a falta de planificación y dimensionamiento de la capacidad logística para atender a los clientes finales.

Por lo tanto, la actuación de la persona encargada de la logística no se limita a identificar estas actividades, sino a proponer a su empresa la eliminación o tercerización de labores que destruyen valor, generan gastos innecesarios y requieren una mayor atención de las áreas involucradas en la gestión logística. También se trata de delegar en los responsables las medidas urgentes para acometer y reducir las pérdidas ocasionadas.

Planificación estratégica, táctica y operacional

Al igual que cualquier actividad empresarial, el objetivo clave de la logística es lograr una tasa de retorno de la inversión más elevada y mejorar la rentabilidad. Para conseguirlo, se debe efectuar una planificación dentro de la empresa, la cual puede cubrir los siguientes niveles:

- Planificación estratégica.
- Planificación táctica.
- Planificación operativa.

Gráfica 12. **Diseño de la estrategia logística.**

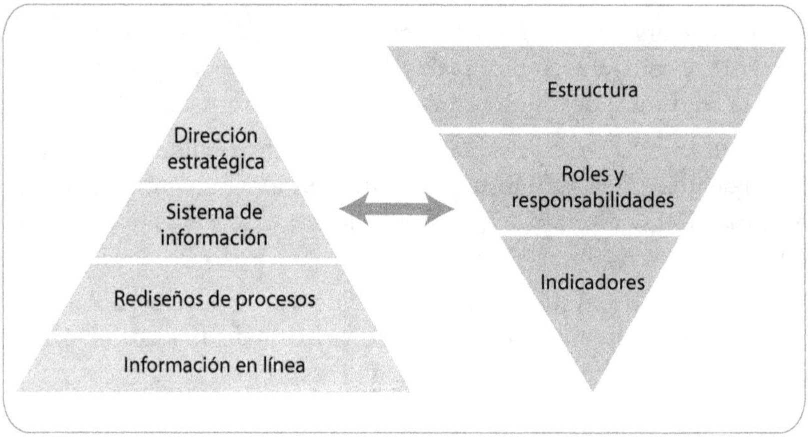

Planificación estratégica

En ella se determinan los siguientes aspectos:

- Número de fábricas y almacenes requeridos.
- Localización de plantas de fabricación.
- Tipo de equipo de fábricas y almacenes.
- Asignación de demanda y posicionamiento de los inventarios dentro del sistema.
- Tipo de inventarios (materias primas, productos en proceso o productos terminados).
- Nivel tecnológico y dimensionamiento de fábricas y almacenes.
- Niveles de producción de fábricas.
- *Stock* normativo de los almacenes.
- Tipos de transporte (vehículos).

Planificación táctica

Varias decisiones tácticas influyen en el comportamiento de cualquier sistema. Estas son la base de la coordinación porque aseguran que los distintos intercambios (*trade-offs*) estén en consonancia con los objetivos de la compañía. Entre las decisiones tácticas más comunes encontramos:

- Elección del modo de transporte en las distintas etapas del sistema logístico.
- Objetivos y política de rotación de inventarios.
- Objetivos de funcionamiento y rutas de productos a lo largo del proceso logístico.
- Equipos de fabricación.
- Equipos de manutención.
- Diseño de almacenes.
- Dimensión de la flota de transporte, políticas de distribución, volumen y naturaleza de los inventarios.

Planificación operacional

En esta etapa se busca establecer el tamaño y la frecuencia de los lanzamientos de producción, el tamaño y la frecuencia de los envíos de la fábrica a los almacenes, las rutas de entrega, los programas para entregas locales y los niveles de personal en los distintos departamentos.

- Programación de aprovisionamiento.
- Distribución de centros logísticos.
- Sistemas de transporte y almacenamiento.
- Volumen de compras.
- Clasificación de artículos.
- Equipos de manejo.

1.3.4 ¿Cómo desarrollar el plan logístico?

Toda empresa requiere desarrollar un plan estratégico logístico con el fin de visualizar a corto, mediano y largo plazo sus objetivos y misiones, según la competitividad del mercado. Este ayuda a la organización a reconocer sus propias debilidades y a reforzar sus fortalezas, con el propósito de tomar medidas oportunas en beneficio de su proceso logístico.

Para llevar a cabo un plan logístico es necesario tener en cuenta los siguientes puntos:

Relación con los planes de negocio de la empresa

- Visión y misión de la empresa.
- Mercado, clientes, canales y productos.
- Crecimiento interno y adquisiciones.
- Servicio y corte competitivo.
- Factores claves de éxito.

Elementos que incluye el plan logístico

- Pronóstico de ventas (volumen).
- Recursos logísticos (instalaciones y distribución).
- Requerimientos de niveles de servicio.
- Costos del sistema logístico actual y proyectado.
- Impacto de los factores internos y externos.

A continuación, se enumeran los pasos a seguir para la implementación de un plan estratégico de logística, cuya finalidad es convertir la función logística en una herramienta competitiva dentro y fuera de la organización.

Efectuar evaluaciones internas y externas (diagnóstico)

a. Evaluaciones internas

- Recursos logísticos actuales (instalaciones, transporte, personal).
- Estructura de costo actual (instalaciones, transporte, inversión en inventario).
- Sistemas de información actuales.
- Niveles de servicio y desempeño actuales.
- Misión u objetivos definidos internamente.

b. Evaluaciones externas

- 'Requisitos' competitivos del mercado (Costo, servicio, calidad).
- Estrategia/ejecución del competidor ('Líderes' o 'seguidores').
- Estableciendo los actuales niveles logísticos en compañías 'competitivas' y empresas logísticas de 'clase mundial'.

Análisis formal para desarrollar un plan estratégico logístico

Objetivo

Evaluar el desempeño costo/servicio del sistema logístico bajo escenarios estratégicos de negocios.

Pasos del análisis formal

a). Definir claramente alternativas de escenarios estratégicos:

- Pronósticos de ventas por mercado y línea de producto.
- Cuantificar la cantidad de objetivos del servicio.

b). Definir alternativas lógicas para satisfacer escenarios estratégicos:

- Instalaciones (localización).
- Transporte (alternativas).
- Inversión en inventario (objetivos).
- Ayuda a los sistemas de información (recursos).
- Alternativas de redes logísticas: nacional, global.

1. Seleccionar las formas analíticas para evaluar alternativas
- Modelos estratégicos de 'redes':
  - » Modelos simples.
  - » Modelos de 'simulación'.
- Modelos de optimización:
  - » Modelos 'operacionales' de transporte y almacenamiento.
  - » Modelos 'financieros' de inversión en inventario e inversión de capital.
  - » Modelos de 'servicio'; medidas de servicio (tiempos de llenado), ciclos, porcentajes, etc.

2. Estructurar y evaluar las alternativas usando modelos
- Usar modelos *operacionales* para desarrollar costos.
- Usar modelos *estratégicos* para evaluar alternativas (costo–servicio).
- Usar modelos *financieros* para evaluar la inversión (inventario–capital).
- Usar modelos de *servicio* para medir el desempeño (parte de la estrategia/ modelos financieros).

3. Conducir análisis sensitivos ('Que tal si'); escenarios usando modelos
- Impacto de variar los pronósticos en la demanda.
- Impacto de variar los impactos de costos.
- Impacto de variar las necesidades de servicio.
- Impacto de variar los objetivos de inversión.

4. Diseño final de plan de acción
- Implementación a corto y mediano plazo.
- Seguimiento y soporte.

1.4 Organización funcional

1.4.1 Situación anterior (caos logístico)

Como ya se mostró, en la primera parte de la evolución logística, esta no formaba parte de la estructura funcional de las empresas tradicionales y existían áreas independientes como compras, inventarios, producción, almacenamiento y distribución; muchas veces subordinadas de las áreas comerciales y de ventas, que manejaban y diseñaban las políticas de entrega sin un enfoque logístico. Esta orientación ocasionaba problemas con los niveles de inventario y servicio al cliente final. La gestión era por funciones más no por procesos y no había nadie responsable de la gestión integral, desde la planificación de la empresa proveedora hasta el cliente final. En consecuencia, el área logística era emergente y no se percibía como un valor añadido sino como una actividad secundaria de la parte comercial. En épocas de autoabastecimiento y economías cerradas el quehacer logístico no era esencial, pues la rentabilidad se basaba en aumentar los recursos de venta cuando los costos aumentaban. Existían entonces sistemas oligopólicos que no prestaban atención a la eficiencia y optimización logística interna, pero sí a crecer en ventas y posicionamiento sin ánimo de rentabilidad.

Gráfica 13. **Etapas de la logística en la organización.**

Etapas de la evolución logística en la organización		
Incipiente	1	• Identificación de conflictos funcionales en la firma. • Estrategias "tibias" en vista de centralizar operaciones logísticas.
Formativa	2	• Consolidación para la distribución física de productos. • Desarrollo de la gestión de aprovisionamiento a semejanza de las *trading companies*.
Desarrollo	3	• Centralización a nivel compañía y agrupamiento a nivel corporativo. • Internacionalización de funciones logísticas y externalización de operaciones mediante prestatarios de servicios. • Percepción de las necesidades una contabilidad analítica de costos logísticos.
Avanzada	4	• Integración de la logística a la producción (introducción del tiempo real). • Introducción de medios teleinformáticos para la gestión. • Uso de EDI (Intercambio Electrónico de Datos) y sistemas expertos.

Después de los años noventa, las compañías iniciaron la creación del área logística como la encargada, en un principio, de las áreas de almacenes, transporte e inventarios, pero sin el control del flujo integral de procesos sino de actividades críticas. Esto contribuyó a concebir y posicionar la logística como una herramienta clave para no solo reducir los gastos internos, sino estructurar el quehacer logístico en función de la demanda y la infraestructura existente; proyectando la empresa a futuro de acuerdo con crecimientos y planes estratégicos.

En su etapa de gestación, la logística interna de las organizaciones entraba en conflicto con las áreas afines, debido a que su principal misión era controlar el flujo y sincronizar la demanda de los recursos logísticos. Este rol era contradictorio con los objetivos de áreas como la comercial y de compras, que tenían sus propias y fuertes políticas, generalmente, contrapuestas a la gestión logística. Esta última, se enfocaba más en la nacionalización de los recursos logísticos; en evitar despilfarros y errores en los pronósticos; así como en la ejecución de las actividades. A continuación, se relacionan las causas de conflicto interno.

Tabla 4. **Situaciones que crean conflictos entre áreas.**

	Problema	Compras	Producción	*Marketing*	Logística
	Situaciones que crean conflictos entre áreas				
1	Grandes volúmenes de compras	Ventaja: grandes descuentos			Aumento costos de almacenaje
2	Largas series de producción		Bajos costos operativos	Desventaja: rango estrecho de productos	
3	Amplio rango de productos	Desventaja: descuentos pequeños por bajo volumen	Desventaja: altos costos de producción	Ventaja: diversidad del portafolio	Altos costos por mayor espacio y manipulación
4	Reducción tiempo de entrega (7-4)		Menos costos de operación	Ventaja: mejor servicio al cliente	Se aumenta costos del sistema
5	Unidades estándar de carga	Consecución de materiales e insumos	Desventaja: adecuación del sistema de producción	Desventaja: pérdida de ventas por pequeños clientes	Reducción de costos por unificación de cargas
6	Diseño de nuevos productos			Ventaja: incremento de participación en *marketing*	

Una empresa cuya estructura organizacional y funcional integra la logística como factor clave en su proceso de gestión, crecimiento y posicionamiento en los mercados globales, presenta las siguientes características:

- La gestión logística aparece diferenciada dentro del organigrama de la compañía y está subordinada al más alto nivel de dirección.

- Para ejercer su función integradora, la gerencia logística utiliza formas de trabajo avanzadas como equipos primarios (con participación de delegados de las diferentes áreas de la compañía), búsqueda del consenso interfuncional, equipos de tareas, dirección matricial, etc.

- La gerencia logística se caracteriza por su dinamismo y alta capacidad de reacción, gracias a una estructura plana basada en grupos de trabajo autónomos y con facultades para tomar decisiones relacionadas con la ejecución de los procesos; así como con un carácter interfuncional.

- Existe una base documental donde se recogen los objetivos, políticas, normas, procedimientos, funciones y el sistema informativo de la logística. Esta permite la descentralización de las decisiones; la coordinación de las decisiones tomadas en distintos grupos o departamentos; así como la formación específica del personal. Esta documentación se utiliza racionalmente, lo cual se refleja en que la actividad del personal es guiada por su contenido; los reportes constituyen la base para la evaluación de los empleados.

- Está bien definido el personal que se dedica a realizar sistemáticamente los pronósticos de demanda y el estudio de los clientes actuales y potenciales. Estos son la base para los planes logísticos, de producción y para las otras actividades empresariales, ejecutados con una alta integración con los clientes.

- La empresa acude cotidianamente al *outsourcing* para garantizar una amplia gama de servicios logísticos, principalmente, de operadores especializados en tales servicios; manteniendo una estrecha relación para evitar situaciones que creen conflictos entre áreas, coordinado con los proveedores por medio de un sistema de gestión del *outsourcing* y garantizando suministros de productos y servicios de elevada eficiencia; así como un efectivo impacto en la producción y ventas de la organización. En determinados casos, puede llegarse a emplear el *outsourcing* total, separando los procesos logísticos de los procesos de transformación. Con esto se logra una mayor concentración del potencial productivo y técnico para la manufactura (el *core business* de la organización), aumentando la capacidad de innovación.

- Existe una clara reglamentación de los procesos y actividades logísticas, que posibilita garantizar una alta estabilidad en la aplicación de las mejores soluciones en los procesos. Esto sirve de principio para la aplicación de la norma ISO 9000. La empresa debe certificarse con la norma ISO 9000, lo cual le permite garantizar a los clientes una calidad suministrada establemente y a su vez acceder a los mercados de todos los países de manera competitiva.

- Los procesos logísticos se ejecutan con una alta continuidad, principalmente, el flujo de bienes, materias primas, materiales y semielaborados; redundando en mínimos inventarios en toda la empresa, menores pérdidas y elevada respuesta a los clientes.

- La compañía cuenta con especialistas en gerencia y supervisión logística y con la cantidad necesaria de personal operativo, los cuales tienen un nivel de formación general satisfactorio y a su vez una formación especializada en logística de acuerdo con su función, por medio de programas formales. Igualmente, los empleados acreditan una experiencia en la actividad no menor de 5 años. Existe una rotación del personal no superior al 5%. Desempeñándose en el área logística, los trabajadores ven posibilidades de promoción y mejora profesional.

- Existe un programa de formación para todos los empleados, gracias al cual cada trabajador recibe, por lo menos, una actividad de capacitación o desarrollo profesional al año. La empresa realiza también una evaluación del desempeño laboral, mínimo, una vez al año. Con esta se le informa a cada área las necesidades de aprendizaje y/o desarrollo que debe resolver y se sustenta el programa de formación.

- Todo el personal que trabaja en el sistema logístico conoce y se apropia de la misión, objetivos, políticas y normas del sistema logístico de la compañía. Asimismo, domina las funciones y la contribución que se espera que tenga para el correcto cumplimiento de las metas industriales y de servicio.

- Existe una alta participación de los trabajadores en la gestión del sistema logístico, dada principalmente por: la toma de decisiones del personal a todos los niveles; una alta participación de los empleados en la proposición, evaluación e implementación sistemática de mejoras en el sistema; así como el fomento del trabajo en equipo.

1.4.2 Situación actual (área logística)

Gráfica 14. **La logística en la organización.**

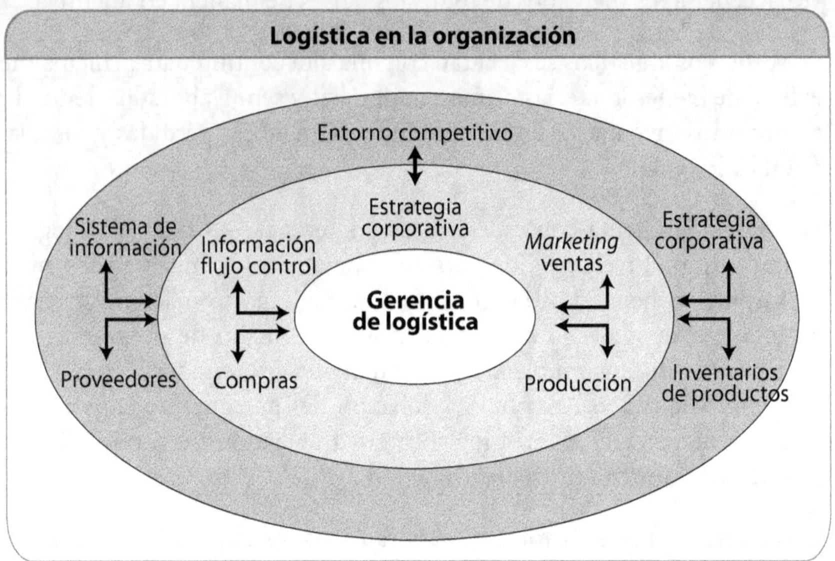

Ahora la logística ocupa un papel protagonista en la dirección de las empresas y en la toma de decisiones internas. Los departamentos de logística integran todas las actividades de distribución, con un equipo de dirección cuya función fundamental es coordinar el aseguramiento de la cadena de distribución hacia el cliente final.

Una organización de excelencia logística se caracteriza por los siguientes aspectos:

- La logística se encuentra en la primera línea dentro de la empresa.
- Alineación óptima de la organización logística, vía indicadores de desempeño.
- Planificación central y operación local.
- Remuneración basada en desempeño.
- Estructura alineada de la organización logística, con todos los procesos bajo una directriz común.
- Equipo de trabajo con programas de educación profesional y certificación en logística.
- Alianzas estratégicas en logística para neutralizar debilidades de la compañía.
- Logística amigable en operaciones.
- Equipos de proyectos y planificación en logística.
- Análisis permanente para promover una cultura de mejora continua.

1.4.3 Ubicación de la logística en el interior de la organización

En el organigrama de la empresa, la logística ocupa una posición entre manufactura, departamento comercial y el de *marketing*. El primer objetivo de la política de *marketing* es definir la gama de productos que conviene fabricar y ofrecer al mercado y concebir sus características; de tal forma que se responda mejor a la demanda de los consumidores. En este aspecto, las relaciones con la logística son dobles. Por una parte, la extensión de la gama de bienes ofrecidos tiene una incidencia directa sobre los costos de manufactura y distribución física; por otra, el acondicionamiento adoptado para la presentación de los productos influye sobre los tipos de embalajes y las unidades de carga que es posible utilizar.

Gráfica 15. **Ubicación de la logística en el interior de la organización.**

Organigrama funcional de la logística

Presidencia

Área comercial / operativa

Área logística	Área sistemas	Ventas / *marketing*	Área / financiera
Compras	Importaciones		
Producción	Almacenes		
Transporte	Serv. cliente		

Así como hay actividades netamente específicas de producción, tales como las técnicas de fabricación, manejo de materiales, programación de la manufactura, control y mantenimiento; existen tareas escalonadas de la logística, por ejemplo: transporte, control de inventarios, almacenes de materia prima, producto terminado y manejo de materiales. No obstante, hay actividades que se interrelacionan entre producción y logística como la programación de manufactura, la localización de plantas, su dimensionamiento, su implantación interna y aprovisionamiento. De igual modo, hay cruce de labores con el área comercial en los temas de servicio al cliente y distribución.

Debido a la importancia y ascenso del área logística en las industrias modernas, donde ya no es subordinada y secundaria sino un departamento *staff* que atraviesa transversalmente la empresa y se encarga del flujo de productos, control de costos e indicadores y los sistemas de información soporte para la trazabilidad; proyectándose como una gestión con autonomía y poder de decisión. En empresas de un cierto volumen, se ha convertido en una vicepresidencia, con un mayor control sobre la inversión en infraestructura y tecnología. La logística también se está ganando un espacio como administración corporativa para el control de grupos de compañías afines, promoviendo sinergias para la gestión de los recursos y cadenas de abastecimiento, conocidas como *clusters* o cadenas integradas.

Dirección logística

Dentro de la gran cantidad de funciones que pueden tener las entidades involucradas en el proceso logístico, se ilustrarán solo aquellas que afectan de forma directa o indirecta el flujo de mercancías.

Un primer medio para mejorar los métodos de explotación y la organización general del sistema logístico consiste en crear una dirección logística funcional, teniendo competencia para desarrollar los métodos, seleccionar los medios, efectuar las previsiones de actividad y planificar la implantación. Sin responsabilidad jerárquica esta dirección no intervendría directamente en el plan operacional de explotación, pero aseguraría una coordinación eficaz por medio del plan y de los programas que elabora.

La dirección de distribución física, cuya responsabilidad es el diseño y la administración del sistema logístico, ha de ocupar un lugar tal en la organización que le posibilite contribuir eficazmente al logro de los objetivos de la compañía; contribuyendo así a la evolución y crecimiento externo; trabajando de forma colaborativa y permanente con aéreas afines como sistemas, compras, producción, *marketing* y ventas, para así tener una mejor planificación de la demanda. Esta última es la base de todo proceso logístico y su conocimiento permite enfrentar la incertidumbre del mercado y controlar la red logística interna y externa.

1.4.4 Perfiles logísticos (el nuevo perfil del individuo logístico)

El nuevo perfil de la persona responsable de un departamento de logística para el siglo XXI es el de alguien integral y con una serie de competencias laborales que enunciaremos a continuación. Estas sirven de base para la acertada contratación de este tipo de profesional:

- Manejo de herramientas de ingeniería industrial y administrativa.
- Dominio, como mínimo, de dos idiomas y, a futuro concretamente, del mandarín.

- Dominio de sistemas de información y tecnologías punteras aplicadas a la gestión logística.

- Gestión de personal para solución de conflictos y trabajo en equipo.

- Mente abierta y pensamiento global, receptivo a los cambios dramáticos del entorno y con capacidad de adaptación a ellos.

- Dominio de la evaluación de proyectos; identificación y control de costos logísticos e indicadores de gestión.

- Experiencia real, por lo menos, en operaciones claves como almacenamiento, transporte y abastecimiento.

- Planificación a medio y largo plazo, con el fin de dimensionar el área y monitorizar su crecimiento en escenarios locales y globales.

La misión del experto en logística es suministrar bienes o servicios para los clientes de acuerdo con sus necesidades y de la manera más efectiva posible. Este papel del profesional cobra un mayor poder en las empresas en la medida que se convierte en un agente integrador de todas las áreas funcionales de la compañía; en especial de aquellas que interactúan directamente con los distintos agentes de su cadena de abastecimiento, desde empresas proveedoras hasta clientes, pasando por competidores, socios comerciales, usuarios internos, entidades gubernamentales y asociativas.

El reto para quienes tienen la responsabilidad de gestionar y controlar una operación logística pasa entonces de ser solo un requerimiento de entrega de productos a tiempo y en las condiciones pactadas, a ser una labor más integral enfocada a la integración de las actividades empresariales. Todo esto en función de la optimización de los recursos financieros puestos a disposición de las operaciones de la compañía; de la proyección hacia nuevos mercados y la expansión de los actuales; así como del fortalecimiento y paulatino aumento de la capacidad de respuesta de la industria en los mercados globales.

Gráfica 16. **El trabajo de los logísticos.**

1.4.5 Futuro de la logística

Aunque en el capítulo IV de este libro se detallarán las megatendencias de la gestión logística, es claro que el quehacer logístico tradicional se ha convertido en una red de operaciones más completas. Ya no solo es la gestión interna sino la relación con los demás agentes logísticos externos que conforman la cadena de abastecimiento; la tendencia de buscar esquemas de colaboración con los proveedores y clientes e incursionar en operaciones de venta mediante comercio electrónico. *E-logistics* es una nueva alternativa de operaciones de distribución y venta de productos, que emplea la Internet para llegar de forma rápida (en tiempo real) a clientes potenciales en todo el mundo. El comercio electrónico se caracteriza por la alta frecuencia de entregas y el pequeño tamaño de los pedidos, que implican una nueva logística intensiva y de cambios estructurales en los sistemas de almacenamiento y despacho de carga.

Otro asunto relevante son las normas internacionales para la conservación del medio ambiente, que implican que la logística aporte a la sostenibilidad del planeta, mediante la adopción de buenas prácticas de manufactura en las fábricas; así como el uso de cajas y palés que ayuden a minimizar el impacto ambiental de las operaciones logísticas.

Finalmente, la revolución en la gestión logística es la implantación del RFID en las compañías, para tener la trazabilidad de sus operaciones de entrega y devolución, y así aumentar la productividad y el control de sus productos a lo largo de la cadena de abastecimiento. Gracias a las etiquetas de radiofrecuencia, no se requiere de otros documentos en papel para registrar un bien. La identificación con el *tag* o chip del EPC permitirá tener un mejor control logístico y una optimización de la función logística interna y externa.

Ya no se hablará de logística sino de competencia entre cadenas de abastecimientos locales y globales. Estas serán conformadas por empresas dentro de grupos corporativos, que tendrán una unidad logística para la operación de todas las cadenas de suministro. Así se lograrán sinergias, economías de escala, reducción de costos logísticos, mayor competitividad y supervivencia en mercados cada vez más exigentes (bajos costos, calidad del producto y eficiencia logística).

Para futuros años se prevé que no habrá cadenas logísticas sino redes de valor. Las empresas tendrán integrados sus sistemas de información y visibilidad de inventarios, compartiendo datos y creando relaciones de colaboración para optimizar sus *stocks* y entregas. Serán muy comunes los *clusters* o cadenas de suministro sincronizadas en función de los clientes, en las cuales la información será esencial para el éxito. La virtualidad y conectividad entre los diferentes actores serán un vínculo logístico mundial. Las tecnologías punteras, el aumento de la trazabilidad y el control de la información a escala global serán esenciales para una buena gestión de las cadenas de abastecimiento.

Capítulo 2

Los macroprocesos en la gestión logística

2.1 Gestión de compras y abastecimientos

2.1.1 Sistema integral de compras

En términos de gestión y control de operaciones relacionadas con los flujos físicos de materiales, las compras se constituyen en la primera función de la cadena de suministro. Esto debido a que el inicio de este importante proceso depende de las necesidades de materias primas y materiales de empaque identificadas para los procesos productivos; así como de los repuestos para las tareas de mantenimiento, recursos humanos necesarios, horas de carretillas elevadoras requeridas en el centro de distribución, etc. Tal determinación de actividades nace de la planificación y pronóstico de la demanda que realice una determinada compañía. Sin embargo, la función de compras se integra a este proceso, al igual que al de innovación y desarrollo, como un agente conocedor de las fuentes de aprovisionamiento y, por ende, de aquellos actores capaces de satisfacer de manera óptima los requerimientos de adquisición de la empresa.

Gráfica 17. **Cadena interna de suministros.**

Logística de aprovisionamientos

Proveedores ....**Clientes**

Cadena interna de suministros

Funciones:
- Anticiparse a las necesidades del usuario.
- Negociar ampliamente con proveedores.
- Garantizar el CICLO de entrega al cliente.
- Interpretar las tendencias de precios y alzas.
- Localizar y determinar fuentes fiables de suministro a clientes.

Objetivos de compras

En las compañías modernas, algunos de los objetivos que persigue la gestión del abastecimiento son:

- Satisfacer a los clientes internos y externos, entregándoles oportunamente los productos y servicios solicitados, a precios competentes y con los niveles de calidad requeridos.

- Mantener continuidad en el abastecimiento de bienes y servicios.

- Conservar óptimos niveles de inventarios, que permitan obtener un equilibrio entre el nivel de servicio ofrecido a los clientes, el índice de agotados y la inversión de capital en *stocks*. Se pretende ofrecer un alto nivel de servicio con un bajo índice de agotados y optimizar el dinero invertido en existencias (tener una alta rotación del inventario).

- Desarrollar acuerdos con proveedores, generalmente a largo plazo que posibiliten optimizar las relaciones comerciales entre las partes, obteniendo mutuos beneficios.

- Garantizar el mejor precio de compra del mercado. Obtener costos bajos acordes con calidad y servicio.

- Respaldar mediante un buen costo de compra la posición competitiva de la empresa en el mercado.

- Garantizar la compra de productos de alta calidad.

Para ello es fundamental contar con el apoyo de los demás integrantes de la cadena de abastecimiento, tanto de proveedores y productores como de clientes y proveedores de servicios logísticos (operadores logísticos).

Gráfica 18. **Cadena de abastecimiento.**

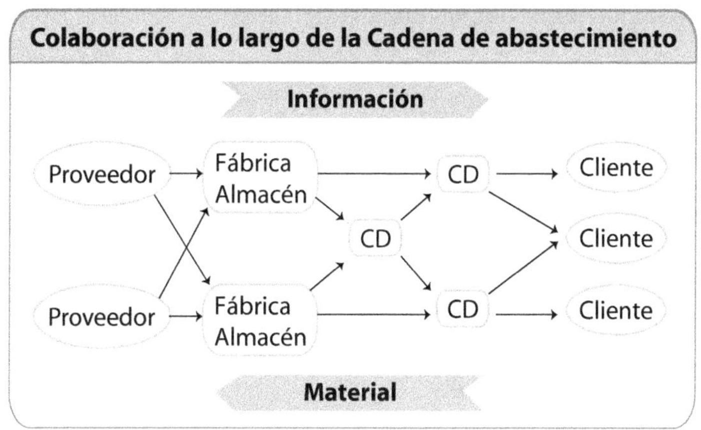

Las principales oportunidades que el área de compras tiene de agregar valor dentro de la empresa son, entre otras:

- Mejora de las cadenas de abastecimiento para generar y aumentar la productividad de todos los integrantes y, por consiguiente, el desarrollo de la compañía.

- I+D (Investigación + desarrollo) promovido desde compras, para encontrar mejores opciones que satisfagan las necesidades de los clientes, a menores costos.

- Mejora de los diferentes servicios externos (servicios públicos, transporte, etc.) existentes en el entorno y en las cadenas de abastecimiento. Estos terminan formando parte de la red de suministro, siendo en su mayoría muy costosos.

- Centralizar la responsabilidad del resultado de la gestión de compras, estableciendo una organización inteligente, proactiva, empoderada e influyente.

2.1.2 Compras como función logística

En principio, la gestión de compras y de aprovisionamiento se presenta como encaminada a la adquisición, reposición y, en general, a la administración y entrega de materiales e insumos indispensables para el adecuado desempeño de la organización. Todo esto con el objetivo de obtener calidad, cantidad y precio justo; con un equilibrio sostenido entre la compañía y el proveedor para beneficio mutuo.

Bajo el enfoque logístico, esta área adquiere un papel más preponderante, en la medida que actúa como agente integrador entre clientes y proveedores, formando así parte del concepto de cadena de abastecimiento. Compras tiene una característica natural de unir las relaciones entre industrias correlacionadas, más allá de simples esquemas de negociación, pasando a modelos de colaboración e integración.

En primera instancia y bajo el punto de vista operacional, podríamos definir las principales funciones de compras como:

- Revisión de requerimientos.
- Selección de proveedores.
- Ubicación de órdenes.
- Programación de entregas.
- Análisis de propuestas comerciales de proveedores.
- Manejo de negociaciones con proveedores.
- Seguimiento de órdenes de compra.
- Entrevista al personal de compras.
- Gestión de quejas de clientes.
- Suministro de información para compras de capital.
- Desarrollo y entrenamiento de otros compradores.
- Administración de archivos de desempeño de los proveedores.
- Ampliación de nuevas fuentes.
- Establecimiento de programas de estandarización.
- Manejo de decisiones *'hacer o comprar'*.
- Ejecución de análisis de materiales y productos.
- Realización de análisis y predicciones de tendencias de mercado y pronóstico de ventas.

Gráfica 19. **Función de las compras.**

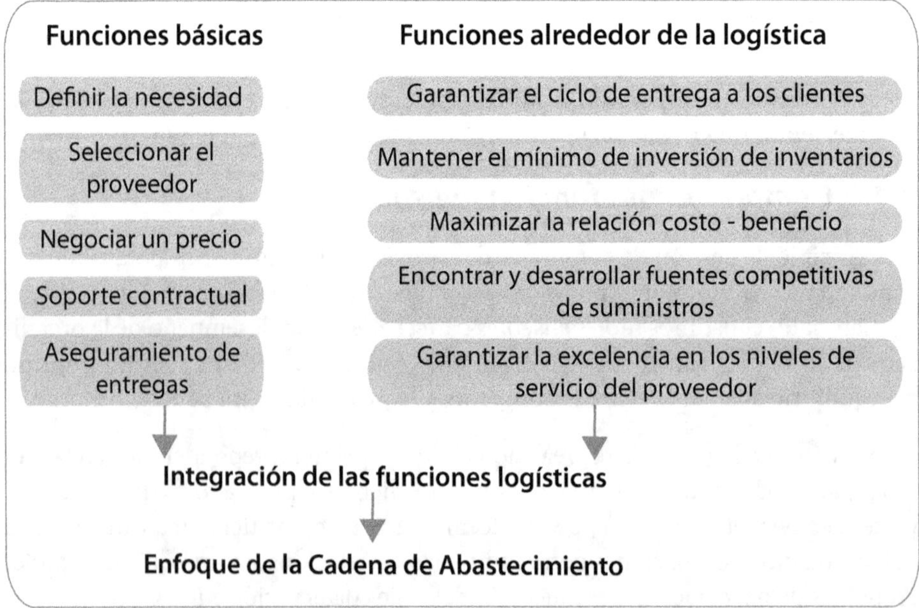

Enfoque Tradicional – Enfoque de Logística

De este enfoque de las compras, derivado de la óptica logística, nace el concepto de la orden perfecta, el cual resume en una sola variable todos aquellos factores de eficiencia y buenas prácticas que se deben tener en cuenta al momento de gestionar el aprovisionamiento de una compañía. Por lo general, esta noción se traslada a un indicador, el cual lleva el mismo nombre, por medio del cual es posible controlar la eficiencia de este importante proceso (ver Capítulo 3. Costos e indicadores de gestión logística).

La orden de compra perfecta

- Es calculada con el EOQ correcto.
- Es comunicada automáticamente al proveedor.
- Tiene el producto disponible.
- Está en el tiempo exigido.
- Tiene todas las condiciones de calidad requeridas.
- Cuenta con la documentación correcta.
- Es pagada de acuerdo con los términos establecidos.

2.1.3 Selección, evaluación y certificación de empresas proveedoras

El área de gestión de compras debe estar familiarizada con la estrategia general de la empresa; debe saber lo que se espera de ella. El análisis comienza por determinar las necesidades del comprador y las áreas donde suelen presentarse problemas, en los cuales las empresas proveedoras podrían aportar soluciones.

Selección de proveedoras

El análisis y selección de empresas proveedoras es uno de los procesos claves en la organización, ya que genera y mantiene la competitividad de la misma. Existen cuatro elementos que enmarcan la visión estratégica del análisis y la selección de proveedoras, los cuales se desarrollan a continuación.

Identificación, asesoría y racionalización de la base de empresas proveedoras

- Definición de necesidades de la compañía.
- Elaboración del perfil de empresas proveedoras requeridas.
- Identificación de proveedoras potenciales.
- Elección de proveedoras competitivas.
- Definición de principios de seguimiento y evaluación.
- Determinación de indicadores de gestión.

Desarrollo integral y proactivo

- Compartir información con proveedoras.
- Promover relaciones abiertas.
- Ciclos sistemáticos de mejora.
- Incremento mutuo de los niveles de conocimiento de los negocios.
- Involucramiento temprano del proveedor (*Early Supplier Involvement o ESI*).

Alineación de los objetivos en la cadena de suministro

- Visión y misión de la empresa proveedora.
- Acceso a la organización de la proveedora.
- Habilidad para crecer.

Alta velocidad de respuesta

- Interacción multifuncional con el proveedor.
- I & D alineado con los objetivos estratégicos del cliente.
- Mejora continua/discontinua.
- Mejora sistemática.

Son muchos los criterios para la selección de proveedores. Cada empresa varía su análisis de acuerdo a sus necesidades particulares. Veamos los más comunes:

- Oportunidad en la entrega de los productos solicitados.
- Precios y estabilidad financiera.
- Lugar de entrega (instalaciones de la compañía o en el lugar establecido por nosotros).
- Cantidad de bienes según la solicitud de la organización.
- Marca o especificaciones del producto requeridos por la empresa.
- Credibilidad en el mercado.
- Información oportuna acerca del pedido (orden de compra).
- Respaldo de garantía en caso de existir no conformidades en los artículos solicitados.
- Flexibilidad para cumplir con adelantos, atrasos y cancelaciones.
- Tecnología necesaria para procesar pedidos.
- Flexibilidad de inversión en nuevos proyectos.
- Conocimiento de nuestro negocio.
- Empoderamiento de la persona que atiende nuestras necesidades.
- Retroalimentación de la información.
- Flexibilidad en el manejo de inventarios (en planta propia o en consignación).

Los criterios de selección de empresas proveedoras se pueden reunir en una matriz que integre las distintas variables de decisión, así como la importancia dada a cada una por la compañía. Todo esto con el fin de obtener una calificación ponderada de cada proveedor analizado. Este proceso puede ser motivado por la necesidad de escoger un suplidor de un bien (como materias primas y materiales de empaque) o de un servicio o por la ampliación de la base de proveedores de la empresa.

Dicha matriz se puede visualizar por medio de una herramienta sencilla de control, la cual se presenta enseguida.

Tabla 5. **Matriz de selección de proveedores.**

1. Identificación proveedor	
Razón social:	Fecha:
Dirección:	Ciudad:
Teléfono:	Visita #:
Gerente:	Fax:
Línea de productos que suministra:	

2. Criterios de evaluación			
No.	Parámetros	Pond %	
1	Precio	40%	
2	Infraestructura y ubicación	20%	Porcentaje (peso) que se asigna por importancia de cada variable.
3	Calidad	10%	
4	Nivel de cumplimiento	10%	
5	Solvencia	10%	
6	Comunicaciones y tecnología	10%	
	Total	100%	

3. Sistemas de calificación			
No.	Parámetros	Pond %	
1	Muy buena	5	
2	Buena	4	Nota de calificación que se asigna por importancia a cada variable.
3	Aceptable	3	
4	Regular	2	
5	Mala	1	

Evaluación y certificación de empresas proveedoras

El propósito de evaluar y certificar proveedoras logra agilizar los procesos en la cadena de abastecimiento, haciéndolos más eficientes para cada una de las partes. Se realiza con miras a la satisfacción de los consumidores finales.

Objetivos de la evaluación de empresas proveedoras

- Convertir los proveedores menos competitivos en suplidores estratégicos de alta calificación.
- Obtener la media del portafolio de proveedores actuales.
- Encontrar las fortalezas y debilidades de cada uno de los proveedores.
- Mejorar el suministro de la compañía.
- Crear relaciones cálidas y fuertes.
- Disminuir los niveles de agotados.
- Incrementar el nivel de servicio.
- Certificar los procesos y el desempeño de los proveedores.

Para realizar una evaluación completa de los proveedores debe definirse, entre otros criterios, los productos que estos suministran y el impacto que generan en el negocio. Las principales variables de desempeño a medir son:

- **Sistema de calidad.** Calidad en sus procesos, estrategias y procedimientos de aseguramiento de la calidad, procesos de capacitación y entrenamiento, etc.
- **Fabricación.** Programas de mantenimiento preventivo, planificación y programación de la producción, ambientes adecuados de trabajo y el sistema de indicadores para la productividad en planta.
- **Medio ambiente.** Cumplimiento de normas medioambientales, control sobre el manejo de residuos sólidos y líquidos, control sobre emisiones atmosféricas, etc.
- **Aspectos comerciales.** Nivel y calidad del servicio al cliente, competitividad en precios, investigación y desarrollo de nuevos productos, alternativas de negociación.
- **Aspectos logísticos.** Cumplimiento en las entregas, políticas de devoluciones y atención de reclamaciones, manejo correcto de la documentación y la flexibilidad y capacidad de atención.

Entre los factores a analizar dentro del sistema de calidad, debe considerarse la historia de aceptaciones y rechazos; la capacidad de realizar muestreos y ensayos (en este factor debe tenerse en cuenta tanto los equipos para realizarlos como el personal que los lleva a cabo; si está o no cualificado); el control de procesos; la gerencia de los sistemas de calidad y la certificación de procesos (Serie ISO 9000 2000).

Para determinar la capacidad y responsabilidad de la empresa propuesta, deben analizarse: el desempeño pasado; la capacidad instalada; las habilidades y destrezas de sus empleados; la integridad en las prácticas de negocio; el tiempo que lleva este en la industria/mercado; las certificaciones y licencias; los factores financieros.

Es importante que no solo se analicen los estados financieros comunes como el balance general, el estado de resultados (PyG), el flujo de caja, etc. Para obtener una visión completa, debe también revisarse la historia del control de costos, los índices de endeudamiento y la calificación de solvencia. Para esta última, tanto a nivel nacional como internacional, existen empresas certificadoras que presentan el comportamiento financiero de la compañía en cuestión.

Gráfica 20. **Evaluación de empresas proveedoras.**

Evaluación de empresas proveedoras

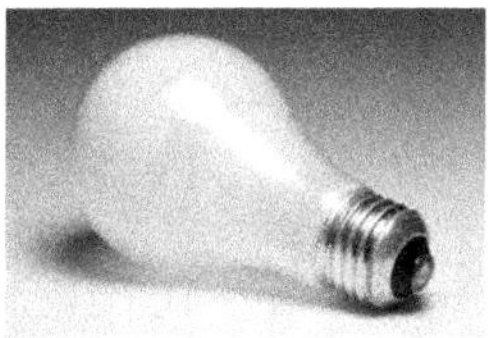

- Definición de qué materiales son clave.
- Diseño del formulario integral de evaluación.
- Definición del procedimiento y equipo evaluador.
- Medición del desempeño.

→ **Desarrollo de proveedoras**

Otro factor importante para evaluar es la organización y gestión de la empresa proveedora. Aquí se mide el desempeño de su *staff* y cómo funciona en general la empresa. Entre los elementos a tener en cuenta, destacan el compromiso e involucración de la alta gerencia en los procesos de compra y venta; su estabilidad; la capacitación y certificación del personal a cargo de la manufactura; las competencias técnicas; soporte del servicio; la ética y reputación en general; su estatus en la industria; el compromiso con los clientes y la gestión de subcontratistas.

Es importante conocer las condiciones laborales de las personas que trabajan para la empresa proveedora. Un personal descontento desmejorará la calidad de los bienes, sin que la alta gerencia de la empresa sea consciente. Esta problemática puede afectar directamente los procesos industriales de quien compra, más aún si se tiene implantado el modelo de entregas certificadas.

Deben considerarse los factores para evaluar proveedoras, las cuales serán elegidas de modo que las consiguientes decisiones de compra contribuyan a lograr los objetivos de la organización. Una vez analizados y calificados los suplidores existentes y los posibles, a la luz de esos factores, se escogerán determinadas empresas proveedoras para cada caso.

Partiendo de este análisis de las empresas proveedoras, se llevará a cabo un plan de comunicación con las escogidas. La última etapa del proceso será un método de control, para saber si se logran o no los resultados previstos.

Tabla 6. Matriz de evaluación y certificación de empresas proveedoras.

1. Identificación proveedora	
Razón social:	Fecha:
Dirección:	Ciudad:
Teléfono:	Visita #:
Gerente:	Fax:
Línea de productos que suministra:	

2. Criterios de evaluación			
No.	Parámetros	Pond %	
1	Precio	40%	
2	Infraestructura y ubicación	20%	Porcentaje (peso) que se asigna por importancia de cada variable.
3	Calidad	10%	
4	Nivel de cumplimiento	10%	
5	Solvencia	10%	
6	Comunicaciones y tecnología	10%	
Total		100%	

3. Sistemas de calificación			
No.	Parámetros	Pond %	
1	Muy buena	5	
2	Buena	4	Nota de calificación que se asigna por importancia a cada variable.
3	Aceptable	3	
4	Regular	2	
5	Mala	1	

4. Procedimiento de evaluación

Colocar una X en la variable de medición según los parámetros de cálculo

4.1 Sistema de calidad

No.	Parámetros de medición	1	2	3	4	5	6	Total ptos.
1	Tiene sistemas de calidad en sus procesos							
2	Tiene un manual de aseguramiento de la calidad							
3	Tiene metodología de acciones en la empresa							
4	Tiene una área de calidad en la empresa							
5	Tiene procesos de capacitación y entrenamiento del personal operativo							
	Subtotal							

4.2 Fabricación

No.	Parámetros de medición	1	2	3	4	5	6	Total ptos.
1	Tiene programas de prevención							
2	Tiene documentación de los procesos de producción							
3	Metodología para la programación de producción							
4	Tiene un ambiente físico de trabajo adecuado							
5	Sistemas de indicadores de gestión y control							
	Subtotal							

5. Sistema de califiación final

Ponderar las califiaciones anteriores, con el fin de asignar la nota integral de la proveedora

No.	Parámetros de medición	Puntos	Ponderación	Calificación
1	Precio	0	40%	0
2	Infraestructura y ubicación	0	20%	0
3	Calidad	0	10%	0
4	Nivel de cumplimiento	0	20%	0
5	Solvencia	0	10%	0
	Total calificíon proveedor	0	100%	0

2.1.4 Sistemas de reabastecimiento de mercancías

Modelo del lote óptimo económico

Conocido como el EOQ, este modelo es la fuente de todos los esquemas de cálculo para la compra de materias primas y de mercancías en las empresas de hoy. Parte del concepto de cubrir la demanda esperada por la compañía, los costos de gestión de las órdenes de compra y los costos del inventario.

Como aspecto relevante cabe destacar que el EOQ no es un modelo que pueda cubrir las fluctuaciones presentes en las variables de la demanda y de los tiempos de entrega. Esto hace que su aplicación sea adecuada para aquellos productos que presentan demanda estacional, con diferencias muy bajas entre los niveles reales de ventas y los pronosticados. No obstante, debido a la poca flexibilidad para manejar las variables en tiempos de entrega, se obliga a disponer de inventarios de seguridad muy alejados de los realmente requeridos; provocando inexactitud y riesgos de desabastecimiento o un sobre-*stock*. Cualquiera de las dos situaciones representa sobrecostos e ineficiencia en la operación comercial y logística de la compañía.

Su cálculo es el siguiente:

$$\textbf{EOQ} = \sqrt{2FS / CP}$$

    EOQ = Cantidad económica de la orden o cantidad óptima que deberá ordenarse.

    F= Costo fijo de colocar y recibir una orden.

    S= Ventas anuales en unidades.

    C= Costos anuales de mantenimiento, expresados como un porcentaje del valor promedio del inventario.

    P= Precio de compra de los bienes; es el precio al que compra la empresa.

Sistemas de revisión periódica

A diferencia de los sistemas de punto de reorden, en los de revisión periódica los inventarios no se revisan de manera continua; se hacen revisiones en intervalos fijos y predeterminados. Los *stocks* de reabastecimiento que se solicitan varían. El inventario disponible se compara con el nivel deseado y la diferencia entre los dos es la cantidad requerida.

Normalmente, se hacen combinaciones y variantes entre ambos sistemas acoplándose a las necesidades de cada organización.

En el caso de los modelos de reaprovisionamiento periódico, la respuesta a la pregunta ¿cuánto pedir? es, aparentemente, sencilla: se lanza una orden de pedido cada cierto tiempo previamente determinado (una vez por semana o una vez por mes, por ejemplo), conocido como período de reaprovisionamiento. La cantidad a pedir en ese momento (en inglés *order Quantity*) será la que restablece un cierto nivel máximo de existencias o 'nivel objetivo'.

Este modelo de reaprovisionamiento tiende a utilizarse cuando existen demandas reducidas de muchos artículos y resulta conveniente unificar las peticiones de varios de ellos en un solo pedido, con el fin de aminorar los costos de lanzamiento o para obtener descuentos por volumen.

En la hipótesis de período de reposición nulo, el nivel objetivo de existencias sería aquel que garantiza los suministros durante la etapa de revisión. Es decir, la demanda prevista en dicho período más un *stock* de seguridad, asociado a dicha fase si la demanda fuera (caso real) de un tipo probabilista. La cantidad a pedir en cada uno de los momentos preestablecidos sería la diferencia entre los *stocks* existentes y el inventario objetivo.

Si añadimos ahora el supuesto de que el período de reposición no es nulo, al nivel objetivo antes calculado habría que sumarle la demanda prevista durante el plazo de reposición, ya que, si solamente solicitamos en el momento de la revisión la diferencia entre los *stocks* existentes y el inventario objetivo antes definido, en el momento de la reposición del pedido, algunos días (o semanas) después, no llegaríamos a alcanzar dicha meta. En resumen, tendríamos que:

Nivel objetivo = *Demanda durante el* lead time + *Demanda durante el período de revisión* + Stock *de seguridad*

El período de revisión suele ser fijado por razones de índole práctico, relacionadas con las pautas temporales de gestión de la empresa. Por ello, son tan frecuentes períodos de revisiones semanales, quincenales, mensuales, trimestrales, etc. Sin embargo, el establecimiento del período de revisión vale la pena relacionarlo, buscando el óptimo, con el concepto de lote económico de compra (LEQ o EOQ).

De acuerdo con este criterio, el período de revisión debería coincidir o aproximarse, en lo posible, al intervalo medio entre dos pedidos, que corresponde al lote económico de compra.

Puede suceder que el período de revisión coincida con una unidad de tiempo exacta (día, semana, mes, trimestre). Si no es así, habrá que adecuar la revisión según el buen sentido común del responsable.

Muchas veces el pedido a realizar es diferente al lote económico de compra. Ello significa que los costos del inventario, cuando se utiliza el modelo de reaprovisionamiento periódico, suelen ser superiores a los del modelo de aprovisionamiento continuo (conclusión evidente). Solo aplicaremos el modelo de reaprovisionamiento periódico cuando sea muy difícil o caro realizar el seguimiento continuo de los *stocks* o cuando surjan economías de escala al hacer simultáneamente pedidos de múltiples referencias.

Modelo de reaprovisionamiento continuo (revisión perpetua)

Es aquel en que se mantiene un registro perpetuo de los inventarios. Los registros se revisan de forma continua. Este sistema se basa en reordenar las cantidades necesarias, una vez se llegue a un punto mínimo llamado punto de reorden. Básicamente, este punto está definido y afectado por variables como: la demanda de consumo del bien, el tiempo de adelanto (lapso de entrega definido por la empresa proveedora, los productos agotados y los inventarios de seguridad. Debe tenerse especial precaución pues si la demanda es variable, el punto de reorden debe ser actualizado una vez esta varíe. Si no se hace esta corrección, se corre el riesgo de agotar existencias antes de recibir el pedido, en caso de aumentarse la demanda o de tener exceso de *stock* si la demanda disminuye.

Se entiende por inventario de seguridad la cantidad de existencias disponibles para cubrir variaciones elevadas de la demanda. Se determina en función de los consumos pronosticados; del tiempo de entrega de los proveedores; de alternativas de compra desarrolladas para cada insumo, incluyendo procesos y bienes sustitutos; y de los recursos financieros a la mano.

Punto de reorden = Plazo de tiempo en semanas X Consumo semanal

Sugerido de compras

Este modelo está diseñado en función de las fluctuaciones existentes en las variables de la demanda y de los tiempos de entrega, así como de los niveles de servicio ofrecidos por la compañía a sus clientes. Tiene cinco componentes principales, a saber:

- Inventarios requeridos.
- Niveles y factores de servicio.
- Fluctuación de la demanda y los tiempos de entrega (desviación estándar).
- Inventarios de seguridad.
- Sugerido de compras.

Cálculo del stock requerido

Este representa el requerimiento de inventario para cubrir la demanda de productos durante el tiempo que emplea el proveedor para hacer la entrega física de las mercancías, después que la orden de compra ha sido lanzada. No se debe confundir con el *stock* de seguridad, ya que el requerido corresponde al consumo ordinario de la compañía de un determinado ítem. Mientras que el *stock* de seguridad, como se vio anteriormente, se crea con el fin de afrontar las demoras y los errores en las entregas; así como las variaciones de la demanda, retrasos en la producción, etc.

$$\text{Stock para LT usual} = SLT = D \times LT$$

D = Demanda promedio (por día).
LT = Tiempo de entrega usual del proveedor (en días).

$$\text{Stock requerido} = SR = SLT\ SI$$

LT = *Stock* para tiempo de entrega usual del proveedor.
SI = *Stock* actual (existencias).

Niveles y factores de servicio

El nivel de servicio es una variable que impacta directamente los índices de inventarios que debe sostener (*stock* de seguridad) una compañía, con el propósito de no acumular ventas perdidas en cada segmento de clientes. A cada segmento debe asignársele un nivel de servicio de acuerdo con su trascendencia o relevancia para la empresa, es decir, clientes con mayores contribuciones a los ingresos por venta tendrán el mayor nivel de servicio y viceversa.

Este nivel de servicio corresponde a una probabilidad de que la industria pueda cumplir con su demanda en un momento determinado; en términos de cantidades y referencias solicitadas; y de tiempos y lugares de entrega. Sin embargo, la probabilidad por sí sola no transmite cambio alguno sobre los niveles de *stocks*. Por ello, se deben convertir en un factor que traduzca su equivalencia en una variable con características de número entero, el cual será la variable que afecte directamente el tamaño del inventario de seguridad. Este cálculo se efectúa por medio de una distribución de probabilidades normal y su resultado representa el número de desviaciones estándar que se deben tener como adicionales en el *stock* de seguridad. Para simplificar su explicación, en la siguiente tabla se resumen los niveles de servicio más usuales y su respectivo factor de conversión.

Tabla 7. **Niveles de servicio y factor de conversión.**

Nivel de servicios (%)	Factor de servicio (FC)
75,00	0.70
85,00	1.00
90,00	1.30
95,00	1.70

98,00	2.10
99,00	2.30
99,99	3.10

Cálculo de la desviación estándar

La desviación estándar es una medida estadística que permite identificar la fluctuación tanto de la demanda como de los tiempos de entrega. Es decir, los niveles de variación a los que estas variables son sometidas en el mundo práctico de la logística.

Desviación estándar

$$\sigma = \sqrt{\dfrac{\displaystyle\sum_{f-1}^{N} (Xi - \mu)}{N}}$$

N = Tamaño de la población (número de datos).

Xi = Valor de cada dato (demanda por ítem/días de entrega real por orden de compra).

μ = Demanda promedio de los artículos.

La aplicación de este cálculo posibilitará entonces minimizar el efecto de las variaciones de la demanda y de los tiempos de entrega sobre los niveles de inventario de la organización, ya que se podrán hacer pronósticos y estimaciones de tamaño de orden más precisos.

Cálculo del stock de seguridad

Esta variable representa una necesidad que muchas compañías quisieran no tener, pues implica unos costos de mantenimiento de inventario más elevados y, por ende, mayores costos de almacenamiento. No obstante, su importancia radica en la posibilidad de afrontar las variaciones de la demanda y evitar tener índices de ventas perdidas, que pudieran afectar el desempeño de la gestión comercial y logística de la industria.

En este cálculo figura el concepto de desviación estándar combinada, el cual se basa en la combinación de las desviaciones de la demanda y de los tiempos de entrega, permitiendo una cobertura total sobre las fluctuaciones de los niveles de *stock*.

$$\text{Inventario de seguridad} = SS = \sqrt{[LT \times (DS)^2] + [(D)^2 \times (DS_{LT})^2]} \times FC$$

LT = Tiempo de entrega usual desde el proveedor (días).

DS = Desviación estándar de la demanda.

D = Demanda promedio (por día).

DSLT = Desviación estándar del tiempo de entrega usual del proveedor.

FC = Factor de servicio.

Variables adicionales

Luego de tener estas cuatro variables definidas, se pueden incluir unas que ingresan al modelo como datos de entrada como: las unidades en tránsito (que han sido despachadas por el proveedor), unidades en pedido (que se ha ordenado al proveedor, pero aún su despacho no se realiza), unidades comprometidas (pedidos recibidos de los clientes) y unidades para feria (actividades ocasionales en las que las ventas se incrementan: navidad, ferias escolares, exposiciones, etc.).

Cálculo final sugerido de compras

Luego de tener definidos los cálculos y variables anteriormente descritas, se puede proceder al cálculo final sugerido de compras. Este agrupa en una sumatoria sencilla cada resultado y variable encontrada en este modelo y corresponderá a la cantidad de inventario a ordenar al respectivo proveedor. Su cálculo es:

$$\textbf{Sugerido de compras} = Q = SR + SS + B\ M\ T + E$$

SR = *Stock* requerido.

SS = *Stock* de seguridad.

B = Unidades comprometidas por ventas.

M = Unidades en pedido a proveedor.

T = Unidades en tránsito desde proveedor.

E = Unidades para feria.

Abastecimiento continuo *Just In Time*

La elaboración de una estrategia competitiva para el negocio supone definir aquella o aquellas variables en que se quiere ser superior a la competencia y que hacen que los clientes compren nuestros productos y no los de aquélla. Podemos enumerar cinco variables que servirán de base para conseguir esa ventaja competitiva: costo, calidad, servicio, flexibilidad e innovación.

1. Costo:

Consiguiendo colocar en el mercado productos de bajo valor unitario, fabricándolos, por ejemplo, con sistemas de producción y distribución altamente productivos; invirtiendo en equipos especializados que garanticen la manufactura en serie.

2. Calidad:

Mediante el diseño de productos fiables y fabricando artículos sin defectos. Llegando a conseguir el binomio marca-calidad. (Toyota en automóviles, Minolta en máquinas fotográficas, Seiko en relojes).

3. Servicio:

Asegurando los compromisos de entrega de los bienes, tanto en cantidad como en fecha y precio. Dando unos niveles de asistencia postventa adecuados.

4. Flexibilidad:

Siendo capaces de adaptarse a las variaciones de la demanda, a los cambios en el mercado y en la tecnología; modificando los productos o los volúmenes de producción.

5. Innovación:

Desarrollando nuevos artículos, nuevas tecnologías de manufactura, nuevos sistemas de gestión.

Cada compañía debe decidir con cuál variable quiere competir en el mercado, es decir, en qué quiere ser superior a la competencia. Con base en esta decisión, se deberán articular las demás decisiones que se tomen en el área de producción y que constituirán la estrategia industrial de la empresa.

Se debe tener en cuenta, además, que las variables elegidas para conseguir la ventaja competitiva van ligadas al ciclo de vida del producto. Es decir, la forma de competir dependerá de cuál sea la fase de evolución en que se encuentre este. Así, mientras que en la etapa de crecimiento son claves para adquirir ventaja competitiva la calidad y el servicio, en la fase de declive es fundamental el precio de la mercancía.

Gráfica 21. **Flujo de material e información.**

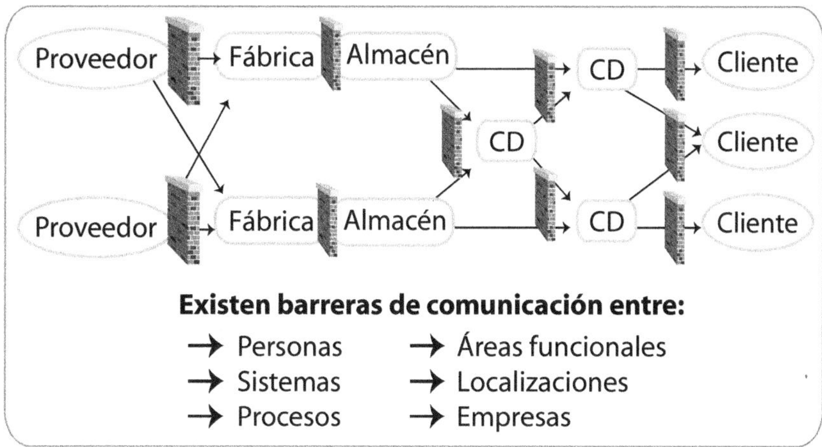

La definición y propósito del sistema *justo a tiempo* es: producción de la cantidad mínima posible en el último momento posible, utilizando un mínimo de recursos y eliminando el desperdicio en el proceso de manufactura (y compras, a juicio nuestro).

Se pretende disponer de los niveles adecuados de inventarios en los momentos precisos para satisfacer la demanda de nuestros clientes, garantizando un alto nivel de servicio y un mínimo de agotados. La estrategia es tener una mayor frecuencia de llegada de las órdenes de compra, con menores cantidades de bienes por cada una de ellas.

Se pretende optimizar el proceso operativo de la compra, minimizando los reprocesos que puedan presentarse como: enmiendas a órdenes de compra, remisiones, informes de recibo y facturas, traslado del producto.

El concepto "justo a tiempo" o just in time (JIT) fue desarrollado por Toyota, inicialmente, para después trasladarse a muchas otras empresas de Japón y del mundo. Este ha sido el mayor aporte al impresionante desarrollo de las compañías niponas, por lo tanto, organizaciones de otras latitudes se han interesado en conocer cómo funciona esta técnica.

El Justo a tiempo, más que un sistema de producción, es una herramienta de inventarios cuya meta es eliminar todo desperdicio. Por lo general, el desperdicio se define como todo lo que no sea el mínimo absoluto de recursos materiales, máquinas y mano de obra requeridos para añadir valor al producto en proceso.

En la mayoría de los casos, los beneficios del JIT son que da como resultado reducciones importantes en todas las formas de *stocks*. Dichas formas abarcan los inventarios de piezas compradas, componentes, trabajos en proceso (WIP, por sus siglas en inglés) y los bienes terminados. Tales reducciones de existencias se logran por medio de métodos mejorados no solo de compras, sino también de programación de la manufactura.

El Justo a tiempo requiere que se hagan modificaciones importantes a los métodos tradicionales con los que se consiguen las piezas. Se eligen los proveedores preferentes para cada uno de los materiales e insumos a conseguir. Se estructuran arreglos contractuales especiales para los pedidos pequeños. Estos pedidos se entregan en los momentos exactos en que los necesita el programa de manufactura del usuario y en las pequeñas cantidades que basten para períodos muy cortos.

Las entregas diarias o semanales de las piezas compradas no son inusuales en los sistemas Justo a tiempo. Los proveedores acuerdan, por contrato, entregar las que se ajustan a los niveles de calidad preestablecidos, eliminando la necesidad de que el comprador inspeccione las piezas que ingresan. El tiempo de llegada de las entregas es de extrema importancia. Si llegan demasiado pronto, el comprador debe llevar un inventario por separado, pero, si llegan demasiado tarde, las existencias pueden agotarse y detener la producción programada.

A menudo, quienes compran esos materiales pagan mayores costos unitarios para que sean entregados de esta forma. Mientras que los costos de oportunidad, resultantes de estructurar el contrato de compra, pueden ser importantes, el costo subsecuente de conseguir lotes de piezas individuales, diaria o semanalmente, puede reducirse a niveles cercanos a cero. Al no tener que inspeccionar las piezas de ingreso, el comprador puede lograr una mayor calidad en el bien y menores costos de inspección.

La producción de las piezas se programa de tal forma que se minimice el inventario de trabajo en proceso (WIP), así como las reservas de bienes terminados. Las normas del Justo a tiempo fuerzan al fabricante a solucionar los cuellos de botella de la manufactura y los problemas de diseño, que antes se cubrían manteniendo existencias de reserva.

Gráfica 22. **Colaboración en la cadena de abastecimiento.**

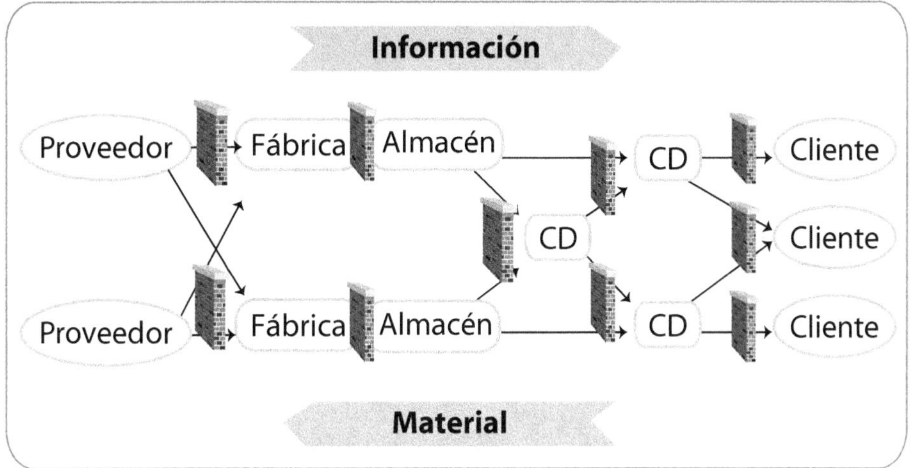

Debido a que la incertidumbre ha sido eliminada, el control de calidad es esencial para el éxito de la instrumentación del sistema justo a tiempo. Además, ya que el sistema no funcionará si ocurren fallos frecuentes y largos, se crea la ineludible necesidad de maximizar el tiempo efectivo y minimizar los defectos. A su vez, se requiere de un programa vigoroso de mantenimiento.

La presión para eliminar los defectos no se hace sentir en la programación del mantenimiento, sino en las relaciones de los fabricantes con los proveedores y en el trabajo cotidiano en línea. La manufactura justo a tiempo no permite una inspección minuciosa de las partes que arriban. Por ello, los proveedores deben mantener niveles de calidad altos y consistentes y los trabajadores deben tener la autoridad para detener las operaciones, si identifican defectos u otros problemas de producción.

2.1.5 Compras globales y corporativas

Muchas industrias tienen cadenas de suministro globales: comienzan con el abastecimiento de componentes y materias primas de todo el mundo. Sin embargo, pocas organizaciones tienen los procesos de innovación a escala mundial. Es decir, muy pocas veces las compañías tienen actividades de innovación que integren conocimientos distintivos de todo el mundo y desarrollar compras consolidadas de productos similares de sus empresas y por economías de escala obtener descuentos financieros relevantes y realizar una sola operación logística que reduzca los costos por consolidar carga en la importación de la mercancía.

Gráfica 23. **Esquema de suministro global.**

Suministro global	
Cuándo usar un esquema de suministro global	
Consideraciones internas	**Consideraciones internas**
• Políticas internas de compañía. • Números de proveedores, nuevos o de la base actual. • Acuerdos estratégicos. • E.S.I. • Tipo de operación (C. ó D.).	• Condiciones de mercado. • Tipos de proveedores. • Acuerdos de comercio. • Condiciones sociales, políticas y ambientales. • Asuntos legales.

La competencia global no implica únicamente tener presencia, sino adaptar los productos y procesos a las preferencias locales. La estandarización es el sueño de la cadena de suministro, pero la personalización masiva es una demanda de los mercados que implica realizar y adaptar la forma de hacer negocio en diferentes lugares.

La coordinación entre diseño, mercadotecnia y cadena de abastecimiento es hoy más importante que nunca, para garantizar la entrada y permanencia en mercados con gustos y preferencias diferentes a los que conocemos o estamos acostumbrados a tener.

En este sentido, el uso de proveedores locales de bienes y servicios será necesario para integrar las soluciones de forma rápida a las demandas de los mercados emergentes en los tiempos y costos requeridos por estos. Lo anterior significa que no necesariamente el concepto de compras corporativas se limita al empleo de proveedores internacionales, con gran capacidad de respuesta en atención de volúmenes requeridos y bajos costos de servicios, sino también al uso de empresas proveedoras capaces de adaptarse a los requerimientos particulares de cada región.

Gráfica 24. **Suministro global.**

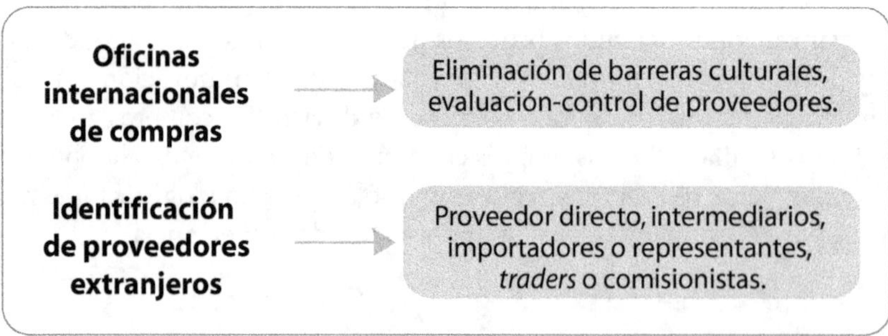

Beneficios percibidos

- Visión integral de la actividad.
- Mayor poder de compra.
- Gestión del conocimiento.
- Mayor calidad de la información.
- Economías de escala.
- Transferencia de mejores prácticas.
- Estandarización.
- Mejora en la coordinación de actividades de los diferentes procesos y unidades de negocio.
- *Benchmarking* con la industria.
- Personal motivado, capacitado y crítico; orientado al cliente.
- Mayor transparencia al proceso de compras.

Requerimiento para proveedores y contratistas

- Sistema de información de proveedores y contratistas.
- Exigencias y estándares corporativos.
- Certificaciones (ISO – BPM – HACCP).
- Evaluación de desempeño.
- Minimizar la incidencia de conflictos entre las partes y sus impactos.
- Relaciones de confianza y mutua conveniencia.
- Nuevos negocios.

Alianzas estratégicas con proveedores

- ¿Existen otros proveedores en el mercado más accesibles a través de *e-commerce*, lo cuales deben ser investigados antes de cerrar la alianza?
- ¿Está el equipo de suministros suficientemente preparado para manejar *outsourcing*?
- ¿El equipo de suministros está cómodo con el nivel de riesgo asociado a la reducción de la base de proveedores?

Problemática cultural y organizacional

En la tabla 8 se recopilan las distintas situaciones que puede afrontar la organización a la hora de reasignar responsabilidades en cada compañía o sucursal que se integra a un proceso de compras corporativas; así como las estrategias recomendadas para enfrentarlas:

Tabla 8. Cultura y estrategias de cambio.

Cultura previa	Estrategias de cambio
• Fuerte sentido de pertenencia a una división o empresa filial	• Negociación con sindicatos • Sensibilización del concepto de "una sola empresa" • Capacitación y entrenamiento
• Administración y costo de la función de compras en la división o empresa filial	• Centralización de funciones • Acuerdos de transición de responsabilidades
• Prácticas y procesos diferentes	• Estandarización de procesos • Revisor de normas y procedimientos • Capacitación y entrenamiento
• Funciones en manos de usuarios	• Definición de roles específicos • Niveles de acceso
• Contacto directo con el usuario	• Rol de servicio al cliente interno • Canales y procedimientos de comunicación establecidos
• Privilegio de la solución o mejora individual	• Generación de negocios corporativos • Ahorros por economías de escala • Permanente información de logros

De acuerdo con lo anterior, el proceso de implantación de compras corporativas puede ser lento y tortuoso, si no se planean previamente las estrategias a ejecutar, los recursos disponibles y la asignación de responsabilidades. El siguiente gráfico resume los puntos clave en dicho proceso:

Gráfica 25. Esquema del proceso de implementación de compras corporativas.

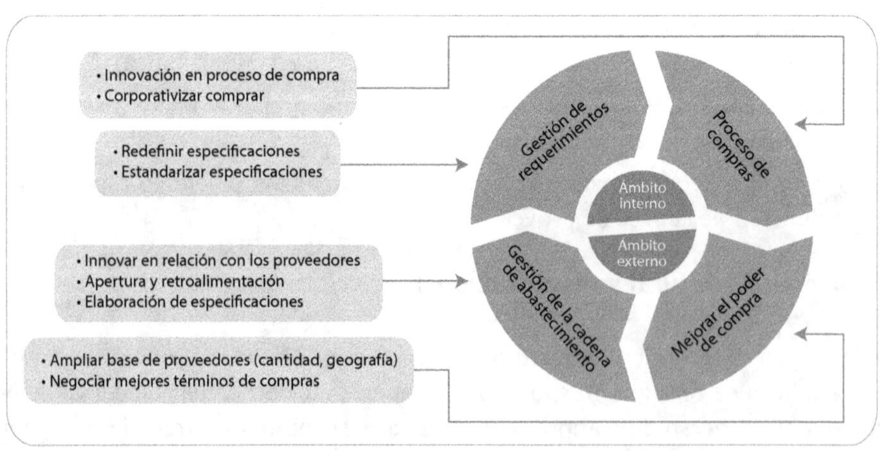

Abastecimientos estratégicos

Para la puesta en marcha de las estrategias de compras corporativas, es preciso contar con procedimientos que optimicen la forma en que las compañías participantes del proyecto adquieren sus bienes y servicios en mercados globales. Esto a partir del establecimiento de estándares de servicio esperado, de requerimientos y de necesidades de consumo.

Para lograrlo deben establecerse, en primera instancia, los siguientes pasos:

- Centralización de compras creando ventajas de economías de escala.
- Uso de la internet en el proceso.
- Integración de los departamentos de ventas y compras (*Supply Chain Management* – SCM).
- Colaboración e integración con proveedores.
- Cambio del perfil: de comprador a gerente de compras.
- Clasificación del portafolio de productos, materias primas y materiales.
- Automatización de los procesos de compras y el control de inventarios.

Gráfica 26. **Abastecimiento estratégico.**

Proceso sistemático de identificación y desarrollo de relaciones comerciales que puedan ser estratégicas a largo plazo	• Integración con proveedores • Evaluaciones detalladas y precisas • Estandarización y reducción de complejidad
• Entrevistas de proveedores con el CEO de cada compañía. • Compras está en el equipo de evaluación de nuevas líneas de negocios. • Los proveedores participan en la solución de problemas del cliente. • La búsqueda y aplicación de tecnología se consulta con compras.	

Clasificación del portafolio de productos

El primer paso para mejorar la gestión de compras es clasificar el portafolio mediante un modelo de categorización como el modelo de Kraljic. Este propone cuatro tipos de productos, según su impacto en el resultado y el número de proveedores potenciales.

1. **Productos servicios multiplicadores:** Tienen un alto impacto en el resultado mientras existan muchos proveedores. El mejorar consiste en encontrar suplidores con los mejores precios.

2. Productos–servicios rutinarios: Tienen un bajo impacto en el resultado mientras haya muchos proveedores. La mejora de este grupo recae en la agilización del proceso.

3. Productos – servicios clave: Tienen un bajo impacto en el resultado mientras existan pocos proveedores. La mejora consiste en buscar bienes alternativos, de manera que disminuya el riesgo de incumplimiento por parte del suplidor.

4. Productos – servicios estratégicos: Tienen un alto impacto en el resultado mientras haya pocos proveedores. La mejora radica en la relación con el proveedor; diseñar un tipo de alianza para garantizar el futuro de la compañía.

Gráfica 27. **Matriz del modelo de Kraljic.**

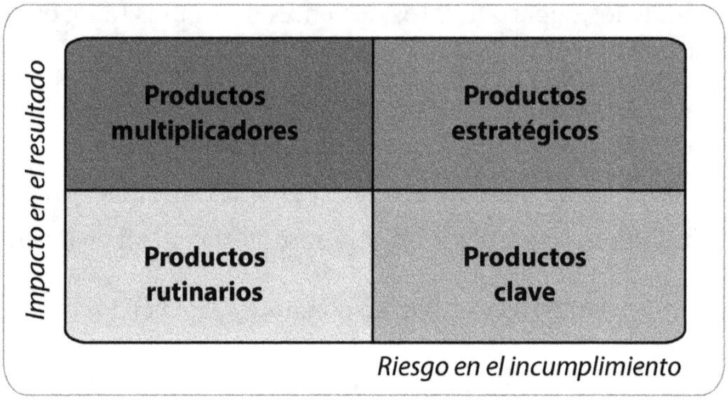

Factores de éxito

- Estrategias diferenciadas por tipo de producto.
- Colaboración interna y externa.
- Infraestructura logística para el aprovisionamiento.
- Propia.
- Tercerizada.
- Conocimiento y entendimiento de la demanda.
- Conocimiento y entendimiento de los proveedores.
- Estructura organizacional y funcional flexible.

2.1.6 Sistematización de compras

Normalmente, en el proceso de compras intervienen tres aspectos fundamentales.

- **Direccionamiento**: Es dónde debe definirse la estrategia de compras dela organización. Políticas de compras.

- **Gestión:** Búsqueda de mercados/proveedores, gestión y desarrollo de suplidores y operaciones día a día.
- **Apoyo:** Herramientas e información para la toma de decisiones.

Generalmente en las empresas se realizan compras de productos estratégicos y no estratégicos. Las compañías manufactureras gastan entre un 15% y un 20% del total de sus compras en materiales no estratégicos.

Ente el 75% y el 80% de las labores de la organización de compras se concentran en la gestión de estos materiales.

Las organizaciones utilizan e invierten demasiados recursos en procesos de compra asociados con bienes no estratégicos.

Una solución y buena alternativa, en aras de optimizar dichos recursos, es adquirir los productos no estratégicos utilizando *e-procurement*.

Gráfica 28. **Sistematización de compras.**

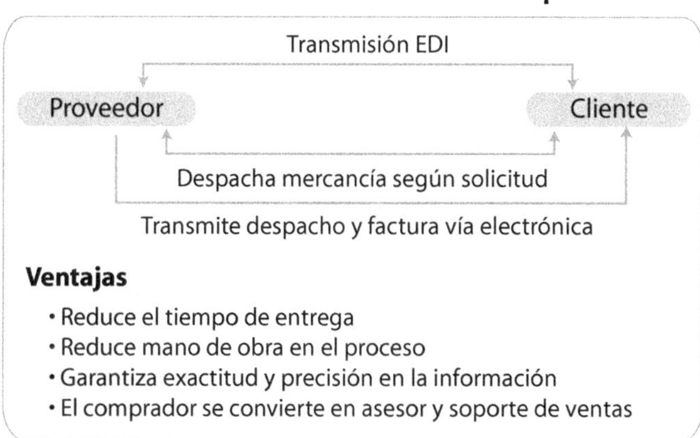

E-procurement

E-procurement es la automatización de procesos internos y externos relacionados con el requerimiento, compra, suministro, pago y control de productos, utilizando la Internet como medio principal en la comunicación cliente proveedor.

Es una tecnología relacionada con la administración de la cadena de suministro (*Supply Chain Management*). Entre sus principales características se pueden mencionar el uso de información de requerimientos, inventarios, material en tránsito, entre otros, desplegados por medio de una página web. El flujo de información se realiza en tiempo real y permite conocer los datos al instante, en el caso de producirse algún cambio en las variables. Otra de las ventajas es el acceso desde cualquier punto en donde exista acceso a la web, sin importar las distancias geográficas o estar fuera de las instalaciones de la compañía. Además, cuenta con acceso restringido al personal que previamente ha sido autorizado por cliente y proveedor para intercambiar datos. Esto es muy importante para salvaguardar la información estratégica de la compañía y cumple con los parámetros establecidos en las relaciones negocio a negocio (*B2B*).

Las transacciones pueden ser iniciadas y concluidas. En las compras se pueden seleccionar los clientes por volumen de descuentos u ofertas especiales. El *software* *e-procurement* también hace posible automatizar algunas compras y ventas.

Las organizaciones participantes van a poder controlar las partes de inventario más eficazmente, reduciendo la intervención de intermediarios como los agentes de venta y mejorando los ciclos de producción. *E-procurement* se integra con la cadena de servicios de la empresa. Este sistema brinda mejoras en eficiencia de procesos; ahorro de tiempo y dinero; impacto directo sobre los beneficios y oportunidades en tareas de valor añadido.

Su utilización posibilita compras y ventas electrónicas automatizadas, con catálogos en línea, órdenes de producción virtuales, incluyendo aprobaciones y manejo de estas. *E-procurement*, por lo tanto, se convierte en un vehículo para maximizar la eficiencia, unir electrónicamente compradores con vendedores, mejorar la logística e inventarios, así como integrar la cadena de abastecimiento.

Existen seis diferentes tipos de *e-procurement*:

1. **Webs basadas en ERP:** Crean y aprueban requerimientos de compra, ubican órdenes de compra y reciben mercancías y servicios, mediante el uso de una solución de *software* basada en la web.

2. **E-MRO (Mantenimiento, reparación y operación):** Igual que los *websites* basados en ERP, excepto que las mercancías y los servicios ordenados son afines con servicios MRO.

3. ***E-sourcing*:** Identifican los nuevos prestadores para una categoría específica de adquisición usando la web.

4. ***E-tendering*:** Envía requerimientos de información y precios a proveedores y recibe respuestas de los mismos *online*.

5. ***E-reverse auctioning* (Subasta inversa):** Se usa la web para comprar mercancía y servicios de un número conocido o no de proveedores.

6. ***E-informing*:** Agrupa y distribuye información de compra, desde y hacia grupos internos y externos, usando la web.

Beneficios de inversión

El *e-procurement* de materia prima es considerado por los directivos de compañías de clase mundial como una de las herramientas que proporciona un retorno de inversión (*ROI*) superior a otros proyectos de tecnologías de la información. Esto genera una significativa reducción de costos en un período de tiempo breve después de su implementación. Crouch (2003) señala que la reducción de costos es consecuencia de los siguientes factores:

- Disminución en los niveles de inventario.
- Requisición de materia prima con base en necesidades reales de cliente.
- Eliminación de excesos.
- Cumplimiento de los planes de producción.
- Reducción de gastos originados por transporte de material.

Lo anterior se logra al mejorar la comunicación entre proveedor y cliente, utilizando la web para mostrar de una manera gráfica, fácil de entender y en tiempo real, el estatus de inventario para cada uno de los números de parte, la proyección de requerimientos, los niveles mínimos y máximos de *stock* establecidos por el cliente, entre otras variables que permiten reducir costos con base en una acertada gestión de inventarios.

Gráfica 29. Cadenas de suministro virtuales.

Creación de cadenas de suministros especializados y temporales utilizando la técnología y la virtualidad	• Las personas pueden hacer reuniones sin estar en el mismo sitio. • Organizaciones virtuales con esquemas de *outsourcing*. • Cadenas temporales y no de largo plazo.
• Cuando las fusiones son difíciles y no se garantizan relaciones de largo plazo entre las compañías. • Para ciclos de vida de productos cortos o cuando los mercados cambian rapidamente. • Formación de sistemas de proveedores.	

2.2 Gestión moderna de inventarios

Los inventarios son recursos utilizables que se encuentran almacenados en algún punto específico del tiempo.

La función básica de las existencias es el desglose, es decir, separar las actividades internas de una compañía como manufactura, distribución o comercialización.

Con el objetivo de satisfacer las necesidades y expectativas de los clientes, debe encontrarse el equilibrio ideal, brindándoles el mayor nivel de servicio posible con el menor nivel de inventario. Si un bien no está disponible en el momento en que el cliente lo solicita, se perderá la venta y en algunas circunstancias las ventas futuras. Por el contrario, si se tienen altas cantidades de dicho producto, se tendrán altos costos asociados a los costos de oportunidad de tener recursos de capital invertidos innecesariamente en dichas mercancías. El objetivo final de una buena administración del inventario es mantener la cantidad suficiente para que no se presenten ni faltas (*stockouts*) ni excesos de existencias (*overstock*), en un proceso fluido de producción y comercialización. Esto conduce a tener una adecuada inversión de los recursos de una compañía y un nivel óptimo de costos de administrar el inventario.

Las organizaciones tienen *stocks* por diferentes motivos, que pueden ser clasificados en cinco funciones:

- Para absorber las fluctuaciones e incertidumbres de oferta y demanda de los clientes.

- Para desglosar o separar los procesos internos dentro de una organización.

- Para anticiparse ante circunstancias de incertidumbre como estacionalidades en la demanda, huelgas, inestabilidad política, escasez de productos, problemas de transporte, variables macroeconómicas externas, etc.

- Para aprovisionarse (economías de escala) al comprar volúmenes superiores al promedio, en épocas de alzas de precios, con el fin de reducir costos.

- Para compensar los tiempos de reabastecimiento (entrega) de los proveedores.

El inventario puede clasificarse de muchas maneras: materias primas, materiales en proceso, producto terminado, mantenimiento, reparación y operaciones (MRO), mercancías para reventa, bienes de capital, materiales de construcción, componentes obsoletos, artículos/materiales defectuosos, entre otros. El *stock* depende de la clasificación y cultura interna de cada industria.

2.2.1 Consideración histórica de los inventarios (Push - Pull)

La historia nos demuestra que una buena gestión de *stocks* es señal de eficacia y sabiduría. En el antiguo Egipto tenemos un ejemplo clásico de gestión de inventarios: José propone al faraón almacenar víveres en los años de abundancia, previendo los de escasez; el faraón acepta y, posteriormente, se aprecian los buenos resultados. Son muchos los ejemplos históricos que podrían citarse. Vamos a recordar cómo, en la Guerra de los Seis Días, Israel contó con una ventaja decisiva en el conflicto, debido al rápido ataque aéreo que destruyó la aviación árabe. Esta acción convirtió al ejército hebreo en poseedor de un *stock* de aviones muy superior al de sus enemigos. Actualmente, es bien sabido que quien domine el aire es el virtual ganador de una batalla. Pero no es suficiente el inventario solo en su dimensión física. Diríamos que lo más esencial es lo que rodea a los *stocks*. Detrás de esos aviones ha de existir una preparación, una organización, una buena gestión y, sobre todo, un capital humano. Precisamente, este caso nos ilustra la necesidad de un personal competente, pues el oficio de piloto es uno de los que tiene mayores exigencias físicas, psicológicas, de preparación y de conocimiento.

Gráfica 30. **Evolución del concepto de inventarios.**

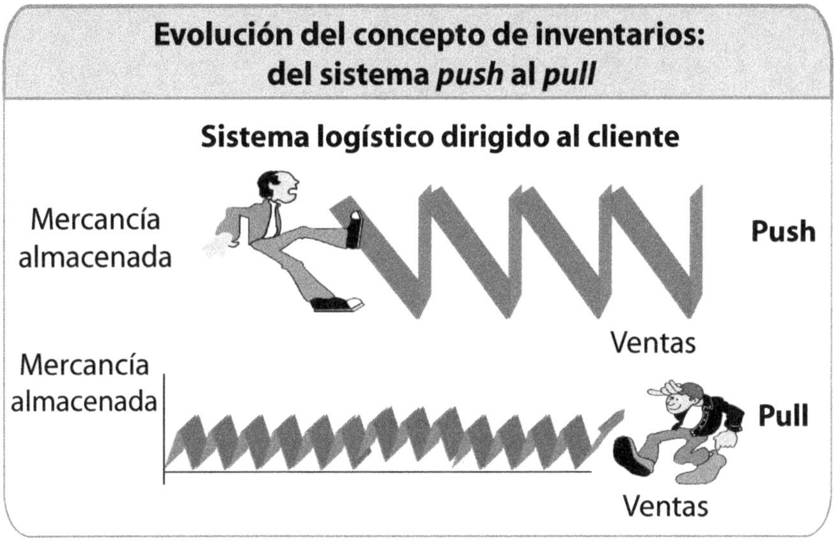

De la consideración histórica de los inventarios podemos extraer una enseñanza fundamental: Si antiguamente se pretendía, básicamente, que nunca faltaran las existencias; hoy en día, esta prioridad difiere sustancialmente, pues se asocia a los *stocks* con la palabra costo.

El análisis de existencias es un tema clave en la ciencia de la administración, dado que los inventarios son una parte integral de la mayoría de las organizaciones.

La importancia de los *stocks* puede deducirse a partir de los elementos expuestos en el siguiente gráfico, que son reflejo de la complejidad moderna de los negocios y la existencia de operaciones en cadenas de abastecimiento multifuncionales.

Gráfica 31. **Visión de inventarios.**

> **Nuestra visión de inventarios**
>
> **Algunos cambios mundiales:**
> - Inventarios *Just In Time*
> - Reabastecimiento continuo
> - Alianzas estratégicas
> - La relación con los proveedores
> - Bloques económicos
> - El medio ambiente
> - Inventarios en consignación
> - Las compañías rápidas absorben a las lentas
> - Es la era del conocimiento

Interrelación de los inventarios con otros subsistemas de la empresa

La dependencia de las áreas organizativas de la empresa, con respecto a la gestión de *stocks* o la interdependencia de esta función con otros subsistemas de la compañía, tiene un interés primordial. Cualquier departamento o área organizativa de la organización depende de los inventarios y de su administración, pero donde existen unos lazos más fuertes es entre las tareas y los problemas de manufactura y almacenamiento. Las relaciones entre el ordenamiento de la producción y la fijación de las reglas sobre los flujos de salida y alimentación de las existencias son de capital importancia.

No llegar a comprender hasta qué punto las áreas de una compañía son interdependientes puede conducir a tomar decisiones que, por un lado, ahorran dinero, pero, por otro, generan grandes pérdidas. La medida más fácil para reducir costos y gastos es disminuir el *stock*, pero, esto puede provocar un grave incremento en los gastos de cualquier otra área.

Por otra parte, los fabricantes, al igual que los detallistas, mantienen inventarios para satisfacer la demanda de los clientes, sin importar si es un mayorista o un detallista. Si se llevan *stocks* a niveles elevados, puede maximizarse el servicio a los clientes. Por lo tanto, desde el punto de vista del cliente, las existencias elevadas son deseables.

También es evidente que una empresa no puede reducir sus inventarios para disminuir la inversión en activos y, al mismo tiempo, mantener existencias considerables para satisfacer la demanda de los clientes. Pero, puede alcanzarse un equilibrio entre la satisfacción del cliente y las inversiones en activos mediante una buena administración de *stocks* apoyada en modelos. De ahí, la importancia de los inventarios como elementos equilibradores entre la oferta y la demanda, tanto en el interior como en el exterior de la fábrica.

Áreas que intervienen en el control de inventarios

La nueva visión de los *stocks* propone la gestión funcional de los mismos. Tradicionalmente, cada área asume los inventarios según sus propios intereses. Lo cierto es que el nivel de inventario no debe beneficiar a una sola área sino a toda la compañía.

- **Área financiera.** Busca realizar inversiones que representen una alta rentabilidad para la compañía. No ve los *stocks* como una fuente de inversión, pues hay otras alternativas.

- **Área de producción.** Pretende tener un buen nivel de *stocks* de materia prima para no detener el proceso productivo. Mantener un buen nivel de inventario de producto terminado para que los cambios en las ventas no comprometan la planta. Le interesa tener un bajo nivel de bienes en proceso para que sus costos de manufactura no sean altos.

- **Área de ventas.** Lo más importante es el nivel de existencias de mercancías terminadas. Cualquier agotado le representa pérdida de ventas e inclusive de clientes.

- **Área de compras.** El inventario de materia prima es el más importante para el departamento de compras. Además de hacer negociaciones rentables, el área de compras busca asegurar la disponibilidad de productos necesarios para el ciclo de manufactura (compañía manufacturera) y/o para la venta (compañía comercial). Le interesa mantener un alto de nivel de inventario de materia prima: si se agota, es su responsabilidad.

La importancia del costo de compras respecto al de ventas varía según el tipo de industria.

El concepto del inventario

Podemos encontrar muchas acepciones de inventario, pero para entender esto es menester, primero, asimilar el concepto de control. El control tiene por objeto cerciorarse de que los hechos vayan de acuerdo con los planes establecidos. Se presentan como elementos del término los siguientes factores:

- **Relación con lo planeado.** El control siempre existe para verificar el logro de los objetivos establecidos en la planificación.

- **Medición.** Para controlar es imprescindible medir y cuantificar los resultados.

- **Detectar desviaciones.** Una de las funciones inherentes al control es descubrir las diferencias que se presentan entre la ejecución y la planificación.

- **Establecer medidas correctivas.** El objeto de control es prever y corregir los errores.

Importancia del control

La relevancia del control y la gestión de inventarios son subestimadas en muchas organizaciones, tal vez por lo mecánicas que se pueden tornar las operaciones relacionadas con esta importante función. Veamos algunos elementos que destacan su necesidad:

- Establece medidas para corregir las actividades, de tal forma que se alcancen los planes exitosamente.

- Se aplica a todo: a las cosas, a las personas y a los actos.

- Determina y analiza rápidamente las causas que pueden originar desviaciones, para que no vuelvan a presentarse en el futuro.

- Localiza a los sectores responsables de la administración, desde el momento en que se establecen medidas correctivas.

- Proporciona información acerca del estado de ejecución de los planes, sirviendo como fundamento al reiniciarse el proceso de planificación.

- Reduce costos y ahorra tiempo al evitar errores.

- Su aplicación incide directamente en la racionalidad de la administración y consecuentemente, en el logro de la productividad de todos los recursos de la empresa.

Principios para el control de inventarios

Los *stocks* suelen ser un elemento clave en la gestión logística de las empresas, por lo que es fundamental basarse en una serie de principios tendientes a facilitar su accionar.

- **Equilibrio.** A cada grupo de trabajo debe proporcionársele el grado de control correspondiente. Al delegar autoridad es necesario establecer los mecanismos para verificar que se está cumpliendo con la responsabilidad conferida y que la autoridad delegada está siendo debidamente ejercida.

- **De los objetivos.** Ningún control será válido si no se fundamenta en los objetivos, pues, es mediante estos que se evalúa el logro de los mismos. Por lo tanto, es imprescindible establecer medidas específicas o estándares que sirvan de patrón para la evaluación de lo definido.

- **De la oportunidad.** Para que sea eficaz, el control requiere ser oportuno, es decir, debe aplicarse antes de que se presente el error. De esta manera será posible tomar medidas correctivas con anticipación.

- **De las desviaciones.** Todas las variaciones o desviaciones que se presenten en relación con los planes deben ser analizadas detalladamente. Así será posible conocer las causas que las originaron, con el fin de tomar las medidas pertinentes para evitarlas en el futuro.

- **De excepción.** El control debe aplicarse, preferiblemente, a las actividades excepcionales o representativas, con el propósito de reducir costos y tiempo, delimitando adecuadamente cuáles funciones estratégicas requieren de inspección. Este principio se vale de métodos probabilísticos, estadísticos o aleatorios.

- **De la función controlada.** Por ningún motivo, la función controladora debe comprender a la controlada, ya que pierde efectividad el control. Este principio es básico, pues señala que la persona o área responsable de la inspección no debe estar involucrada con la actividad a controlar.

Características del control

Un buen control de inventarios debe posibilitar:

- **Reflejar la naturaleza de estructura organizacional.** Un sistema de control deberá ajustarse a las necesidades de la empresa y tipo de actividad que se desea controlar.

- **Oportunidad.** Un buen control debe manifestar inmediatamente las desviaciones, siendo lo ideal que las descubra antes de que se produzcan.

- **Accesibilidad.** Todo control debe establecer medidas sencillas de entender para facilitar su aplicación. Las técnicas muy complicadas en lugar de ser útiles crean confusiones.

- **Ubicación estratégica.** Resulta imposible e incosteable implantar controles para todas las actividades de la compañía, por lo que es necesario implantarlos en ciertas áreas de valor estratégico.

Consideraciones para establecer un sistema de control

En el momento de implantar un sistema efectivo de control de inventarios, es común cometer errores ligados a la improvisación de las herramientas de seguimiento y gestión. Es por ello, que se presentan los siguientes factores básicos para desarrollar la ejecución de dicho sistema:

1. **Tipos de medición.** Los tipos de medición se basan en algún tipo de norma o estándares establecidos, que pueden ser:
   » **Estándares históricos.** Pueden basarse en registros e información concernientes a las experiencias pasadas de una organización.
   » **Estándares externos.** Son los provenientes de otras organizaciones u otras unidades de la misma compañía.
   » **Estándares de ingeniería.** Se refiere a la capacidad de las máquinas; suelen venir especificadas por los fabricantes.

2. **El número de mediciones.** El número de mediciones puede ser reducido. Conforme se eleva la cantidad de controles que se aplican a un trabajo, el individuo pierde autonomía y la libertad respecto a cómo y cuándo ejecutarlo.

3. **Autoridad para establecer medidas y estándares.** Los estándares de desempeño pueden fijarse con o sin la participación de las personas cuyo rendimiento va a ser controlado. Cuando se establecen de forma unilateral por los gerentes de alto nivel, existe el peligro de que los empleados los juzguen idealistas.

4. **Flexibilidad de los estándares.** Los gerentes necesitan determinar si los estándares deberán ser uniformes en las unidades afines de la empresa; así como tomar una decisión respecto al sistema de control cuantitativo frente al cualitativo.

5. **Frecuencia de la medición.** La frecuencia y tiempo de la medición depende de la naturaleza de la tarea que va a ser controlada. El empleo de control de calidad estadístico exige establecer el tamaño de la muestra y el intervalo que debe haber entre las pruebas.

6. **Dirección de la retroalimentación.** La finalidad del control consiste en asegurar que los planes actuales se lleven a cabo y los planes futuros se realicen con más eficiencia.

La mayoría de los empresarios solo usan un tipo de inventario, el cual está relacionado con los artículos producidos y los vendidos. Pocos reconocen y aplican otras dos clases de *stocks*: materiales que preceden a la producción y materiales de mantenimiento. Ambos requieren de inversiones significativas, aun cuando algunos cancelan artículos importantes como gasto. Ambos son esenciales en la fabricación y pueden administrarse más eficazmente utilizando la información del sistema formal de planificación y control; así como las técnicas apropiadas del control de *stocks*.

Algunos de los comentarios que se escuchan entre las personas de negocios son:

- No se puede vender de un almacén vacío.
- Los inventarios son el cementerio del negocio.
- Por qué no se elaboran muchos de ellos, siempre podemos utilizarlos.

Estos comentarios ilustran los problemas involucrados en el logro de decisiones racionales sobre inventarios. Por lo general, los *stocks* representan una porción considerable de los activos totales de una compañía, pero pocos temas en los negocios están sujetos a tales consideraciones parciales. El departamento de ventas ve los inventarios como fundamentales para el buen servicio a clientes y siente que fabricación ha fallado si un artículo no está disponible cuando se vence el plazo de embarque de un pedido. La gente de finanzas cree que las existencias son un mal necesario, que atan el capital que podría utilizarse mejor en cualquier otra compra. La gente de la fábrica tiene dificultad para entender los costos asociados con la práctica de inventarios y con frecuencia consideran con desgano las medidas del control de *stocks*, debido a la ineficiencia que se impone en la planta. Desde el punto de vista de la factoría, los inventarios deberían ser un recurso ilimitado. Obviamente, el problema radica en que la compañía entiende los *stocks* desde un punto de vista global.

Funciones y objetivos de los inventarios

Las principales funciones de los inventarios son:

- Equilibrar la oferta y la demanda.
- Permitir la especialización de la producción.
- Proteger la compañía ante la inseguridad de la demanda y el abastecimiento.
- Actuar como recurso disponible en los diferentes niveles de la cadena de distribución.
- La función básica del *stock* es desglose. En una empresa manufacturera los inventarios desglosan o separan las actividades de producción, distribución y comercialización.
- Los inventarios de materias primas posibilitan tomar decisiones de producción a corto plazo, independientemente del negocio de materias primas (materiales).
- Los inventarios de materiales en proceso permiten el desglose de las etapas de manufactura. Es decir, estas existencias garantizan que los departamentos de producción operen sin una dependencia directa de programas de manufactura anteriores.
- Los inventarios de artículos terminados posibilitan separar la función industrial y la demanda de los clientes.
- La función de los inventarios no se limita a la manufactura, también se aplica a las ventas al detalle. Quien compra espera que el establecimiento comercial tenga el artículo que desea. Si no está disponible en el momento en que el cliente lo solicita, el comercio pierde al comprador esa vez e inclusive para futuras compras. Para absorber las fluctuaciones en la demanda dar un mejor servicio a los clientes, se necesita que el establecimiento conserve un cierto volumen de existencias.
- Aprovechar economías de escala. La producción y transporte de mercancías en altos volúmenes es menos costosa.
- Servir a los clientes. La demanda de los compradores no es 100% predecible, por lo que se requiere inventario para cubrir las variaciones de los pedidos.

- Suavizar manufactura y desacoplar procesos. La demanda estacional se satisface con *stocks*, en lugar de un alto nivel de capacidad.
- Se requiere tiempo para procesar y mover artículos; inventario de producto en proceso es el resultado.

En relación con los principales objetivos de la gestión de *stock* se encuentran:

- Apoyar la rentabilidad de la compañía.
- Disminuir las ventas perdidas.
- Entregar oportunamente.
- Dar un nivel adecuado de servicio con un costo de *stock* en equilibrio.
- Responder ante imprevistos de la demanda y la oferta (amortiguador).

Importancia de los inventarios

La necesidad de tener existencias en almacén nace o tiene su origen en los beneficios que nos reportan estos *stocks*. Referidas a:

- **Cantidad:** Disponer del artículo en la cantidad necesaria.
- **Oportunidad:** Tener los productos en el momento o lugar deseado.
- **Calidad:** Garantizar una calidad conveniente del bien en el momento de ser utilizado.
- **Precio:** Disfrutar del artículo con los requisitos anteriores y al precio más económico.

Si no se tiene el artículo almacenado, es muy difícil que la oportunidad, cantidad, calidad y precio coincidan simultáneamente en el momento en que arribe al lugar de utilización.

Los inventarios actúan como reguladores entre los ritmos de salida de unas fases y los de entrada de las siguientes. Si el ritmo al que los proveedores dispusieran las materias primas y auxiliares fuera idéntico al que son necesarias en el proceso de manufactura, no se plantearía el problema de regulación en dicha fase. No obstante, lo más frecuente es que los proveedores entreguen materiales periódicamente y que las compañías los precisen de forma prácticamente continua. Por ello, resulta preciso la colocación de unos reguladores que son los inventarios de materias primas. Del mismo modo, el ritmo de ventas no suele coincidir con el de la generación de productos, por lo cual se hace necesaria la utilización de *stocks* de bienes terminados.

Si los aprovisionamientos fueran instantáneos, es decir, si pudiéramos adquirir el bien en el momento y lugar en el que lo precisáramos, en la cantidad y calidad deseada y al precio mínimo; acumular existencias de ese artículo para su posterior uso no tendría sentido. Pero el llegar a este perfecto acoplamiento entre fecha, cantidad, calidad y precio es muy difícil, solo se ha podido conseguir en ciertos casos de organizaciones que han implantado en su gestión las técnicas japonesas del *stock* cero o del *Just in time*. En consecuencia, se puede afirmar que todavía en multitud de casos los *stocks* son necesarios en la organización.

Volumen que representan dentro del total de activos de la empresa

Respecto a este punto, podemos afirmar que, al ser su porcentaje alto, los *stocks* tienen una gran importancia. En efecto, el volumen de negocio que representan en la empresa es alto, de tal forma que no es extraño que los inventarios alcancen el 30% de los activos de la compañía y, a menudo, lleguen a ser del 50%.

En Estados Unidos, en promedio el 34% de los activos corrientes y el 90% del capital de trabajo de una empresa típica se encuentra invertido en inventarios.

Esto implica que tienen una gran importancia para la compañía, ya que una pequeña reducción del porcentaje de *stocks*, sin perjuicio de la buena marcha del negocio, puede suponer un gran aumento en el beneficio. Por el contrario, una pequeña alza en el volumen de los mismos, si esta no mejora en nada el negocio, puede suponer costos importantes.

Por lo tanto, es una cuestión fundamental tener unos criterios o principios generales acerca de su volumen óptimo. En circunstancias normales, la cifra de existencias que teóricamente ha de tener la empresa, es aquella que cumpla los dos principios básicos de la teoría de gestión de *stocks*:

- Que cubra las necesidades del usuario, bien sea del departamento de fabricación de la propia compañía o del cliente.
- Que lo haga del modo más económico posible.

En esta medida, se presentan una serie de retos para la gestión moderna de los inventarios, los cuales se condensan a continuación:

Retos para la gestión de inventarios

- Reducir los requerimientos de almacenamiento.
- Disminuir la obsolescencia de producto.
- Aminorar los daños y averías a los bienes por manejo.
- Racionalizar los niveles increíbles de capital atado al inventario y los costos de oportunidad que esto significa.
- Cumplimiento de compromisos comerciales.

- Cumplimiento de especificaciones del artículo.
- Atención inmediata de ventas.
- Recortar al máximo el ciclo de pedido.
- Respuesta del 100 % con pedidos perfectos.

Tipos de inventarios

Con la empresa encarrilada, los inventarios nos servirán para evitar los golpes a nuestra producción, debido a las fluctuaciones del mercado, tanto el de compras (insumos) como el de ventas (productos). A continuación, se presentan diferentes tipos de clasificación de *stocks,* de acuerdo con diferentes puntos de vista o según lo que controlan.

Desde el punto de vista de las empresas manufactureras, hay cuatro tipos de inventarios:

- **Materias primas.** Comprende todas las clases de materiales comprados por el fabricante y que pueden someterse a operaciones de transformación o manufactura, antes de ser vendidos como producto terminado.
- **Productos en proceso de fabricación.** Consiste en la producción parcialmente manufacturada. Su costo comprende materiales, mano de obra y gastos indirectos de fabricación (o carga industrial) que les son aplicables.
- **Productos terminados.** Son todos los artículos manufacturados que están aptos y disponibles para la venta.
- **Suministro de fábrica o fabricación.** Se conoce también como *stock* de materiales. Puede asociarse directamente con el bien terminado y llega a convertirse en partes de él. El suministro de materiales se realiza en cantidades suficientes para que sea práctico asignar el costo al producto.

Si se analizan por su función, los inventarios se detallan así:

- **Inventarios de fluctuación.** Estos *stocks* se llevan porque la cantidad y ritmo de las ventas y la producción no pueden predecirse con exactitud. Los pedidos pueden promediar en 100 unidades por semana para un artículo dado. No obstante, hay semanas en que las ventas son elevadas, por ejemplo, de 300 ó 400 unidades, y el material puede recibirse en *stock*, normalmente, tres semanas después de ser solicitado a la planta, pero, ocasionalmente, puede arribar el pedido seis semanas después de su solicitud. Estas fluctuaciones en la demanda y la oferta pueden componerse con las existencias de reserva o de seguridad, nombres usuales para los inventarios de fluctuación. Estos existen cuando el flujo de trabajo en una factoría no puede equilibrarse completamente. Los *stocks* de fluctuación, conocidos también como de estabilización, pueden incluirse en el plan de manufactura, de manera que los niveles de producción no tengan que cambiar para enfrentar las variaciones aleatorias de la demanda.

- **Inventarios de anticipación.** Son hechos con anticipación a las épocas de mayor venta, a programas de promoción comercial o a un período de cierre de la planta. Básicamente, los *stocks* de anticipación almacenan horas-trabajo y horas-máquina para futuras necesidades y limitan los cambios en las tasas de manufactura.

- **Inventario de tamaño de lote.** Con frecuencia es imposible o poco práctico fabricar o comprar artículos en las mismas cuotas que se venderán. Por lo tanto, los productos se consiguen en mayores cantidades a las que se necesitan en el momento. El *stock* resultante es el inventario de tamaño de lote. El tiempo de arreglo es menos importante en la determinación de dichas existencias.

- **Inventarios de transporte.** Estos existen porque el material debe moverse de un lugar a otro. El inventario depositado en un camión y que se va a entregar a un almacén puede estar a tres días de camino. Mientras este se encuentre en tránsito, no podrá tener una función útil para la factoría o los clientes: exclusivamente por el tiempo de transporte.

- **Inventario de protección o especulativo.** Las compañías que usan grandes cantidades de minerales básicos (como el carbono mineral, el petróleo o el cemento) o mercadería (como la lana, los granos o productos animales), que se caracterizan por fluctuar en sus precios, pueden obtener ahorros significativos comprando grandes cantidades de productos, cuando los precios están bajos, denominados inventarios de protección. La adquisición de bienes extras a un precio reducido impacta directamente los costos de producción.

Estas transacciones son útiles, ya que al no subir el precio final del artículo cuando los precios suben, provoca que se tenga un mayor mercado. Esto es algo parecido a lo que pasa cuando los precios fluctúan.

Los inventarios también se pueden clasificar por su condición durante el proceso.

- **Tamaño de lote.** Su función es desacoplar las operaciones de fabricación. Sus beneficios son descuentos en la compra, preparación de equipo y maquinaria, portes, manejo de materiales, gastos de papeleo y de inspección, etc.

- **Fluctuación de la demanda.** Su utilidad es, como se dijo anteriormente, equilibrar la compañía aun cuando la demanda fluctúe demasiado. Los beneficios son muchos, por ejemplo, menos portes, más ventas, mejor servicio, etc.

- **Fluctuación de la entrada.** Ayuda a no dejar de producir en épocas en que escasea la materia prima, evitando tiempos muertos y extras, así como mala calidad por materiales substitutos.

- **Inventario de disipación.** Ayuda a estabilizar el producto, evita tiempos extras de subcontratos, despidos, seguro de despidos, entrenamiento, desperdicio por falta de habilidad en los trabajadores, etc.

Los costos de los inventarios

Generalmente, los costos asociados a los inventarios se dividen en:

Costos de conservación (mantenimiento). Costos incurridos al tener un determinado nivel de existencias durante un lapso de tiempo específico. Son costos asociados con el mantenimiento y propiedad de los inventarios, como el costo de oportunidad del dinero invertido en ellos, el costo de almacenamiento (renta, calefacción, iluminación, refrigeración, seguridad, etc.), la depreciación, impuestos, seguros, deterioro y la obsolescencia de los bienes.

Para su cálculo debemos tomar en cuenta lo siguiente:

Inventario promedio: A = Unidades por orden / 2 = (S/N) /2.

S = unidades que se van a comprar todo el año.

N = el número de compras que se hacen.

P = precio de compra.

C= costo porcentual por año por el mantenimiento del inventario.

Para calcular C se toman todos los costos mencionados anteriormente. Estos se suman y se dividen entre la inversión promedio del *stock* (A*P).

Una vez calculado C, para determinar el costo total de mantenimiento sería:

CTM: Costo total de mantenimiento = C*P*A.

Costos de pedido (preparación). Costos asociados a las actividades necesarias para reabastecer los inventarios, desde el momento en que se emite la requisición de compra hasta que se recibe el pedido.

Costo total de ordenar: CTO = F*N.

F = costo fijo por orden.

N = número de órdenes colocadas en el año.

N puede ser calculada así: N = S / 2ª.

Entonces también se puede expresar el costo total de ordenar de la siguiente manera:

Costo total de ordenar: CTO = F * (S / 2A).

- **Costos de agotamiento (falta de existencias).** Costos incurridos al no poder satisfacer la demanda de los clientes. La magnitud del costo depende de si se permiten o no pedidos retroactivos.

- **Costos de adquisición (producción).** Es el costo directo asociado a la compra o a la producción de un bien.

Políticas y decisiones en la gestión de inventarios

Las políticas de *stocks* deben tener como objetivo elevar al máximo el rendimiento sobre la inversión, satisfaciendo las necesidades del mercado.

Las políticas de inventarios deben ser fijadas para cada uno de los diferentes conceptos: materias primas y materiales auxiliares de fabricación, producción en proceso, artículos terminados, artículos de compra-venta, etc. Cada una de estas inversiones de activo presenta condiciones peculiares para su administración, su compra, consumo, procesamiento, para su custodia, para su venta, etc.

En la gestión de las existencias se destacan una serie de políticas, siendo las principales:

- Reducir al máximo la inversión en días de inventarios, sin afectar la demanda del mercado (ventas) ni el proceso productivo. Lo anterior requiere fijar los niveles de gasto para cada concepto de inventarios y tipo de producto, material, etc. Todo esto con la flexibilidad de cambio que requiera la demanda del mercado. La compañía financia la inversión en los *stocks* y el dinero tiene un costo de oportunidad. Por lo tanto, la organización debe tratar de reducir la inversión en existencias para maximizar los rendimientos.

- Obtener el máximo financiamiento (sin costo) por medio de proveedores, para la adquisición de inventarios. El financiamiento no solo incluye el monto del crédito sino también el plazo de pago. Sería ideal que las ventas y consumos de los *stocks* coincidieran con el pago a proveedores, pues de esta manera no se asignarían recursos de capital de la compañía para inventarios. Algunas veces se pueden hacer contratos de consignación, lo que representa de otra forma lo señalado anteriormente. Cuando el crédito de proveedores es mayor que el tiempo en que los *stocks* se venden, se produce un beneficio que no se refleja como tal en la información financiera. Esta se genera porque se obtienen recursos por medio del financiamiento de proveedores sin costo de oportunidad. Se debe determinar el nivel apropiado de las existencias sin distraer fondos ni afectar de forma importante el servicio a los clientes.

- Cuando se tiene únicamente un producto para comercializar, el nivel aceptable de faltantes deberá ser cero, siempre se tendrán existencias. A medida que aumentan los productos, tipos, colores, tamaños, etc., deben fijarse parámetros de aceptación para no mantener *stocks* muy altos y así cubrir la demanda variable del mercado con pocos faltantes. En los bienes de alto consumo deben vigilarse las existencias y pronósticos de venta permanentemente, para que siempre se tengan existencias.

- Mantener las existencias en artículos 'A' mediante una administración personalizada.

- Vigilar la exposición de los inventarios ante la inflación y la devaluación de la moneda.

Los *stocks* son activos no monetarios que no están expuestos a la inflación y devaluación de la moneda. Generalmente, este concepto del activo circulante tiene una influencia muy importante en el resultado por retención de activos no monetarios y contrarresta las pérdidas por exposición de los activos monetarios.

La productividad se mejora con una manufactura o compra con el mínimo de almacenaje y sin retraso, así como con una gestión de calidad integrada en materia prima, procesos y productos terminados, además, de bienes de compra-venta.

Centralización vs. descentralización de los inventarios

Existe una política que resulta esencial en la gestión de inventarios y suele ser considerada como estratégica y alineada con las políticas comerciales y de *marketing* de las compañías. Esta se relaciona con las decisiones de ubicación y localización de los *stocks*, es decir, las determinaciones tomadas alrededor de la centralización o descentralización de las existencias.

Gráfica 32. **Centralización de inventarios.**

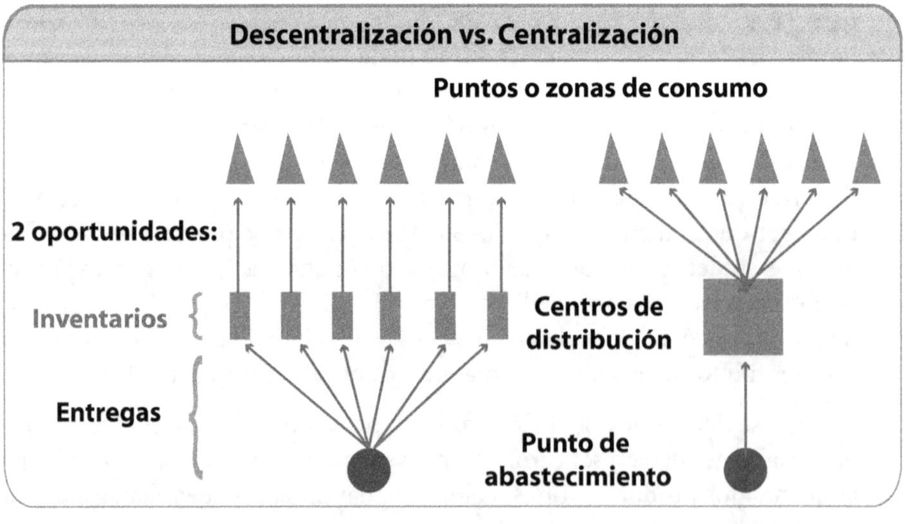

Oportunidades de la centralización

- Incrementar la rotación.
- Reducir el costo de ordenar.
- Mejor control de la calidad y el servicio.
- Unificación de criterios comerciales.
- Aprovechamiento de las economías de escala.
- Aprovechamiento vehicular por kilómetro recorrido.
- Mayor productividad en las operaciones de *picking*, despacho y recibo.
- Disminución en los tiempos de espera.
- Se facilita la logística en inversa.
- Es una estrategia más armónica con el medio ambiente.

2.2.2 Sistema de inventarios ABC y escategramas de la demanda

Categorización ABC

El ABC en los inventarios consiste en estructurar o clasificar los productos en tres categorías denominadas A, B y C; apoyándose en el principio según el cual, generalmente, los productos siguen una distribución parecida a la realizada por Pareto con las rentas de los individuos. Dicho argumento es: alrededor del 20% del número de artículos en *stock* representan cerca del 80% del valor total de ese inventario.

Cada una de estas categorías tiene sus propias características. Veamos algunas de ellas.

Productos tipo A

- Representan un porcentaje pequeño en términos de unidades físicas, respecto al total de los artículos movilizados.
- Constituyen la mayor parte del capital movilizado. Dicho capital se recupera más fácilmente y genera gran parte del beneficio de la empresa.
- Generalmente, son más rentables.
- Nunca deberían presentar agotados, pues requieren un nivel de servicio superior al 99%.
- Su nivel de inventario suele ser alto, pero justificable.
- El costo de venta es menor, comparado con los que poseen los otros dos tipos de productos, B y C.

- Son bienes de alta rotación y, generalmente, su demanda es más fácil de predecir.
- Su proceso productivo está más estandarizado.
- Los proveedores de estos artículos están más desarrollados.

Productos tipo B

- Tienen una representación mediana, en términos de las unidades físicas con relación al total.
- Poseen el segundo valor en cuanto a capital movilizado. Su tratamiento es intermedio, es decir, sin una gran inversión, pero con un cuidado razonable.
- Tienen una rentabilidad intermedia.
- Su nivel de inventario suele ser un término medio.
- Son bienes con una rotación media.
- Su demanda no es tan acertada cuando se trata de pronosticarla.
- Presentan un costo de venta intermedio, comparados con los productos A y C.

Productos tipo C

- Este grupo representa un alto porcentaje en cuanto a unidades físicas movilizadas con relación al total.
- Es el grupo que menos capital moviliza con respecto a la inversión total.
- Tienen una rentabilidad inferior y su manejo no es muy exigente.
- Son los productos con más baja rotación.
- En el *stock* es normal tener pocas unidades de estos artículos.
- Los pronósticos poco funcionan a la hora de estimar la demanda de este tipo de referencias.
- Presentan el mayor costo de venta, comparados con los productos A y B.
- Son candidatos a convertirse en bienes obsoletos.
- Representan un alto costo de mantenimiento para la empresa.

La clasificación A, B y C de un grupo de productos se puede llevar a cabo desde diferentes puntos de vista, es decir, se puede hacer según:

- La demanda.
- El costo.
- La rentabilidad.
- Las ventas.
- El significado estratégico de cada producto para la compañía, entre otras alternativas.

En este proceso es fundamental recordar mantener clasificados tanto a los productos como a los clientes, para establecer un tratamiento diferencial y orientar mejor a la fuerza de ventas. Además, la clasificación, en todos los casos, debe hacerse periódicamente, pues los bienes pueden ir cambiando su comportamiento con el tiempo y así, por ejemplo, un producto B puede convertirse en un A o en un C y viceversa.

Principio del ABC

El aporte de la clasificación a la rotación total es igual a su contribución a las ventas de forma que:

- Los ítems A contribuyen con el 80% de las ventas y con el 80% de la rotación total de los inventarios.
- Los ítems B contribuyen con el 15% de las ventas y con el 15% de la rotación total de los inventarios.
- Los ítems C contribuyen con el 5% de las ventas y con el 5% de la rotación total de los inventarios.

Como complemento al análisis ABC, es posible incluir los conceptos de rentabilidad y variabilidad que tiene cada producto de la organización; de tal forma que se puedan construir los escategramas de demanda y rentabilidad como herramientas adicionales para la categorización de ítems y el análisis de continuidad de productos.

Gráfica 33. **Esquema de un ABC.**

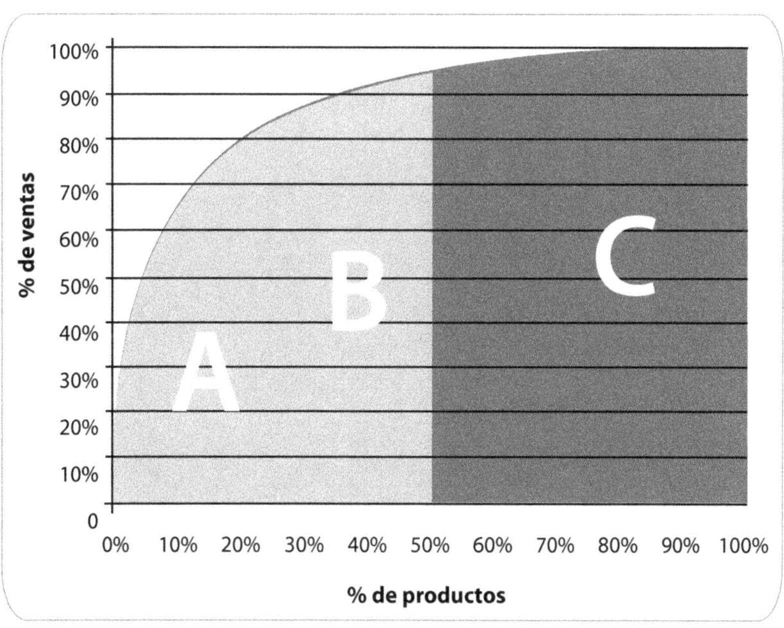

Escategramas de variabilidad

Los escategramas son representaciones gráficas del comportamiento de productos con respecto a sus niveles de ventas o aportación en ingresos; cantidad de artículos o rentabilidad aportada a la compañía, así como su grado de fluctuación y variabilidad período a período.

Sus dos principales componentes son:

- La demanda.
- La rentabilidad.

El objetivo de los escategramas es identificar los distintos niveles de variación que tiene cada ítem o línea de productos, que se derivan de las fluctuaciones presentes en uno de ellos, bien sea por los tiempos entre una salida y otra; las diferencias en las cantidades pedidas por los clientes en cada facturación o los picos atípicos que usualmente se presentan en las operaciones de las empresas.

Estructura

La estructura de los escategramas parte del modelo de categorización ABC y toma de él las variables necesarias para su graficación, de acuerdo con el tipo de escategrama, así:

Escategramas de la demanda y consumos. Se definen en función de los niveles de salidas o ventas de mercancías, en cantidades o valorizadas, y su respectiva fluctuación con respecto al promedio general.

Gráfica 34. **Escategrama de la demanda.**

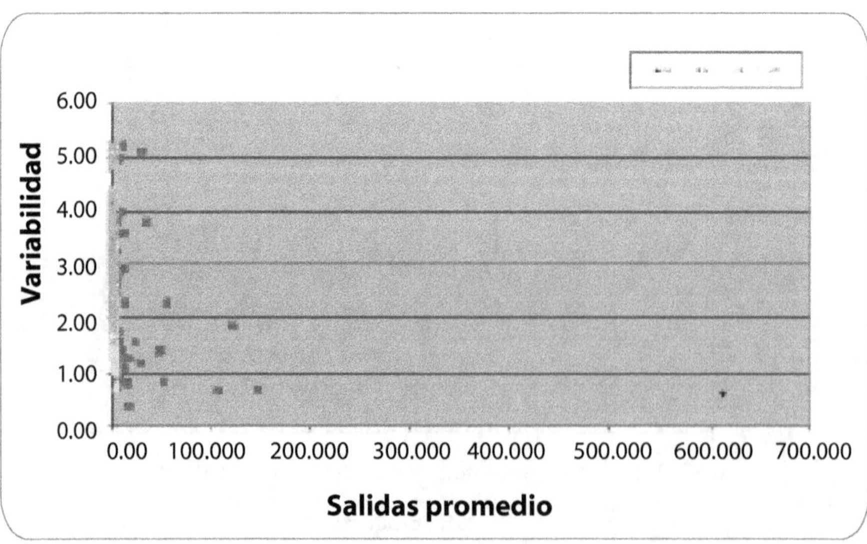

El escategrama de rentabilidad se define en términos de la rentabilidad que aporta cada ítem y su respectiva fluctuación respecto del promedio general de salidas.

Gráfica 35. **Escategrama de la rentabilidad.**

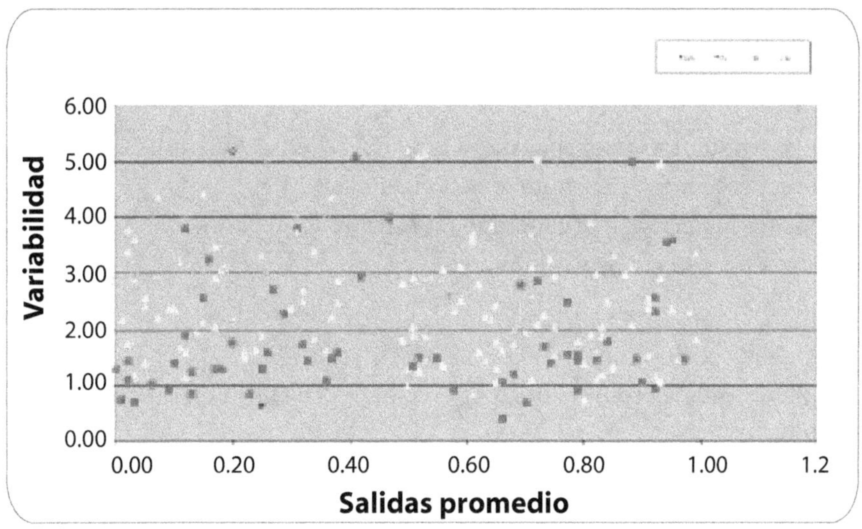

Aplicaciones

Estos escategramas permiten tener elementos de análisis para la toma de decisiones, por ejemplo:

- Definición de políticas de nivel de servicio.
- Exclusión de artículos del portafolio de productos.
- Cambio de lugares desde los que se realizan los procesos de distribución.
- Asignación de recursos por tipo de bien (niveles de inventario).
- Estrategias y acuerdos comerciales.

Reflexión: Para cada caso de la segmentación cliente/producto, defina el nivel de servicio en términos de disponibilidad y tiempo de respuesta y escoja las variables que considere más críticas en su compañía para garantizar la estrategia definida.

Mientras mejor se conozca cómo está compuesto el inventario, se puede delinear una adecuada estrategia con base en la segmentación de productos.

Manejo de los artículos 'ABC'

Por medio de la categorización ABC de los inventarios, se pueden identificar estrategias y políticas diferenciadas para su gestión y control, de la siguiente forma.

Tipo A

- Mantener un *stock* de seguridad.
- Proveedores confiables.
- Conocer perfectamente el tiempo de reposición.
- Utilizar un sistema de pedidos ágil y seguro.

Tipo B

- Conservar un *stock* de seguridad bajo.
- Proveedores con cierto grado de confiabilidad.
- Conocer perfectamente el tiempo reposición.
- Utilizar un sistema de pedidos ágil y seguro.

Tipo C

- Se puede decidir no mantener un *stock* de seguridad.
- Es recomendable conservar un bajo volumen en el inventario de este tipo de productos.

Gráfica 36. **Manejo de los artículos ABC.**

Artículos A	• Pedido semanal • No deben existir agotados • Tratamiento especial • Almacenar cerca a transportes
Artículos B	• Pedido quincenal • Existencias normales • Almacenamiento y ubicación • En niveles medios
Artículos C	• Pedidos mensuales o bimensuales • Se deben agotar • Almacenamiento en niveles altos • Localización lejos del transporte

Como conclusión del análisis ABC, debemos concentrar nuestros esfuerzos en aquellos pocos bienes que generan el 80% de las ventas, ya que estos influyen también sobre el 80% de la rotación total y sobre el 80% del indicador de servicio.

2.2.3 VMI, Administración de inventarios por los proveedores

El inventario manejado por el vendedor (*Vendor Inventory Management*) es una práctica de la cadena de abastecimiento en la cual el *stock* es monitorizado, planificado y gestionado por el vendedor a nombre de la empresa que lo consume.

Para esto se basa en la demanda esperada y en los niveles de inventario mínimos y máximos previamente pactados.

Tradicionalmente, el éxito en la gestión de la cadena de suministro se deriva del entendimiento y administración del vínculo existente entre el costo del inventario y el nivel de servicio. Los proyectos de VMI pueden brindar mejoras a lo largo de ambas dimensiones. Se pueden distinguir dos clases básicas de VMI:

Un comerciante mayorista (distribuidor) maneja los niveles de inventario para un minorista. En este contexto, el VMI se conoce como respuesta eficiente al consumidor (ECR). En este caso, el minorista es quien posee el *stock*, aun cuando la orden de reposición del mismo es accionada por el comerciante mayorista.

Un fabricante maneja los niveles de inventario para un distribuidor. Para esta modalidad, el *stock* se encuentra en poder del distribuidor y la orden de reposición es accionada por el fabricante.

Para aumentar la rotación de los inventarios y disminuir los tiempos de entrega, los productos o pedidos se consolidan o desconsolidan en los centros de distribución de zonas. Este proceso se denomina 'paso directo'.

Gráfica 37. **Almacén en flujo continuo.**

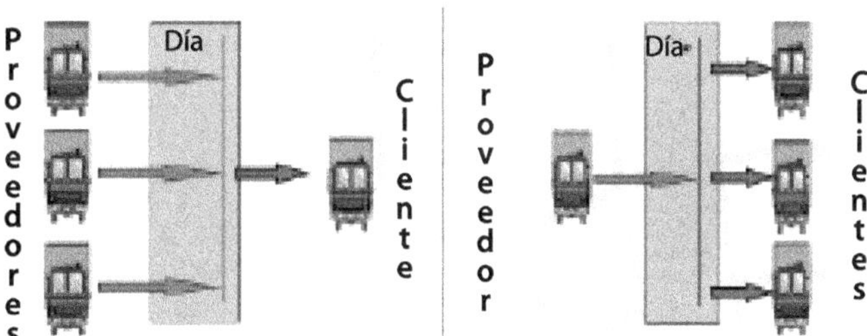

El VMI se basa en la creencia que las entidades proveedoras están en una mejor posición para manejar el inventario, pues tienen un mejor conocimiento de las capacidades de manufactura de las mercancías y de los tiempos de entrega. También se basa en la creencia que permitir que los vendedores manejen *stock* reduce el número de capas o de integrantes en la cadena de abastecimiento. Esto posibilita visibilidad común de los cambios en los niveles de existencias y la reducción y optimización de los totales del inventario, tanto en términos de cantidad como del costo asociado a su manejo.

Para la aplicación del VMI se le debe dar al vendedor acceso a los datos de ventas, vía intercambio electrónico de datos (EDI), otros medios electrónicos o mediante agentes humanos tradicionales en los almacenes y puntos de venta.

El VMI comenzó en el comercio al por menor y creció a partir de la respuesta eficiente al consumidor (ECR), en la cual la satisfacción del cliente o en su lugar la expectativa de disposición de inventario para el comprador, es una importante manera de tener un margen competitivo sobre los demás competidores. WalMart es uno de los pioneros exitosos de esta estrategia de abastecimiento.

El VMI está ahora progresando gradualmente hacia formas basadas en la asociación estratégica. Esto influencia la manera en que las empresas planifican su *stock*, evolucionando desde la planificación, colaboración, pronóstico y reabastecimiento (CPFR).

Gráfica 38. Reposición de inventario.

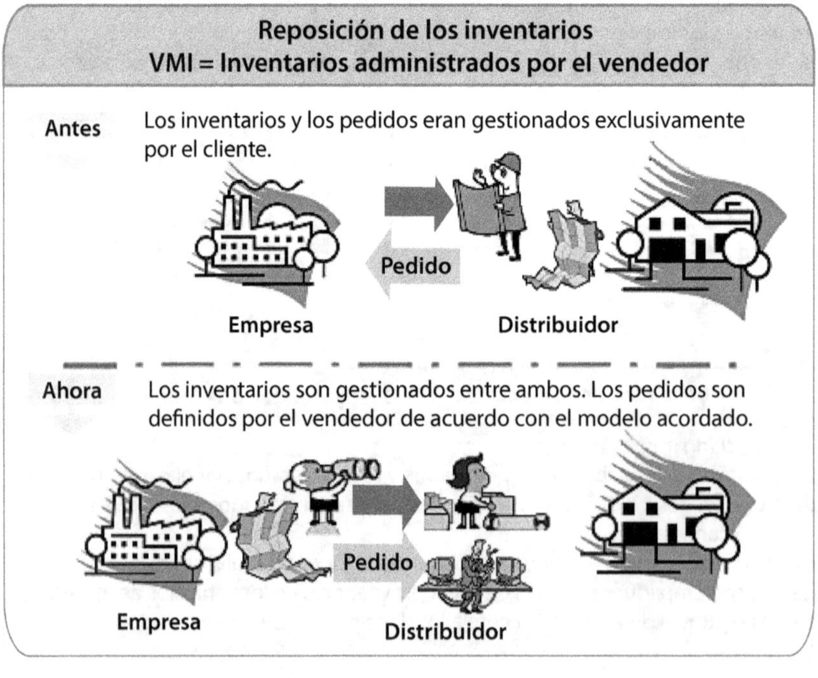

Fundamentación del VMI: La aplicación del ECR

Es una estrategia de la industria en la que empresas detallistas, distribuidoras y proveedoras trabajan conjuntamente para eliminar costos excesivos de la cadena de suministro y brindar un mejor valor añadido a la persona consumidora final. Enfocándose en la eficiencia del sistema de suministro, en vez de la eficiencia de los componentes individuales, se reducen los costos del sistema, inventarios y recursos, a la vez que se pone a disposición de los consumidores un producto con mejor valor, calidad y frescura.

Estos son los principios esenciales del ECR:

Debe existir una orientación constante a proveer de mejor valor al cliente con menor costo, por medio de la cadena de abastecimiento para brindar un producto de óptima calidad, variedad y conveniencia. El ECR debe ser guiado por altos ejecutivos comprometidos con el proceso y dispuestos a cambiar la mentalidad de negocios 'ganar-perder' por una 'ganar-ganar', mediante alianzas exitosas de socios comerciales.

La información es esencial para soportar las decisiones de *marketing*, producción y logística. Esta información fluye externamente entre socios gracias al intercambio electrónico de datos (EDI).

Los procesos deben dar valor añadido, desde el final de la producción/empaque hasta las manos de quien consume, a fin de garantizar que el producto adecuado esté disponible en el momento y lugar requeridos. Deben existir sistemas de medición y recompensa estándares y consistentes, orientados al aumento en la eficiencia del sistema total. El ECR se enfoca en acortar el tiempo y eliminar costes de procesos básicos de valor añadido de la cadena de abastecimiento. Busca:

- Proveer una variedad completa de bienes, ajustada a las necesidades del consumidor o 'surtido eficiente de productos'.
- Mantener buenos niveles de inventario de los productos adecuados o 'resurtido eficiente'.
- Comunicar los beneficios y valor del artículo por medio de una óptima promoción o 'promoción eficiente'.
- Desarrollar e introducir artículos que satisfagan las necesidades del consumidor o 'introducción eficiente de productos'.

  1. **Surtido eficiente de productos.** Se relaciona con el uso más eficiente de la tienda y el espacio en anaquel, lo cual es el punto de encuentro entre la cadena de suministro y el consumidor final. Con la adopción de procesos efectivos de administración de categorías y sistemas para la gestión de espa-

cios y definición de surtidos, se puede mejorar dramáticamente el aprovechamiento del espacio (rentabilidad de espacio) de exposición y del espacio que no está siendo utilizando para vender. Hay que recordar que el espacio es el activo más importante de un autoservicio. Se pueden aplicar mejores estrategias de precios para mejorar el ROI.

2. **Resurtido eficiente.** Une el consumidor, la tienda, los centros de distribución y los almacenes/centros de distribución de proveedores y fabricantes en un sistema sincronizado. La información fluye de forma más efectiva por medio de tecnologías como EDI (Intercambio Electrónico de Datos); mientras que el producto fluye con menos interrupciones desde las líneas de manufactura a las manos del consumidor.

3. **Promoción eficiente.** Se refiere a reenfocar el tradicional pensamiento de 'vender al detallista' hacia 'vender al consumidor', con el objetivo de aprovechar mejor el dinero invertido en promociones y producir mejores resultados para el proveedor y el detallista. Esto resulta en promociones que incrementen el valor de la categoría y produzcan consumidores más satisfechos y leales.

4. **Introducción eficiente de productos.** Trata de mejorar el proceso de desarrollo e introducción de productos nuevos mediante el trabajo conjunto y estratégico entre proveedores y fabricantes.

Aplicaciones del VMI

En las compañías modernas, las aplicaciones más comunes de esta metodología de colaboración son:

- En industrias sensibles al error en los pronósticos de la demanda, por ejemplo, el sector farmacéutico.
- Almacenes múltiples distribuidores de bienes de consumo masivo como WalMart.
- Sector de producción y comercialización de productos perecederos, tales como los hipermercados.
- Industrias de bienes de alto valor cuya demanda no es posible pronosticar.
- Industrias en las que la competencia fuerte obliga a trabajar con márgenes pequeños de rentabilidad, por ejemplo, el sector automotriz.

Pasos para la implementación del VMI

Para aplicar este modelo de gestión de inventarios se recomienda el accionar de las siguientes etapas:

- Comunicar las expectativas a las partes involucradas.
- Información comercial compartida entre las partes.

- Acuerdo de confidencialidad y buen uso de la información.
- Acuerdo sobre la política de órdenes, de riesgos y beneficios compartidos.
- Asignación de recursos financieros, físicos y humanos.
- Diseño de los esquemas de control y verificación.
- Implementación y evaluación constante del avance del proceso.
- Realimentación y reparto de beneficios.

Ventajas y Limitaciones del VMI

Ventajas

1. A nivel de la cadena logística:

» Menores niveles de inventario en todos los eslabones de la cadena de abastecimiento.

» Reducción de errores en el manejo de la información.

» Mayor exactitud en los pronósticos de inventario y colocación de los *stocks* en cada punto de la cadena de abastecimiento.

» Menor margen de costos de servicio.

2. A nivel de los vendedores:

» Mejor entendimiento de la demanda del cliente.

» Comunicación directa y mejorada con los consumidores.

» Incremento de los niveles de ventas.

» Oportunidad de ofrecer mayor valor añadido en los productos y servicios.

3. A nivel de los proveedores:

» Reducción en los tiempos de reabastecimiento.

» Menor costo del inventario.

» Disminución de las rupturas de *stock*.

» Construcción de alianzas estratégicas en beneficio de la gestión eficiente de la cadena de abastecimiento.

4. A nivel de los usuarios finales:

» Aumento de los niveles de servicio.

» Reducción de los agotados en puntos de venta.

Limitaciones

- El éxito de las iniciativas de VMI depende de la relación comercial entre minoristas y mayoristas.
- Creciente dependencia entre las partes.
- Falta de confianza para el intercambio de información.

- Invisibilidad y desequilibrio del inventario.
- Altos costos de inversión en tecnología.
- Largos tiempos de integración de información y de procesos.

2.3 Gestión logística en distribución y almacenes

2.3.1 Mejores prácticas en operaciones en centros de distribución

Un almacén puede definirse como un espacio planificado para ubicar, mantener y manipular mercancías y materiales.

Dentro de esta definición hay dos funciones dominantes: El almacenamiento y el manejo de materiales. El papel que tiene un almacén en el ciclo de abastecimiento de la empresa depende de la naturaleza de la misma. En algunas ocasiones, será un punto de paso donde se descompone el flujo de materiales, conformado por unidades de empaque, para despachar las cantidades que necesitan los clientes. En este caso, el almacenaje no tiene tanta relevancia como el manejo de materiales.

Como punto de partida es necesario entender que las actividades físicas desarrolladas durante el proceso de almacenamiento son: recepción, almacenaje, preparación de pedidos y expedición.

Funciones y objetivos de los centros de distribución

En la función de almacenamiento aplicada a la gestión moderna en los centros de distribución, se destacan tres grandes funciones, a saber:

1. **Minimizar el costo total de la operación**. Para lograr este objetivo, la persona responsable del almacén necesita considerar los tres elementos principales que lo constituyen: mano de obra, espacio y equipo. Estos reflejan el costo total de la operación de almacenamiento (almacenaje, acopio) y, en consecuencia, su nivel de utilización y la manera como cada uno de ellos puede ser intercambiado (*trade off*) con otros.

2. **Suministrar los niveles adecuados de servicio**. El nivel de servicio que se proporciona a los clientes estará determinado por la eficacia y la eficiencia de los procedimientos utilizados en la recepción, almacenaje y despacho de productos. En términos sencillos, el fin del almacenamiento es lograr la mejor combinación entre:

   » Maximización del espacio en volumen.

   » Maximización en el uso de los equipos.

   » Maximización en el acceso a todos los materiales y mercancías.

» Maximización de la salvaguardia de todos los materiales y mercancías.

» Maximización en el uso de la mano de obra.

Relacionando estas cinco amplias premisas con el fin básico de costo y servicio, los objetivos de la gestión de almacenes pueden resumirse así:

- Lograr que el movimiento diario de bienes que entran y salen de la compañía esté estrictamente de acuerdo con las necesidades de compras y despachos.

- Mantener los *stocks* previstos de materiales y mercancías al mínimo costo, de acuerdo con los criterios de la organización y los recursos financieros disponibles.

- Controlar perfectamente los inventarios, la facturación y los pedidos.

- Complemento de procesos productivos. Uno de los roles principales del almacenamiento es servir como complemento a los procesos productivos, esto se logra manteniendo la continuidad en dichas operaciones y garantizando la permanencia de las condiciones y características propias de los productos como la temperatura, la consistencia, etc. Entre las aplicaciones más comunes de esta función encontramos:

- Productos que requieren maduración.

- Artículos que necesitan refrigeración y/o congelación temporal.

- Bienes que requieren de reposo entre distintas fases del proceso productivo.

Principios del almacenamiento

Los siguientes principios están dados para permitir una operación eficiente, tanto en costos como en tiempos de ejecución y calidad de los procesos:

1. **La unidad más grande.** El movimiento de productos debe hacerse en la mayor cantidad posible. Esto implica cargas paletizadas, unidades de manejo homogéneas y métodos de manipulación estandarizados. A medida que la cantidad movilizada es más grande hay menor número de movimientos, trayendo beneficios como menor costo en personal, menor costo en equipos y mayor control sobre los inventarios.

2. **La ruta más corta.** Los recorridos constituyen el mayor componente de costo por mano de obra, el cual, usualmente, asciende al 80% de esta actividad. Por ello se requieren menores distancias en los procesos más frecuentes y tiempos de operación cortos; mayor rendimiento del recurso. Esto permitirá una reducción de los costos operativos de equipos en actividades como: menor uso de combustible o baterías, menor desgaste en bandas transportadoras y menor gasto en el mantenimiento.

3. **El espacio más pequeño.** Este principio posibilita una reducción en el costo de almacenaje. En la medida que se logre una mayor rotación del *stock*, me-

nores serán las áreas requeridas para el almacenamiento; redundando así en menores inversiones en edificios o arrendamientos. El aprovechamiento del área disponible se puede lograr con la aplicación de los siguientes elementos: procesos más simples, distancias cortas y control sobre agotados y devoluciones.

4. **El tiempo más corto.** En el interior de un almacén o centro de distribución, el tiempo empleado en los procesos debe ser el más breve posible. Esto sin perder de vista el cumplimiento de las políticas de servicio de la compañía y sin dejar de lado la calidad de los productos, las mercancías manipuladas y de las operaciones mismas.

   » Para esto se requiere contar con:
   » Procesos estandarizados.
   » Personal capacitado.
   » Claridad en las políticas y procedimientos de servicio.
   » Reducción de tiempos muertos y ociosos.
   » Planificación del requerimiento de recursos (personal, equipos, etc.).

5. **El mínimo número de manipulaciones.** Esta premisa está planteada en función de salvaguardar los bienes y mercancías, manteniendo los estándares de calidad exigidos por el medio, los clientes y los organismos de control. Lo anterior se evidencia en un menor costo por averías. Se requiere entonces que cada manipulación agregue valor al producto ofrecido, lo que implica menores tiempos en los procesos, mayor continuidad en el flujo de los materiales y altos estándares de procesos.

- **Agrupar y recolectar.** Este principio significa el manejo conjunto de productos y procesos similares, en el que se crean grupos diferenciados de artículos y zonas específicas de operaciones. Esto posibilita una reducción de costos, debido a la baja de tiempos muertos por búsquedas innecesarias de bienes en esquemas de almacenamiento generalizado. Se deben tener en cuenta las siguientes variables para la mencionada agrupación:
   » Condiciones similares de conservación de productos.
   » Rangos iguales o equivalentes (en alto grado) de peso y/o dimensiones.
   » Mercancías con características especiales (de alto valor).

- **Línea equilibrada.** Este principio invita a la realización de actividades secuenciales, evitando los inventarios en espera. Esto maximiza el flujo general de materiales a lo largo de toda la cadena de suministro de la compañía; trabajando las actividades 'cuello de botella' y reduciendo el desaprovechamiento de la capacidad máxima de las actividades y procesos más rápidos.

Esto requiere de una integración total entre todas las áreas de la organización. Para conseguirlo se requiere dimensionar la estructura organizacional y operativa de la compañía, con el fin de encontrar puntos clave y actividades críticas para el inicio de un proceso continuo de mejora.

Gráfica 39. **Configuración general de los procesos en un centro de distribución.**

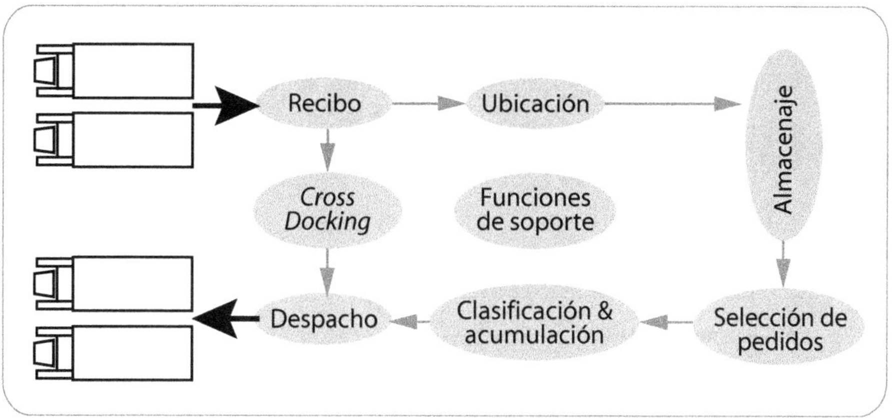

Recepción de mercancías

En la recepción de mercancías se pueden identificar varios elementos importantes, que componen el flujo de operaciones de este primer proceso en el interior de un centro de distribución.

Gráfica 40. **Secuencia del proceso de recepción.**

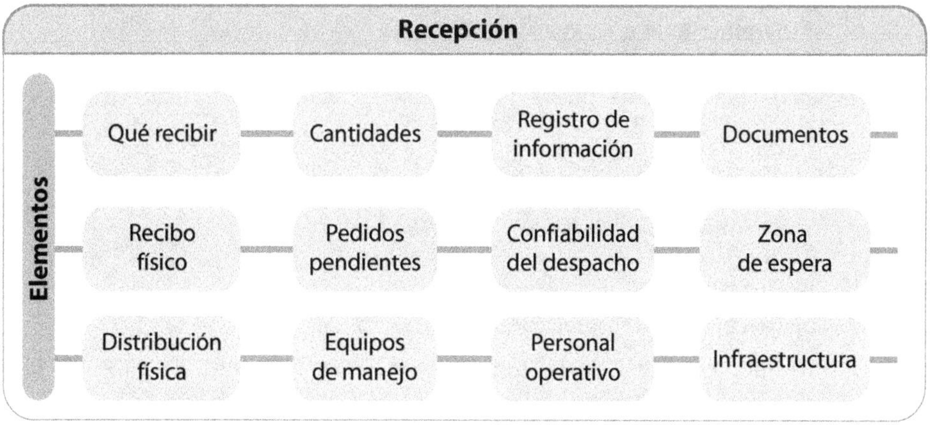

Posibles deterioros

Las causas del daño o deterioro en el almacenamiento pueden atribuirse a varios factores, muchos de los cuales se dan en el proceso de recepción.

- **Biológico:** Es la causa más común de la descomposición de los alimentos.
- **Reacciones químicas:** Muchas mercancías se estropean debido a reacciones químicas en el interior de los tejidos. En la mayoría de los casos, dichas reacciones las originan microorganismos.
- **Contaminación**.
- **Temperatura:** Los cambios inadecuados de temperatura en las áreas de almacenaje constituyen una causa de deterioro.
- **Daño físico:** ocasionado por la manipulación inadecuada.

Elementos de la recepción

1. ¿Qué recibir?
   - » Validar el embarque.
   - » Refrendar el estado de la orden de compra.
   - » Verificar acuerdos de devolución con el proveedor.
   - » Corroborar procedimiento para devoluciones Informar el recibo.

2. Cantidades – conteos
- Conteo ciego:
   - » Se desconoce la cantidad a recibir.
   - » Puede simplificar reconteos.

- Conteo anunciado:
   - » Se conoce el resultado deseado.
   - » Se incrementa el nivel de confiabilidad en el inventario.

3. Registro de la información
- Papel y lápiz:
   - » Sujeto a errores de transcripción e ilegibilidad.
   - » No permite control automático del *stock*.

- Teclado:
   - » Sujeto a errores de transcripción.
   - » Posibilita el control de existencias en el sistema central.

- Escáner:
   - » Elimina errores de transcripción.
   - » Permite controlar el inventario el tiempo real.
   - » Provee facilidades para la automatización.

4. Documentos
- Papel:
    » Orden de recepción.
    » Factura sellada.

- Electrónico:
    » Aviso de despacho.
    » Aviso de recibido.
    » Factura electrónica.

5. Confiabilidad en el despacho
    » Velocidad de chequeo, que garantiza la calidad asegurada.
    » El *stock* no debe parar en el muelle.
    » Tareas fluidas y lógicas.
    » Procedimientos de inspección de la orden.

6. Zona de espera

Un diseño que favorezca la productividad Evacuación desde recibido por bloques de ítems.

Pasos para diseño:
- Recoger datos sobre áreas usadas.
- Determinar necesidades pico.
- Hacer el *layout*.

7. Distribución física muelles
- Muelles con no menos de 3 metros de frente. Puerta de 2,7 metros de ancho.
- Tareas fluidas y lógicas.
- Altura de puertas según vehículos.

8. Manejo de los materiales
- Operación paletizada:
    » Equipos contrabalanceados.
    » Equipos con operario a pie.
    » Plataformas niveladoras.

- Operación a granel:
    » Bandas transportadoras.
    » Silos.

- Operación de estiba.
- Equipos apiladores.
- Equipos de transporte horizontal.

Almacenamiento y distribución

Factores que inciden en el costo de una operación de almacenaje:

- La edificación.
- El equipo.
- El personal.
- El nivel de inventario.
- Los costos de operación.

Cada almacén debe utilizar al máximo el volumen del edificio, definiendo el sentido del flujo de materiales con base en el tipo de operación, con una clara zonificación sobre la base de velocidad de los productos. Es menester determinar zonas de almacenamiento de acuerdo con la velocidad de surtido de los bienes y aplicar el concepto de Pareto (80\20). Además, es recomendable agrupar las mercancías por familia.

El almacenaje es uno de los aspectos fundamentales del proceso logístico en los centros de distribución o almacenes. Su objetivo es, además de guardar la mercancía, protegerla y conservarla adecuadamente durante un período de tiempo determinado y facilitar la labor de despacho cuando se requiera.

Es importante anotar que el número de averías y deterioros que tenga la mercancía depende de cómo se almacene. Por lo tanto, los bienes deben almacenarse con base en el tipo de empaque y el lapso de tránsito estimado en el almacén.

El acopio de materias primas o de mercancías, total o parcialmente manufacturadas, es un factor económico de gran importancia. En general, los almacenes cumplen con una misión muy importante, ya que sirven para regularizar la distribución de los productos que, por razones estacionales de manufactura o de transporte, se convierten en disponibles en masa. Esto incluye la dificultad de ser evacuados rápidamente debido a su dependencia respecto al comportamiento de las ventas. Lo anterior, implica una inversión en capital inmovilizado con sus respectivas implicaciones.

En la industria moderna, el almacenaje es una actividad que incide favorablemente en el proceso productivo (almacenes de suministros) o de la organización comercial (almacenes de productos terminados).

El almacenaje no es un sector operativo por sí mismo, pero constituye un servicio que actúa a favor de la actividad comercial. Su fin fundamental es suministrar los productos necesarios en justa calidad y cantidad, en el momento preciso y con los menores costos.

La función de almacenamiento comprende el complejo de operaciones que tiene por objeto el ocuparse de los materiales que la compañía mueve, conserva y manipula para la consecución de sus fines industriales y comerciales.

Gráfica 41. **Principios del proceso de almacenamiento.**

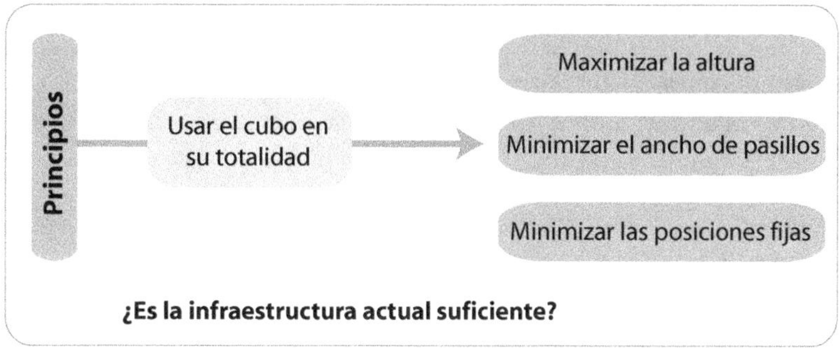

Tipos de almacenamiento

1. Convencional

Se refiere al uso de carretillas elevadoras o personal para transportar el producto en piezas, cajas, camas o palés.

Esta clase de almacenaje puede ser a nivel de piso, uno de los métodos más fáciles de implementar. El uso del volumen depende del número de niveles que permita el artículo; tiene una baja inversión de capital. Además, es flexible y ofrece entre el 50% y el 80% de aprovechamiento del espacio utilizando tecnología básica.

Fotografía 1. **Almacenamiento al piso.**

2. Almacenaje selectivo

Provee espacio para una carga apilada por posición; es apropiado para productos con un número reducido de palés por lote y, además, garantiza 100% de utilización del espacio.

Almacenamiento de doble profundidad: Provee espacio para dos cargas apiladas por posición; requiere de una carretilla elevadora de doble alcance; ofrece entre 75% a 90% de aprovechamiento del espacio.

Almacenaje de manejo interno: Se configura con múltiples niveles y palés de profundidad. El almacenamiento y la retirada se hace desde el mismo pasillo. Es efectivo para productos con un número determinado de cargas apiladas por lote.

Almacenamiento de empujar carga: Posibilita hasta seis palés de profundidad; sistema tipo LIFO o FIFO con 70% a 88% de utilización del espacio.

Fotografía 2. **Almacenamiento selectivo.**

3. Almacenamiento automático

Consiste en un sistema de acopio automático y dinámico de alta densidad con transferencia vertical, que provee movimiento de cargas apiladas entre niveles, transferencia lateral con desplazamiento de palés a lo largo de líneas, así como transferencia en líneas para trasladar palés hacia y desde el final de la línea.

Almacenaje de carrusel vertical y horizontal: Se trata de estanterías que rotan alrededor de un eje horizontal; tiene el acceso del operador desde el frente del carrusel y las unidades están cubiertas, suministrando un almacenamiento seguro.

Fotografía 3. **Almacenaje selectivo.**

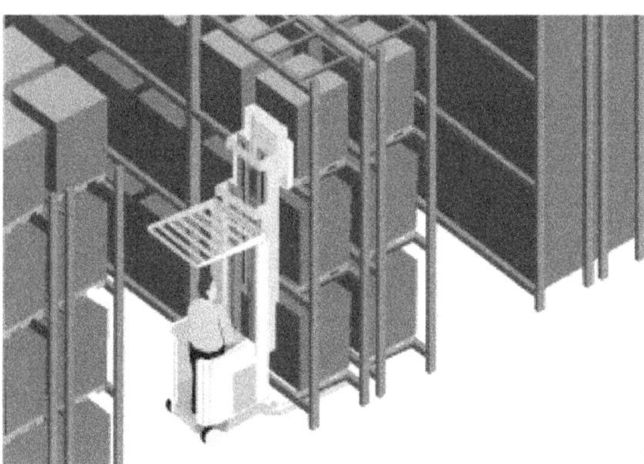

1. Zonificación del almacenamiento:
   » Máxima utilización del espacio.
   » Mínimos costos de manipulación.
   » Fácil localización de productos.
   » Fácil acceso.
   » Óptima seguridad para las personas y mercancías.

2. Factores Compatibilidad:
   » Complementariedad rotación.
   » Tamaño.
   » Recorridos mínimos.
   » Cargas pesadas.
   » Unidades poco convencionales.

3. Características de los productos:
   » Identificar zonas de un mismo código.
   » Asignar a cada lineal de estantería un número correlativo.
   » Identificar numéricamente el módulo dentro de cada lineal.
   » Identificar numéricamente el nivel dentro de cada módulo.

4. Nomenclatura y marcación:
   » Por estantería (Ubicación lineal).
   » Por pasillo (Ubicación en peine).

Ubicación

Condición: Acortar los recorridos al momento del *picking*.

Criterios:

• Igualdad en la estacionalidad de las ventas

- Familias de productos
- Categorías de bienes
- Condiciones especiales
- Temperatura
- Flujo en el almacén
- Normas técnicas

Selección y alistamiento de pedidos

Actualmente, los sistemas de recogida de mercancías para despacho a los clientes se enfocan más en acumular pedidos para acopiar de forma consolidada y utilizar solamente un viaje a las posiciones de almacenamiento. Esto con el fin de reducir desplazamientos y costos. La selección y alistamiento se ha convertido en una de las actividades que más costos generan, por la intensa cantidad de personal y de recursos que se necesitan para cumplirla.

De acuerdo con la oportunidad en la entrega de mercancías a los clientes finales, el proceso de embalaje y despacho es un área clave para el funcionamiento de los centros de distribución, ya que los productos se deben embalar de forma diferente y precisa, de acuerdo con el tipo de canal o cliente atendido: hipermercados, distribuidores, teletienda, exportaciones, etc. La selección y la preparación de pedidos constituye un momento de la verdad en la gestión de la cadena de suministro, pues se deben emplear técnicas que permitan un despacho y una carga de camiones eficiente y efectivo.

Gráfica 42. **Elementos del proceso de selección y preparación de pedidos.**

Actividades claves

A. Clasificación de pedidos

Clasificar el pedido por:

- Clientes.
- Rutas de reparto.
- Zonas geográficas.
- Transportistas.
- Exportaciones.

B. Organización del almacén

Desplazamiento del operador:

- Almacén con muchas referencias.
- Un pedido a la vez.
- Cada referenciación ubicación fija.
- Mínimos desplazamientos.
- Dos zonas (*picking*-reabastecimiento).

Cantidad de pedidos a preparar:

- Organización del transporte.
- Frecuencia de entregas.
- Tiempos de entrega.
- Planificación de recursos.

Desplazamiento del producto:

- Almacén con pocas referencias.
- Varios pedidos al mismo tiempo.
- Operador en el mismo lugar.
- Zona de preparación.

Métodos de extracción

1. *Extracción por pedido.* Recorrido preestablecido por pedido Recorrido optimizado por pedido

   Comunicación al operador:

   » Listado de preparación.

» Listado de etiquetas.

» Lista en terminal portátil.

2. Extracción sectorial

Zona de *picking* dividida en sectores: familias, categorías, rotación. Pedido dividido en sectores:

» La lista recorre todos los sectores.

» La lista es preparada incipientemente.

» Cuello de botella:

– Desequilibrio de carga de trabajo.

– Cola de pedidos.

3. Extracción múltiple

Para extraer pocas referencias.

Gestión de pedido:

» Pocos pedidos sin zonas de clasificación.

» Muchos pedidos; extracción consolidada y luego separada.

4. Extracción por referencias (Plurisectorial) Listado indicando referencias, cantidad y ubicación Zona de consolidación y clasificación.

» Para artículos de alta rotación.

» Opción de dividir el pedido según parámetros específicos.

2.3.2 Diseño y localización de centros de distribución (CEDI)

Si se conociera con exactitud la demanda de un producto y este pudiera ser suministrado inmediatamente, no sería necesario su almacenaje. En el diseño de un nuevo centro de distribución o la expansión de uno existente es crucial establecer el uso más eficiente del espacio al menor costo operacional posible.

Razones para pensar en un CEDI

Se pueden pensar en múltiples razones para iniciar la construcción de un centro de distribución. Enseguida se enumeran algunas de ellas; sin embargo, como factor primordial el centro de distribución debe ser, en principio, rentable para la operación logística de la compañía.

• Cambios en el mercado; cercanía con clientes y proveedores.

• Modificaciones en la política de la empresa. CEDI de un operador logístico o propio.

• Problemas operativos, hostilidad en la fuerza de trabajo.

- Tamaño equivocado: los almacenes actuales no son suficientes.
- Cambios en el transporte interno, equipos de manejo obsoletos.
- Variaciones en los impuestos, valorización y otros tributos que afectan el edificio.
- Cambios técnicos: edificio obsoleto frente a los nuevos requerimientos de almacenamiento.
- Símbolo de progreso: un edificio que haga ver a la compañía pujante.

Localización del centro de distribución

Existe un gran número de métodos y modelos que pueden facilitar esta importante decisión, entre ellos el *modelo de gravedad.*

Este tiene la siguiente premisa: analizando los flujos de entrada y salida de carga desde las fábricas a las instalaciones de distribución y, seguidamente, de los locales de distribución al mercado de clientes o al consumidor final, se determina la región geográfica óptima para una nueva construcción.

Formulación matemática:

Vi = Volumen generado por el punto i.

Ci = Costo de transporte desde el punto 1 al punto i.

Xi, Yi = Coordenada del punto i con respecto al origen.

En síntesis, este modelo utiliza la geometría como elemento básico de cálculo y combina algunos principios de la programación lineal para encontrar una ubicación óptima entre los costos de transporte y los volúmenes de aprovisionamiento o de distribución. Su comportamiento se puede visualizar en el siguiente gráfico.

Gráfica 43. **Relación costos de transporte – Instalaciones logísticas.**

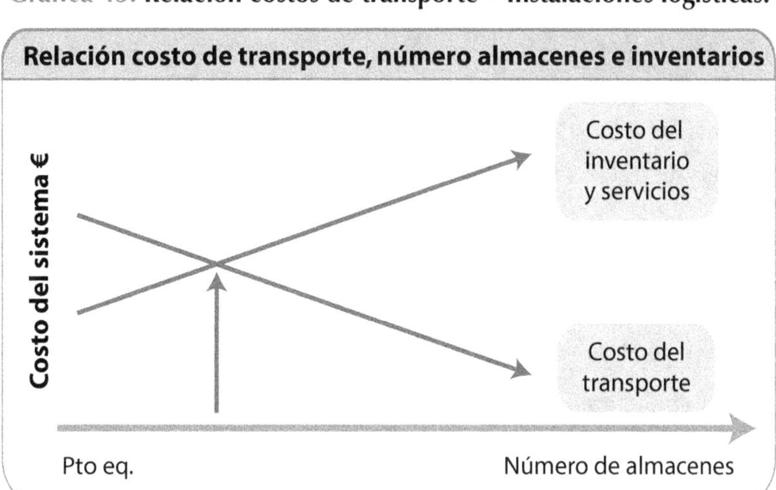

Elementos para escoger la localización del CEDI

1. Factores generales

- » Proximidad de la zona con los usuarios finales (clientes).
- » Accesibilidad al lugar.
- » Utilidades disponibles en la zona.
- » Carga o demanda generada para establecer costos de transporte.
- » Costos operativos en el interior de la región.
- » Fuerza de trabajo disponible en la región y estándares de desempeño.

2. Consideraciones externas para el edificio

- » Estética del edificio.
- » Logística del sitio.
- » Acceso de vehículos.
- » Almacenamiento de contenedores.
- » Puertas para muelles y de acceso (salidas de emergencia).
- » Aparcamientos.
- » Seguridad del lugar y la edificación (protección contra fuegos).
- » Áreas de servicio (para empleados).

3. Consideraciones internas para el edificio

- » Altura libre.
- » Distribución de columnas.
- » Entresuelos.
- » Iluminación interior.
- » Diseño de pisos.
- » Carga de techos.
- » Seguridad industrial (marcación de zonas).
- » Zonas de tratamiento especial.

4. Consideraciones para el terreno

- » Topografía del sitio.
- » Suelos (aspecto legal y técnico).
- » Área del terreno.
- » Sensibilidad ambiental.
- » Condiciones legales.

Distribución y asignación de espacios

Los procedimientos para la construcción de un almacén varían según la cantidad y la clase de espacio disponible, mercancías por almacenar y los equipos y el personal de trabajo. No obstante, existen principios que, generalmente, son tenidos en cuenta durante el diseño:

- Que el edificio sea de una sola planta, evitando el uso de escaleras y ascensores. Todo esto para contar con un mayor espacio para almacenamiento y aminorando los costos al emplear techos de estructura liviana.

- La altura libre o útil de la instalación estará determinada por el tipo de mercancías y equipos de manejo de materiales empleados y por las formas de almacenamiento que se adopten.

- La capacidad de resistencia y el acabado de los pisos deberán ser acordes con la clase de equipos y bienes que se vayan a manipular en el almacén.

- Las paredes internas del almacén deberán ser completamente lisas, de tal manera que no permitan la acumulación de polvo ni la proliferación de plagas.

- Se debe distribuir el espacio según funciones, superficies, disponibilidad y adecuación, en zonas de almacenaje, recepción, despacho, oficina y servicios auxiliares.

- Es necesario prever los sitios donde se ubican tomas para agua y energía eléctrica, equipos de seguridad contra incendio y robo y, por supuesto, las salidas de emergencia.

- El lugar, el tamaño y el número de columnas que soporten la estructura, afectarán la disposición de los pasillos y áreas de almacenamiento. Por lo tanto, se tendrán que ubicar de tal forma que una vez almacenada la mercancía, no quede el más mínimo espacio subutilizado.

- Que haya una buena iluminación natural y suficiente ventilación para dispersar el calor y los olores, previniendo así el deterioro de los productos.

- Que las puertas de acceso al nivel del piso sean anchas y altas y aquellas con plataforma de carga o muelles estén a una altura equivalente a la de los remolques de los camiones. El número de puertas estará relacionado con el de pasillos y con el flujo de artículos ya previsto.

- Para facilitar el acceso de las mercancías, los pasillos que dividen los grandes bloques de almacenamiento deben ser rectos y no tener columnas ni otro tipo de obstáculos. El ancho de los pasillos deberá ser el mínimo, según el espacio requerido por el tamaño de la carga apilada y por el equipo mecánico que se vaya a utilizar.

- Los pasillos constituyen las arterias del depósito y, por ello, se deben extender a lo largo de todo el almacén y ser lo suficientemente amplios para permitir el paso de los equipos de manipulación de materiales con carga, en direcciones opuestas.

- Es fundamental que la parte exterior del almacén disponga de aparcamientos para vehículos de carga.

Principios para la asignación de espacios

El almacenamiento está condicionado a la forma, el tamaño, peso, calidad, resistencia y empaque de las mercancías (bultos, cajas, faros, atados, cartones, láminas y similares). Por ello, a la persona responsable del almacén le corresponde decidir, de acuerdo con la capacidad de almacenaje y con la disposición de sus pasillos, cómo clasificar y ubicar las referencias. Sin embargo, debemos tener en cuenta las siguientes recomendaciones cuando se vaya a diseñar áreas de almacenamiento en las que esté previsto emplear equipo mecánico de maniobra:

- Situar grandes existencias en áreas amplias y en hileras cortas, de máximo tres metros de profundidad, manteniendo así el fácil acceso a los bienes. Solo el depósito de productos homogéneos se puede hacer en bloques más anchos.

- Tener particular cuidado con la formación de cargas apiladas, evitando riesgos para las referencias y para los trabajadores.

- Procurar que las cajas o unidades pesadas se localicen en lugares de fácil acceso; que los productos o empaques se sitúen en sitios secos; que los bienes frágiles no corran peligro de sobrecarga ni de presiones laterales; que los artículos pequeños, delicados o valiosos estén en zonas seguras; y que los productos que puedan causar perjuicio se sitúen en lugares aislados.

- Que la disposición de las cargas apiladas sea tan uniforme que demuestre seguridad, orden y cuidado en la conservación de la mercancía. Al apilar sobre un palé, es aconsejable que los bordes de las cajas o los paquetes queden a ras con la plataforma.

- Llevar a cabo estrictas prácticas de aseo y mantenimiento, con el fin de garantizar el orden y la seguridad del almacén. Por ejemplo, partículas de productos alimenticios caídas al suelo se deben remover de inmediato, para evitar que insectos y roedores conviertan el sitio en foco de contaminación.

- En lo posible, las existencias de un mismo depósito deben quedar en un solo lugar, de manera que se facilite su pronta identificación, su rápido inventario y su observación directa.

- Es menester dejar como mínimo un metro de espacio libre entre las cargas apiladas y las paredes del centro de distribución, evitando así daños en la construcción y bloqueos de tránsito en caso de emergencia.

- Se debe tener presente que las operaciones de carga y descarga, desde el punto de vista de la seguridad y la eficiencia, requieren zonas para la recepción, alistamiento o despacho de mercancías. También es necesario contar con suficiente espacio para el movimiento de equipos hacia las entradas del almacén.

Zonas del centro de distribución

En el diseño de la instalación logística debe darse cabida a las siguientes zonas de procesos y almacenamiento:

- Muelles de carga y descarga.
- Zona de recepción.
- Zona de *stock.*
- Zona de *picking.*
- Zona de preparación de pedidos.
- Zona de verificación.
- Zona de oficinas y áreas de servicio:
  - » Estructura administrativa.
  - » Primeros auxilios.
  - » Cafetería y restaurante.
  - » Seguridad (Brigada de bomberos).
  - » Duchas / camerinos.
- Zonas especiales:
  - » Devoluciones.
  - » Almacenamiento de materiales (palés, cestas, etc.).
  - » Repuestos y equipos de mantenimiento.
  - » Cuarto de baterías.
  - » Aparcamiento de equipos.

2.3.3 Sistemas de almacenamiento, manejo de materiales y estanterías

Una vez se han tomado las decisiones sobre la capacidad, la localización y el diseño estructural, el proyecto central de distribución pasa a una etapa de planificación operativa. En esta se eligen los sistemas y equipos para manipular y gestionar los distintos materiales y cargas en el interior del futuro centro de distribución.

Equipos de manejo de materiales

Los equipos de manejo de materiales constituyen un amplio grupo de diversas soluciones, que varían de acuerdo con las necesidades de manejo; a los tamaños de las cargas; a las condiciones particulares de cada bien; a la infraestructura (de pisos, de altura disponible y de pasillos); e inclusive de acuerdo con la capacidad de inversión.

Veamos enseguida una diferenciación de las distintas gamas de equipos que se encuentran en el mercado de proveedores de carretillas elevadoras.

Tabla 9. **Especificaciones para cada clase de equipo.**

Tipo de equipo	Ancho pasillo	Niveles	Área por carga (M²)
De combustión	4,2	3	1,36
Contrabalanceado (Eléctrico)	3,7	5	1,24
De pasillo angosto (*Reach*)	2,5	7	0,50
Con operario a pie (*Walkie stacker*)	2,1	5	0,36
Stock picker (Trilateral)	1,9	11	0,18

Clases de equipos

Existen tres grandes grupos de equipos para manejo de materiales, a saber:

1. **De transporte horizontal.** Diseñados para realizar operaciones de traslado entre zonas de recepción y almacenamiento o de almacenaje y de preparación de pedidos y despacho.

   » Manuales (transpaletas).

   » Autopropulsados (*Pallet truck*). Pueden ser con operario a pie o montado sobre el equipo.

Fotografía 4. **Equipos de transporte horizontal.**

2. De elevación. Estos equipos posibilitan realizar las actividades de ubicación en el almacén y extracción de cargas apiladas, bien sea para su almacenamiento o su paso a la preparación y posterior despacho. Su funcionamiento se basa en movimientos verticales, es decir, en elevar cargas a alturas dadas por el almacenamiento sobre el suelo o sobre estanterías a bajas, medianas y grandes alturas.

» De Alcance (*Reach truck* retráctil / con pantógrafo).

» De apilación (*Stackers* – operario a pie / montado).

» Contrapesados (Eléctricos – a combustión).

Fotografía 5. **Equipos de elevación.**

3. De *picking*. Estos equipos están pensados para hacer labores de selección de cargas estibadas o en cajas. Generalmente, su uso se debe a necesidades de pedidos conformados por varias referencias y facilitan el trabajo de operarios a bajas, medianas y grandes alturas; por lo que, en principio, cumplen con la función de elevación, aunque esa no es su razón de ser.

» A baja altura (hasta 1,6 metros).

» A mediana altura (entre 1,6 y 4 metros).

» A gran altura (superior a 4 metros).

Fotografía 6. **Equipos de *picking*.**

Medios de Almacenamiento (estanterías)

Los medios de almacenamiento varían según las necesidades de manipulación de los materiales. Las variables asociadas a este manejo son:

- Dimensiones de la carga, tamaño del palé, caja o unidad de manejo.
- Peso de la carga. Esto determinará la capacidad y diseño estructural del medio seleccionado.
- Estándares de almacenamiento. Esta variable se refiere a la identificación de características particulares de una compañía, que van asociadas a las condiciones de resistencia y manipulación de los productos; por ejemplo, el número límite de cargas apiladas permitido.
- Rotación del inventario. Esta se asocia a la frecuencia con la cual se deben retirar o almacenar los bienes o materias primas.
- Selectividad. Esta variable muestra si una referencia se solicita en pequeñas o en grandes cantidades. Esto determinará el grado de acceso a un palé o caja, sin necesidad de realizar movimientos adicionales para permitir su traslado.

Estos medios se clasifican en:

1. **Selectivos.** Empleados para la selección de uno o dos palés por referencia y orden de despacho o ubicación en el almacén:
   » Simples.
   » De doble profundidad.

Fotografía 7. **Estanterías selectivas.**

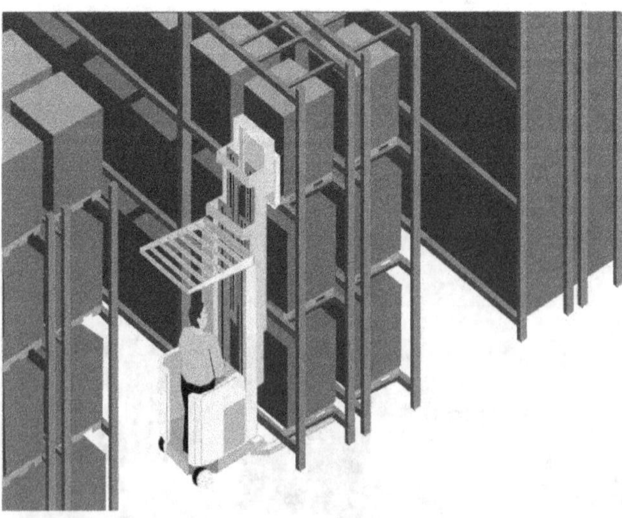

2. Compactos masivos. Utilizados para la selección y ubicación en el almacén de varias unidades de cargas apiladas en una misma orden de movimiento (despacho o ubicación).

» *Drive in – Drive trough.*
» *Pallet flow.*
» *Push back.*

Fotografía 8. **Estanterías masivas *Push back – Paye flow*.**

Fotografía 9. **Estanterías masivas *Drive in – Drive trough*.**

3. Sistemas móviles. Son medios que posibilitan el acceso a posiciones selectivas con un número reducido de pasillos (uno en la mayoría de ocasiones). Se emplean para palés, cajas y artículos pequeños, por ejemplo, repuestos y medicamentos.

» Móvil para cargas pesadas.

» Móvil liviano.

Fotografía 10. **Estanterías móviles.**

4. Sistemas automáticos y autoportantes. Su aplicación se basa en el uso de equipos robotizados (transelevadores), capaces de trabajar sin alguien que los opere en pasillos estrechos (1,5/1,7 metros). Al mismo tiempo, estos medios también pueden ser parte del soporte estructural de techo (autoportantes), por lo que la optimización del espacio es máxima, debido a la reducción de columnas y otras estructuras.

Fotografía 11. **Sistemas automáticos y autoportantes.**

2.3.4 Sistema de gestión de almacenes y CEDIS – WMS

Los productos automatizados de los sistemas de gerencia del almacén (WMS) que emplean la exploración de códigos de barras y tecnología de radiofrecuencia (RF) se proponen reducir el costo de operaciones de distribución y proporcionar un reembolso rápido.

Automatizando operaciones manuales, las eficiencia total aumenta y la velocidad de la entrega mejora. Los errores de la selección y del envío se reducen dramáticamente, dando como resultado costos más bajos y una satisfacción más alta del cliente.

En el mercado competitivo de hoy, el foco primario de muchas organizaciones está en mejorar el servicio al cliente. Para lograr esto, las compañías están emprendiendo una amplia gama de iniciativas para optimizar sus procesos. En muchos casos, aumentar la disponibilidad de producto para los clientes implica más personal e incremento de los gastos totales. Desafortunadamente, estos costos adicionales pueden erosionar el beneficio del negocio.

Un método probado para incrementar el servicio al cliente sin incurrir en costos adicionales a largo plazo es la puesta en práctica de un sistema de gerencia del almacén (WMS). El concepto y la tecnología de WMS no son nuevos. Estos sistemas se han madurado en los métodos para reducir costos del inventario, mientras aumentan eficacias totales. Poner tecnología WMS en ejecución dentro de una empresa que use ya un sistema ERP, permite a las organizaciones un retorno de la inversión a muy corto plazo y proporcionar el mejor servicio posible a sus clientes.

WMS puede proveer a una compañía los beneficios materiales rápidamente, mejorando eficacias de las operaciones del almacén. Las principales ventajas del WMS son:

- *Put away* y *picking* dirigidos.
- Gerencia de la capacidad del almacén.
- Capacidad de radiofrecuencia para la recepción de datos.
- Planificación de la carga.
- Muelle cruzado.
- Optimización del *picking*.
- Estratificación del ABC.
- Interpolación del trabajo.

Estas bondades se traducen en ahorros de costos directos. El grado de estas economías depende de un número de factores, incluyendo niveles y exactitud del *stock*; de costos superiores del envío y del personal necesario hoy para el *picking*, el embalaje y el envío.

Categorías para los ahorros de costos potenciales

Las categorías presentadas se basan en estándares aceptados por la industria y representan las áreas para las reducciones de costos de alta visibilidad. **IDSS** asignará los valores del dólar a cada categoría para los ahorros de costos, después de un estudio en sitio de la situación actual del almacén.

Gráfica 44. **RF *Real – time Replenishment*.**

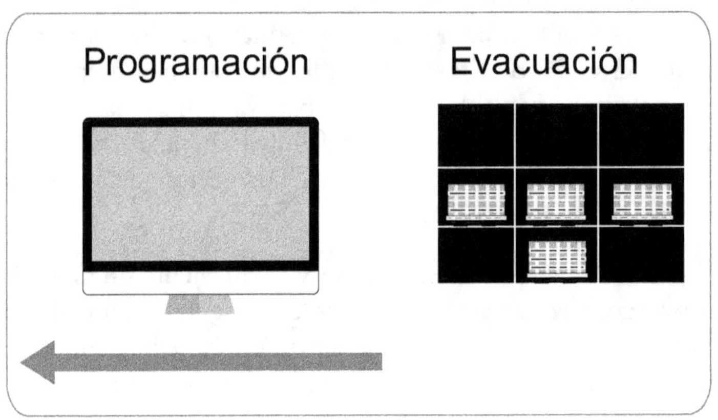

En realidad, la logística ha venido creciendo desproporcionadamente. Las empresas tratan de optimizar sus procesos y niveles de servicio basados en un enfoque logístico. Sin embargo, a mitad de camino se dan cuenta que necesitan soportar toda su operatividad en un sistema de información que permita controlar y visualizar en tiempo real el flujo de mercancías y procesos.

La cadena de logística busca manifestar el uso de inventarios, según el tiempo de respuesta más rápido. Eso se logra anunciando el ciclo de la operación e incrementando la eficiencia del tiempo de los *stocks*, mediante un buen sistema de información en los centros de distribución; para dar así una respuesta eficaz al cliente.

El papel del Sistema de Gestión de Almacenes (WMS) es apoyar los procesos logísticos. Modela una solución basada en la problemática de configuración del almacén y en el proceso de toma de inventarios. Su meta es encontrar el remedio óptimo para esta problemática. Las herramientas más frecuentes son la programación y optimización de existencias de entrada y salida. A medida que la función logística continúe dándose, el *software* WMS posibilitará visibilidad y control total dentro del almacén en operación; gracias a sus capacidades de visualización de datos en tiempo real. Un WMS es mucho más que un simple sistema de manejo de almacenes.

¿Qué es un WMS?

El *Warehouse Management System* o en español, Sistema de Gestión de Almacenes, es el corazón del centro de distribución. Es una aplicación de *software* que prevé un control sobre cada fase de la operación logística: la recepción, almacenamiento, reabastecimiento, preparación de pedidos y la carga de camiones. El sistema WMS gestiona todo, desde inventario personal hasta equipos en tiempo real y con configuraciones definidas por el usuario. Un buen WMS debe controlar no solo el *stock* sino también debe tener la capacidad de administrar el personal, debe saber que está sucediendo en cualquier instante, ya que en un esquema de comercio como el que impera hoy se dan transacciones minuto a minuto. Por lo tanto, si una compañía no es capaz de seguir este ritmo, tiende a quedar relegada con las otras que no pueden evolucionar a la misma velocidad de los negocios.

Funcionalidades del WMS

El WMS ejecuta la operación en el centro de distribución así:

Recepción

- El producto llega al CEDI y se escanea en el código de barras.
- El sistema, vía radiofrecuencia, manda el registro del bien al sistema HOST, a un MRP o a cualquier otra plataforma informática con la cual la organización esté enlazada.
- Se toma la orden de compra electrónicamente.
- Se autoriza la recepción del artículo en las cantidades exactas que figuran en la orden de compra. Esto evita discrepancias entre las cantidades pedidas y las recibidas tanto por menos como por más; es decir, anuncia faltantes o sobrantes de referencias o de unidades.
- Se lee y actualiza en el sistema las cantidades recibidas, así como toda la información contenida en el código leído.

Almacenamiento

- Al escanear automáticamente las mercancías, confirma las cantidades recibidas. El sistema busca una ubicación dentro del centro de distribución; una aplicación lógica y adecuada para el producto que se acaba de recibir.
- Ordena la ubicación del producto en un determinado sitio del almacén, la cual se encuentra codificada también.

- Al almacenar el bien en una ubicación específica, el sistema ordena escanear la posición. En esta fase el sistema confirma que la ubicación escaneada luego del almacenamiento concuerde con la que fue asignada. Esto partiendo de volúmenes, características del artículo, niveles de rotación y nivel de servicio. Así se conoce con certeza con qué cantidades se cuenta de un producto para atender una demanda de algún cliente. Además, esto permite atenderlo rápidamente sin perder tiempo en búsquedas inoficiosas de mercancías, por no tener un sistema de ubicación de referencias.

Despacho

- Ingresa un pedido.

- El sistema asigna tareas a los operarios del centro de distribución, según las actividades que cada uno esté realizando en el momento en que debe prepararse el pedido. Asimismo, el WMS tiene en cuenta la ubicación actual del operario, con base en las zonas que correspondan a su última asignación y el tiempo de ejecución de esta.

- Se envían a la terminal del operario las tareas a ejecutar, indicando los productos y cantidades a despachar. Esto garantiza exactitud en el despacho de pedidos, reduciendo notablemente las devoluciones y órdenes pendientes.

Al igual que en la recepción, el sistema autoriza la salida de mercancías solo si cumplen con las cantidades programadas al momento de efectuar la lectura final en el punto de despacho.

Control de inventarios

- El sistema busca operarios sin tareas asignadas, al igual que en el despacho, y ordena el conteo cíclico del *stock*. Esto basado en la política de control de inventarios de la compañía. Con base en esta información se puede saber diariamente el nivel de existencias para cada artículo y se mantiene controlada la carga de trabajo.

- Se hace la lectura de los productos, requerida en la orden de conteo del inventario, y se compara el *stock* físico con el que debe estar disponible según el historial del mismo. Allí se pueden encontrar errores entre un dato y otro, para lo cual el sistema puede saber el proceso que ese bien ha tenido en el centro de distribución; es decir, cuándo y quién lo recibió y almacenó, lo cual permite aumentar la confiabilidad del inventario y responder más adecuadamente a la demanda.

Al manejar un número importante de productos o variedades de un mismo artículo, por regla general, una empresa necesitará automatizar el control de sus inventarios con el fin de conocer de manera veraz y oportuna las cantidades de materias primas, productos en proceso o bienes terminados de las que puede disponer. Por otra parte, también será menester ejecutar eventualmente medidas de control como la toma de existencias físicas. Entonces la compañía puede optar, según el número de productos que maneje, su presupuesto y otras necesidades, por una de las siguientes opciones:

1. Sistema ERP.
2. WMS (*Warehouse Management System*) o Sistema de Administración de Almacenes.
3. Módulos de control de inventarios.

Las diferencias entre estas tres alternativas están dadas por el alcance y capacidad del sistema de información que las soporta. El sistema ERP es el más completo y un módulo de control de inventarios es el menos robusto. De igual manera, se reflejan las diferencias en los beneficios, ya sean por gestión de información y de procesos.

Sistema ERP.

La idea de que un sistema ERP es la mejor solución que jamás haya existido para hacer funcionar bien una compañía, incluyendo su almacén, está lejos de ser realidad.

Los sistemas ERP (*Enterprise Resource Planning*) o de Planificación de los Recursos de la Empresa, tienen como objetivo integrar todos los departamentos y funciones mediante un sistema de cómputo único, que pueda satisfacer las necesidades de todas esas áreas productivas. Sin embargo, el costo total de uno de estos sistemas, incluyendo *hardware*, *software*, servicios profesionales y honorarios del *staff* interno, suele variar considerablemente. Según un estudio reciente, realizado en 63 compañías pequeñas, medianas y grandes integrantes de varios sectores económicos, el valor de un ERP oscila entre USD 400.000 y USD 300.000.000; y demanda entre 1 y 3 años para implementarse correctamente, ya que no solo requiere capacitar a la gente para usar un nuevo *software*, sino cambiar su modo de trabajo completamente.

Algunos ERP se pueden adquirir por módulos, pero si solo requiere el módulo de almacenes, por ejemplo, estará comprando una solución demasiado costosa para sus necesidades.

WMS (Warehouse Management System) o Sistema de Administración de Almacenes.

El propósito principal de un WMS es controlar el movimiento y almacenaje de materiales en la empresa. La lógica básica de un WMS utilizará una combinación de artículo, localización, cantidad, unidad de medida e información de la orden para determinar dónde almacenar y recoger mercancías y en qué secuencia hacerlo. Los factores determinantes en la decisión de implementar un WMS tienden a relacionarse con la necesidad de hacer algo para mejorar el servicio a los clientes de la compañía, ya que el sistema utilizado actualmente por esta no gestiona bien asuntos como 'primeras entradas primeras salidas', *cross docking*, *wave-picking*, resurtido automático, rastreo de lotes, recolección automática de datos, control automático de materiales y equipos, etc.

La tercera opción es adquirir un *software* más reducido que se enfoque en una actividad de control del almacén, por ejemplo, la toma de inventarios, el control de activos fijos, el control de productos consumibles o la entrada y salida de materiales y equipos de un centro de distribución. Esta orientación permite enfrentar una necesidad concreta en una pequeña o mediana industria con una inversión muy baja.

Beneficios de un WMS

La administración se vuelve mucho más eficiente, pues se sabe qué se tiene porque existen ciclos cerrados, se sabe cuándo reabastecer, cuánto debemos pedir, cuándo pedir referencias, se tiene un buen control de *stocks*, se conoce cuánto existe en el inventario, cuánto se ha vendido o se ha despachado, cuándo se requiere de un determinado artículo y cuándo se requerirá de nuevo. Lo anterior debido a que se lleva un historial de lo que ha estado sucediendo. Este registro puede ser consultado en cualquier momento, pues su nivel de confiabilidad es el más alto posible.

El sistema también posibilita llevar el costo por actividad. Cada tarea dentro de una cadena de abastecimiento tiene la información del caso para saber en realidad cuánto está costando. Existen mejores tiempos de ciclo de los productos, susceptibles de mejorarse. Es posible contar con óptimos niveles de cumplimiento a los clientes y buenos sistemas de incentivos por administración, pues se sabe a ciencia cierta quién está ejecutando cualquiera de los procesos del CEDI y de qué manera lo está haciendo.

- **Reducción de documentos.** El uso de papeles y formularios es la mayor fuente de ineficiencia, pérdida de productividad y errores en su depósito. Siempre habrá un documento mal ubicado, archivado en el lugar incorrecto, tomado de un lugar equivocado, etc. Los operadores desperdician un tiempo invaluable buscando, esperando o entregando papeles. El WMS proporciona la tecnología interactiva de radio frecuencia para automatizar sus operaciones y librarlas de registros físicos.

- **Estilos de *picking* flexibles.** El WMS promueve diferentes estilos de *picking* y sus combinaciones, incluyendo: por ondas, zona, *batch*, producto y cajas. La tremenda versatilidad del WMS genera la disminución de tiempo 'caminando el depósito' y garantiza el rápido ajuste de la operación a los cambios o nuevos requerimientos.

- **Verificación efectiva.** Un centro 'de distribución eficiente procesa cada orden bien la primera vez y siempre. El WMS verifica cada mercancía interactivamente, usando códigos de barras y terminales manuales con escáner láser y RFID, para trabajar a toda velocidad sin temor a equivocaciones.

- **Productividad, eficiencia y control.** El WMS aumenta la productividad y disminuye los errores mediante la reducción del manipulación de la mercadería en el depósito. El sistema imprime etiquetas de despacho, estima el cúbico de los envíos, imprime remisiones, etc. El WMS aminora sustancialmente el trabajo desperdiciado a la vez que mantiene el inventario de cada ubicación del CEDI, a la par que hace conteos cíclicos incrementales durante las horas de trabajo ordinarias. Los conteos se originan por frecuencia de *picking*, discrepancias e incidencias para cada producto.

Fotografía 12. **Transmisión de la información mediante WMS.**

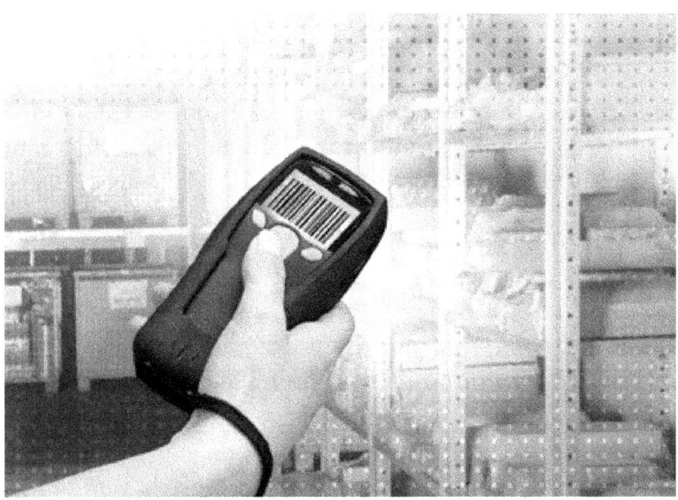

Fuente: http://www.klovis.com.co/images/page1_img1.png.

2.3.5 Centros de distribución de clase mundial

Las siguientes son algunas de las características de un almacén de clase mundial:

Desde el punto de vista de la rentabilidad:

- Bajo nivel de inventarios.
- Información confiable.
- Bajo nivel de bienes obsoletos.
- Optimización de recursos.
- Mano de obra.
- Instalaciones físicas.
- Equipos.
- Procesos.
- Eliminación de actividades y procesos que no agregan valor.
- Disminución de trámites y papelería.
- Tecnología puntera.

Calificación de centros de distribución de clase mundial

Debido a la importancia de los centros de distribución en las organizaciones modernas, por ser factor estratégico para soportar los crecimientos y expansiones de las empresas y su dimensionamiento a corto y mediano plazo, se han desarrollado metodologías de evaluación, calificación y mejora de las actividades internas de los almacenes. A continuación, se presenta una metodología denominada 'Almacenamiento de clase mundial', que evalúa el nivel logístico de un centro de distribución basándose en las mejores prácticas mundiales y el *benchmarking*.

Para ello, se han definido diez variables logísticas de estudio, se califica cada una de forma independiente y se calcula un promedio del estado actual del centro de distribución, todo esto basados en la evaluación técnica del equipo directivo del almacén y el asesor externo, para identificar y diagnosticar hoy el funcionamiento del CEDI respecto a uno de clase mundial y medir la brecha o GAP. De esta manera se tomarán correctivos para mejorar progresivamente el promedio, mediante diferentes planes de acción que se deben ejecutar según las actividades intervenidas y las oportunidades de mejora que se hayan identificado en el estudio.

Gráfica 45. **Matriz de resumen.**

No.	CHECK LIST ACTIVIDADES CRÍTICAS	CAL. PROM.	IDEAL	BENCHMARKING
	CHECK LIST ALMACENAMIENTO DE CLASE MUNDIAL			
1	SISTEMAS DE RECIBO Y ALMACENAMIENTO	0,0	10	0,0
2	SISTEMAS DE SEPARACIÓN, ALISTAMIENTO Y DESPACHO	0,0	10	0,0
3	EQUIPOS DE MANEJO DE MATERIALES Y MEDIOS DE ALMACENAMIENTO	0,0	10	0,0
4	DISTRIBUCIÓN FÍSICA Y LAY OUT	0,0	10	0,0
5	GESTIÓN DE INVENTARIOS	0,0	10	0,0
6	INDICADORES DE GESTIÓN	0,0	10	0,0
7	SISTEMA DE SEGURIDAD Y SALUD OCUPACIONAL	0,0	10	0,0
8	SISTEMA DE ASEGURAMIENTO DE CALIDAD	0,0	10	0,0
9	RECURSO HUMANO	0,0	10	0,0
10	SISTEMAS DE INFORMACIÓN Y TECNOLOGÍAS DE APOYO	0,0	10	0,0
	PROMEDIO	**0,0**		

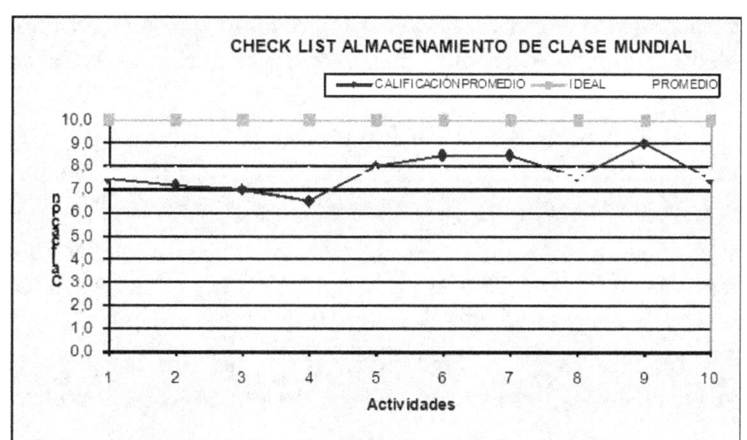

Esta herramienta es muy útil para la gestión de centros de distribución y, aplicada periódicamente, no solo sirve para medir el nivel o desempeño logístico de sus operaciones, sino para mejorarlas permanentemente como si fuera un programa de mejora continua. Además, puede usarse como filosofía de trabajo para las personas en el interior de los almacenes, más ahora que los centros de distribución se han convertido en plataformas logísticas donde los inventarios son mínimos y se gestionan con premisas de justo a tiempo, alta rotación y óptimo nivel de servicio a los clientes finales.

Plan de acción para implantar un 'almacenamiento de clase mundial'

- Inspección física.
- Solución al *check list* de variables logísticas.
- Diagnóstico de la situación actual.
- Calificación promedio o ponderada.
- Análisis logísticos.

- Plan de acción.
- Seguimiento.

(Véase el libro *Almacén de clase mundial,* de Rafael Marín Vásquez.)

2.3.6 Futuro de los centros de distribución de clase mundial

Los almacenes del futuro serán manejados por robots que realizarán las labores que actualmente ejecutan los operarios, complejos sistemas de información asignarán las tareas más sencillas y difíciles para automatizar la operación logística de los almacenes:

- El abastecimiento continuo cambiará la distribución interior de los almacenes, dedicando menos espacio a las existencias y más a los bienes que incrementan el valor de la mercancía.

- Los proveedores acabarán acordando unas normas para los controles y protocolos de comunicación e interfaces, estos simplificarán la integración con otros sistemas de almacenamiento y recogida de datos.

- El cambio demográfico de los almacenes, con una combinación diferente de la mano de obra, provocará la creación de nuevos equipos e interfaces de usuarios para adaptarlas a sus características.

- Consolidación del sector: alianzas o funciones de sistemas de gestión de almacenes (WMS) con proveedores de conglomerados empresariales.

- Internet seguirá definiendo las relaciones comerciales, la infraestructura logística y los sistemas que soportaran todo el conjunto.

- Las simbologías bidimensionales, los lectores rápidos de caracteres, las económicas etiquetas RFID y las tarjetas inteligentes llevarán la delantera en los programas de inversión de las compañías.

- Los sistemas de introducción y obtención de datos por activación vocal jugarán un rol cada vez más importante.

2.4 Gestión del transporte y distribución de carga

2.4.1 Caracterización del transporte y distribución de carga

De una forma breve y sencilla diremos que la función de transporte se ocupa de todas las actividades relacionadas directa o indirectamente con la necesidad de situar los productos en los puntos de destino correspondientes, de acuerdo con unos condicionantes de seguridad, servicio y costo.

En un sentido amplio, definiremos el transporte como toda actividad encaminada a trasladar el producto desde su punto de origen (almacenamiento) hasta el lugar de destino. Obviamente es una función de extrema importancia dentro del mundo de la distribución, ya que en ella están involucrados aspectos básicos de la calidad del servicio, costos e inversiones de capital.

La palabra transporte se relaciona inevitablemente con el concepto de movimiento físico del producto. Sin embargo, conviene desde este momento hacer algunas puntualizaciones:

- El llamado tiempo de transporte no se refiere solo al transporte físico del producto (mercancía en tránsito), sino al período comprendido desde que la mercancía está dispuesta en los muelles para su carga, hasta que el producto físicamente es descargado en el lugar de destino. Esto incluye necesariamente conceptos como: tiempos de espera, carga/descarga de vehículos, parada en ruta, transbordos, etc.

- Una correcta gestión del transporte obliga a que el responsable esté involucrado no solo en las tareas del día a día, como habitualmente ocurre, sino que sea partícipe de los planes estratégicos y tácticos de la empresa, para adaptar sus recursos a las necesidades que esta tenga a mediano y largo plazo.

La calidad del servicio está en función de las exigencias del mercado, englobando una serie de conceptos, relacionados, entre otros, con los siguientes aspectos:

- Rapidez y puntualidad en la entrega.
- Fiabilidad en las metas prometidas.
- Seguridad e higiene en el transporte.
- Cumplimiento de los condicionantes impuestos por el cliente (horarios de entrega, etc.).
- Información y control de transporte.

De tal manera que, en la calidad en el servicio, los términos de flexibilidad y mínimo coste posible constituyen los tópicos básicos de la gestión transporte. La complejidad en el mundo de la distribución física, las diferentes tecnologías aplicables, las exigencias del servicio y una legislación en constante evolución homologable a nivel internacional, hacen que esta función consuma en torno a un 4% de los gastos de distribución.

Esta cifra constituye evidentemente un reto para las empresas que deberían centrar su responsabilidad como gestores de este servicio en los siguientes aspectos:

- Utilización eficiente de los vehículos, así como de la mano de obra ligada a ellos.
- Máxima rapidez y fiabilidad en las entregas, con un funcionamiento eficaz de la flota de transporte.
- Mantenimiento de la máxima seguridad tanto en el tráfico como en los productos que transportan.
- Operativa de acuerdo con la legislación vigente.

Para la consecución de estos objetivos, en este estudio nos vamos a centrar fundamentalmente en los siguientes aspectos que desarrollaremos en epígrafes independientes:

- Recomendaciones sobre las diferentes modalidades de transporte.
- Características de la flota de vehículos.
- Administración económica de la flota.
- Utilización eficiente de los vehículos.
- Planificación de rutas de reparto.
- Indicadores de gestión y productividad.

Los aspectos laborales y de legislación del transporte los obviamos por considerarlos materia especializada y relativa a sectores concretos.

Tendencias entre fabricantes y canales de distribución

- Tiempos de entrega más cortos y frecuentes.
- Lotes y envíos más pequeños (*e-delivery*).
- Reducción del tiempo de carga y descarga.
- Exigencias en cumplimiento de plazos y entregas (Certificaciones y sanciones).
- Nuevos sistemas y tecnologías de información en el transporte.
- Evolución a operación logística integral y OTM.

2.4.2 Gestión del transporte por carretera

El transporte de carga nacional e internacional de mercancías es uno de los factores vitales de la actividad económica una de las claves para que las empresas hagan llegar en el momento oportuno sus productos a los mercados internos y externos. Adicionalmente, el transporte constituye casi un 50% de los costos logísticos de una empresa.

Los retos que afrontan las empresas de transporte se centran principalmente en los siguientes aspectos:

- Actualización tecnológica en sistemas de gestión de flotas y de conducción eficiente.
- Capacitación del personal de conducción en las tareas propias de su actividad y en el servicio a los clientes.
- Disponer de instalaciones, maquinaria y equipos adecuados que permitan la máxima eficacia en la promesa de servicio.
- Optimizar los procesos y aumentar la productividad con el fin de generar más ingresos a menores costos.
- Costos derivados del incremento del precio de los combustibles y el uso de infraestructuras viarias.
- Renovación de las flotas de vehículos para reducir consumos de combustible y evitar emisiones contaminantes.
- Conseguir la máxima coordinación en cuanto a los tiempos en la carga y descarga y la gestión documental, con el fin de evitar demoras y costos innecesarios.
- Ampliar la tipología de servicios logísticos que se ofrecen en áreas como almacenamiento, embalaje, preparación de pedidos, manipulación de mercancías, sistemas de reexpedición *(crossdocking)*, estiba y trincaje de las cargas en los vehículos de transporte, entre otras actividades complementarias.

En lo relacionado con la fijación del precio de los portes, en un mercado de libre oferta, se debe considerar que el precio no siempre es el factor más importante para la negociación de los mismos. También influye el valor añadido que se ofrece a la empresa cargadora: el tiempo de entrega de la mercancía, los sistemas de seguridad, la idoneidad del personal de conducción, el ofrecimiento de servicios complementarios, o la eficiencia administrativa para retroalimentar la situación del envío hasta su entrega.

Las empresas operadoras del transporte en las diferentes modalidades deben generar valor añadido mediante servicios integrales especializados que marquen la diferencia en el mercado.

Gráfica 46. **Competitividad del transporte de carga.**

Desarrollo en infraestructura orientada a conectar los grandes centros productivos con los nodos portuarios

Los centros productivos deben estar localizados en la proximidad de los puertos marítimos comerciales, o bien mantener con ellos una excelente conectividad para reducir los costos de transportes interiores.

Plataformas logísticas y *crossdocking*

Son sitios de recepción, consolidación y reexpedición de mercancías de resurtido frecuente a los almacenes de una región. En estas plataformas el fabricante entrega las mercancías en la instalación y el comerciante reexpide a sus almacenes en un máximo de un día, generalmente son operadas por el mismo distribuidor o por operadores logísticos. La premisa básica de las plataformas regionales es que no tendrán almacenamiento y se compartirá el costo logístico con los fabricantes.

Son habituales los proyectos de colaboración entre las empresas proveedoras y las cadenas de consumo masivo en lo relacionado con la disminución del tiempo de entrega de mercancía y su oportunidad de estar en el punto de venta para su distribución comercial. De entre las posibilidades de alianza existe el proceso *crossdocking* o sistema de reexpedición, el cual consiste en el flujo rápido de la mercancía desde la empresa proveedora sin tener que almacenarla hasta colocarla en el punto de venta.

Otro objetivo de este método es evitar que la empresa proveedora entregue en diferentes puntos de venta su mercancía, con la sabida demora en la atención, la congestión y la diversidad de posibles puntos de entrega. La empresa proveedora solo entrega directamente en el centro de distribución de su cliente de forma consolidada y este, a su vez, utiliza el almacén como lugar para su gestión documental de la mercancía y para su reexpedición. Inmediatamente, la clasifica por punto de destino y la coloca en la zona de despacho para su respectivo transporte a los puntos de venta.

Todo el proceso debe llevar máximo 24 horas y debe existir mucha coordinación entre ambas partes con el fin de planificar las cantidades solicitadas y los puntos de venta a utilizar.

Gráfica 47. **Proceso de *Crossdocking*.**

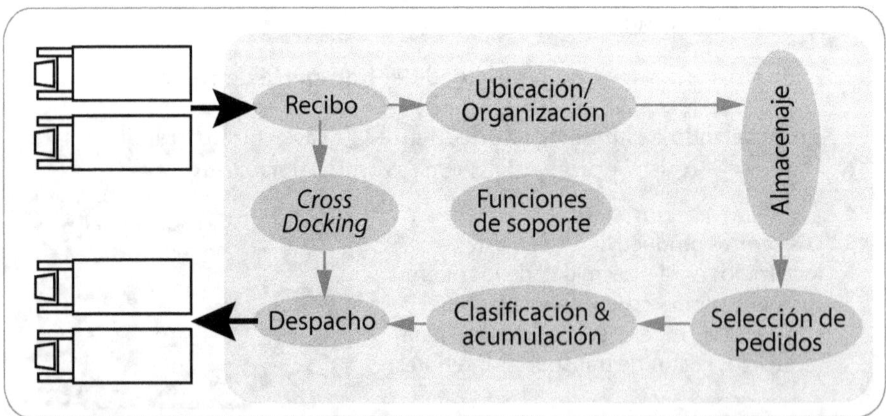

Proceso operativo *crossdocking*

- El proveedor monta sus pedidos.
- Las órdenes de compra se imprimen en los almacenes.
- Las órdenes de compra se entregan al proveedor en las oficinas centrales (generalmente dos veces a la semana).
- El proveedor entrega mercancía ya separada por punto de venta (a veces debidamente marcada con precio de venta).
- El almacén gestiona administrativamente la mercancía y envía inmediatamente los pedidos por almacén al respectivo muelle de despacho.
- Se transporta la mercancía a los diferentes puntos de venta de acuerdo con la programación de vehículos.
- La mercancía es recibida y colocada en los expositores de venta.

Elementos del *crossdocking*

Participación de la dirección: como en todas las estrategias de la organización, se requiere el compromiso de la alta gerencia de las dos compañías partícipes del proceso *crossdocking*, quienes deberán en primer lugar acordar una estrategia común de distribución para el producto o grupo de productos que están involucrados en el proyecto.

Para que el proyecto sea un éxito, ellos deben respaldar la idea de que alguna información estratégica, como los datos de venta o los movimientos de *stock*, sea intercambiada a fin de agilizar la puesta en marcha del proceso.

Análisis de Costos Basado en Actividades (ABC-Activity Based Cost): Ya que la aplicación del *crossdocking* implica la implementación de muchas técnicas y procedimientos, es aconsejable llevar algún tipo de análisis ABC antes de su implementación, para cuantificar el costo y los beneficios para ambas partes. Idealmente este tipo de estudio debería contemplar toda la cadena de abastecimiento entre socios comerciales y no solo los elementos considerados convenientes durante la etapa de planificación, ya que este puede identificar otras áreas que en ese momento no se consideraron adecuadas.

Los resultados de dicho análisis ABC deberían ser estudiados por ambas partes para decidir si el *crossdocking* es conveniente para las actividades, los locales (almacenes) y las categorías de productos seleccionados.

Inversión en Tecnología Informática. Como requerimiento básico del *crossdocking* los socios comerciales deben estar interiorizados en el uso de EDI, codificación de código de barras y lectura por medio de escáner, para recoger todos los datos de artículos, rastrear el flujo de las mercancías e intercambiar de forma rápida y confiable la información relevante al proceso.

Organización. Crossdocking no es un proyecto de cruzamiento funcional total, aunque los departamentos de sistemas informáticos, de logística y de ventas estén involucrados en el proceso.

Tabla 10. **Departamentos que intervienen en el proceso de *crossdocking*.**

Departamento del proveedor	Función	Departamento del cliente
Logística	• Control de flujo de mercancías • Optimización de embarques • Transporte de recepción • Informes sobre inventario	Logística
Ventas	• Informes sobre ventas • Definición de los niveles y las condiciones del *Crossdocking* • Control día a día del reaprovisionamiento a través del *Crossdocking*	Compras
Sistemas informáticos	• EDI • Alineación de datos • Lectura por medio de escáner • Análisis de datos	Sistemas informáticos

Otros temas de igual importancia que se deben considerar durante la administración o implementación de un proceso *crossdocking* son:

Sincronización del tiempo de entrega (timing): Las entregas por transporte al centro de distribución deben ser coordinadas cuidadosamente. Por lo general se debería acordar entre los proveedores un sistema de reservas y de horarios de tal modo que los tiempos de llegada de los vehículos estén escalonados a lo largo de la jornada laboral. Cada vez más, las compañías están usando sistemas como el posicionamiento de satélites mundiales para administrar la flota de vehículos y rastrear a los mismos cotejándolos con los horarios preestablecidos. EDI puede ser útil en la transferencia de información entre las organizaciones en función de la sincronización de entrega (DESADV Documento EDI).

Limitaciones del espacio. El espacio de piso destinado a los envíos en tránsito o *crossdocking* en el centro de distribución a menudo es limitado. Y lo mismo sucede con el número de puertas de ingreso principales. Se debería prestar especial atención a la administración de las horas pico cuando la utilización del espacio de piso y de las puertas de acceso, están bajo mayor presión. A menudo ocurre en muchas industrias que de acuerdo con la temporada se produce extra del espacio limitado, por ejemplo, navidad en la industria alimenticia; pascua en la industria de confiterías, etc.

Equipamiento manejado mecánicamente. El tipo y número de equipos en el centro de distribución determinará a menudo con qué rapidez y eficiencia pueden ser procesadas las cargas de los vehículos que llegan.

Recursos humanos. Los horarios de entrega, las limitaciones de espacio, y los equipos disponibles, van a determinar el número de personas necesarias para llevar a cabo la operación de *crossdocking* de forma eficiente y rápida.

Clases de *cossdocking*

***Crossdocking* directo.** Los *packages* (palés, cajas, etc.), preseleccionados por el proveedor de acuerdo con las órdenes de los locales, son recibidos y transportados al *dock* de salida para consolidarlos con los *packages* similares de los proveedores en los vehículos de entrega a locales sin que haya mayor manipulación.

***Crossdocking* indirecto.** Los *packages* son recibidos, fragmentados y reetiquetados por el centro de distribución dentro de nuevos *packages* para ser entregados a los locales, por ejemplo, *roll containers*. Estos nuevos *packages* luego se transportan al *dock* de salida para la consolidación con *packages* similares de otros proveedores en los vehículos de entrega a locales.

Requerimientos para el *crossdocking*

Gráfica 48. ¿Qué es *Crossdocking*?

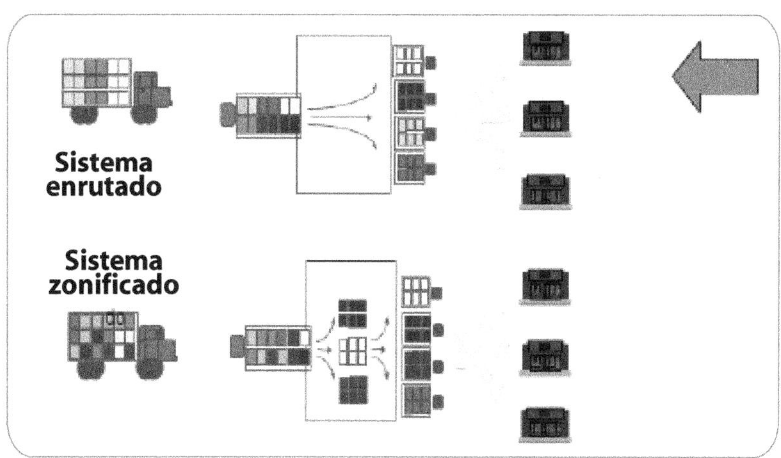

Se necesita la utilización de EDI, códigos de barras y lectura mediante escáner, para poder recoger los datos de los artículos, seguir el flujo de las mercancías e intercambiar de forma rápida y fiable la información relevante. Es necesario también tener en consideración los siguientes aspectos:

- Sincronización del tiempo de entrega: Las entregas por transporte al centro de distribución se deben coordinar minuciosamente.
- Limitaciones de espacio.
- Equipamiento manejado de forma mecánica: Determina la rapidez y eficiencia de las cargas de los vehículos.
- Recursos humanos: Los horarios de entrega, las limitaciones de espacio y los equipamientos mecánicos, determinan el número de personas requeridas para desplegar las funciones de *crossdocking* en el depósito.

Beneficios

Los beneficios potenciales son los siguientes:

- Reducción de los costos de distribución.
- Reducción de las rupturas de *stock* en los locales de los minoristas.
- Aumento de la rotación por metro cuadrado en el centro de distribución.
- Aumento de la disponibilidad del producto.
- Mejora del flujo de mercancías.
- Disminuye los niveles de *stocks*.
- Acceso a los datos de actividad del producto.
- Recepción de órdenes consolidadas en lugar de órdenes de cada local minorista.

Gestión de tarifas y portes de carga

Las tarifas de transporte son los precios que cobran las compañías transportistas por sus servicios. Existen diferentes criterios para el establecimiento de las tarifas bajo diferentes situaciones de precios, aunque las estructuras más comunes están relacionadas con el volumen, la distancia y la demanda.

Tarifas en función del volumen

Las cuentas en la industria del transporte indican que los costos del servicio están relacionados con el tamaño del envío. La estructura de las tarifas refleja este hecho, de manera que los envíos con un volumen lo suficientemente grande se transporta con tarifas más bajas que los más pequeños. La influencia del volumen en las tarifas se recoge de diversas maneras.

La primera de ellas es calcular la tarifa directamente a partir del volumen del envío. Para ello se establecen diversos límites del volumen asociados cada uno con una tarifa menor cuanto mayor sea el volumen. De este modo, para calcular la tarifa basta ver, por el volumen del envío, en qué nivel de tarifa se encuentra el mismo.

En segundo lugar, el sistema de clasificación de mercancías también permite calcular tarifas por el volumen. Así, un volumen alto puede considerarse una justificación para así ganar tarifas especiales a un envío de un tipo concreto de productos. Estas tarifas especiales se tratarán como desviaciones sobre las tarifas regulares que se aplican a productos enviados en cantidades menores.

La estructura de tarifas relacionadas con el volumen es más compleja de lo que aquí se ha indicado. No obstante, y dado que gran parte de la siguiente sección sobre las tarifas del transporte está relacionada con el tema del volumen, se deja para ese momento una presentación más profunda del mismo.

Tarifas en función de la distancia

La dependencia de las tarifas respecto a la distancia puede ser desde completamente nula, a variar directamente en función de este factor. No obstante, la mayor parte de las estructuras se sitúa entre estos dos extremos.

Tarifas uniformes

La simplicidad puede ser una característica clave a la hora de establecer la estructura de unas tarifas. La más simple de todas las situaciones es fijar una sola tarifa de transporte para cualquier origen-destino y, por tanto, para cualquier distancia. Esto está justificado dado que una gran parte del coste total del correo postal recae en el manejo y tratamiento del mismo. Estos costos no están relacionados con la distancia. En cambio, si se intenta emplear una estructura de tarifas uniforme en el transporte por carretera, donde los costos del servicio representan al menos un 50% de los costos totales, existirían serias dudas sobre si no estaría produciendo una discriminación en las tarifas.

Tarifas proporcionales

Para aquellos medios de transporte en los que los costos del servicio son significativos (el transporte por carretera y, en menor grado, el transporte aéreo), las tarifas proporcionales son un compromiso entre la necesidad de simplicidad y la de reflejar los costos del servicio. Conociendo solamente dos tarifas, el resto de tarifas para un producto se puede establecer realizando la extrapolación de una línea recta. A pesar de que existen algunas ventajas obvias para emplear esta sencilla estructura, las tarifas resultantes tienden a discriminar el transporte a larga distancia en favor del menor recorrido.

Tarifas basadas en el costo

Generalmente los costos de terminal están incluidos en las tarifas del servicio, de modo que una estructura de tarifas que esté de acuerdo con los costos del mismo reflejará con el aumento de la distancia un incremento de las tarifas que luego irá declinando.

La razón principal para este comportamiento es que, a mayor distancia, más posibilidad de distribuir los costos del terminal y otros costos fijos. El tipo de curva dependerá del nivel de costos fijos y de la extensión de las economías de escala en los servicios. Así, si solo dichas economías dictarán las tarifas, lógicamente cabría esperar una mayor cobertura para el transporte por ferrocarril, barco y oleoducto, y menor en el transporte por camión y avión.

Tarifas no basadas en el costo

La necesidad de fijar unas tarifas competitivas y el deseo de simplificar la publicidad de las tarifas y su administración, lleva en muchos casos a establecer estructuras de tarifas que no reflejan completamente los costos del servicio. Este tipo de tarifas consiste en fijar tarifas únicas cubriendo amplias áreas cercanas a los puntos de origen, destino o a ambos. Esta clase de tarifas es muy común en productos que se van a transportar a largas distancias y cuyos productores o mercados están agrupados en determinadas zonas, como puede ser el grano, el carbón, la madera. Una forma de tarifas no basadas en el coste son las tarifas para el correo postal de paquetes, fijadas para amplias zonas alrededor del punto de origen.

Aunque las tarifas no basadas en el coste representan un cierto grado de discriminación, la mayoría de las empresas transportistas y usuarios creen que las ventajas de la simplificación superan las desventajas. Además, generalmente dan la oportunidad a los usuarios de una mayor selección de los servicios de transporte.

La competitividad fuerza a veces que una tarifa de una ruta sea más baja de lo que normalmente predice la estructura general de la tarifa y las características de coste.

Tarifas basadas en función de la demanda

El factor demanda o valoración del servicio también puede influir en el nivel de las tarifas de modo que estas se alejen del coste real de realización del servicio. Dado que los usuarios ven el servicio de transporte como algo valorable para ellos, las tarifas nunca deben superar un límite por encima del cual el usuario ya no considere ventajoso dicho servicio. Esta valoración del usuario tiene dos dimensiones: las circunstancias económicas del usuario y las alternativas al servicio disponibles.

Ejemplo: Las empresas productoras A y B fabrican y promocionan un producto que venden por un euro/kilo en el mercado M. Los gastos del fabricante A, exceptuados los costos de transporte, son de 85 céntimos/kilo, mientras que los de B son de 75 céntimos/kilo. Vendiendo al precio indicado anteriormente, B puede obtener un beneficio de 5 céntimos/kilo. Dado que el productor B establece el precio, el máximo precio que racionalmente puede pagar A por el servicio de transporte es de 15 céntimos/kilo, no obteniendo ningún beneficio con esta tarifa. Cualquier tarifa por encima de este valor provocará que el producto no se transporte.

La segunda dimensión se puede apreciar en los dos servicios de transporte alternativos disponibles para la empresa fabricante B del ejemplo. Si se supone que ambas opciones ofrecen las mismas prestaciones, B basará su decisión en el precio del servicio. Por ello, si la alternativa con la tarifa más alta que realizar parte del transporte debe bajar su tarifa a 20 céntimos/kilo de manera que sea competitiva con la otra alternativa. De esta manera, la demanda fija el nivel de la tarifa. Las tarifas competitivas basadas en la valoración de quien usa el servicio tienden a distorsionar las estructuras de tarifas que reflejan el coste, incrementado la complejidad del establecimiento de tarifas, la administración de las mismas y su publicidad.

Establecimiento de tarifas

El precio de un servicio de transporte puede dividirse en la tarifa por el servicio en sí y en la tarifa por servicios especiales. Las tarifas del servicio de transporte son aquellas que incluyen el traslado desde el punto de origen al de destino, bien sea entre terminales o puerta a puerta como en el caso del transporte por carretera.

Los servicios especiales abarcan los servicios de terminal, servicios de parada y la detención del equipo de transporte. Una clasificación de las tarifas del servicio de transporte las agrupa por producto, por tamaño del envío y tarifas diversas.

Costo de la flota de vehículos

En este punto hemos de distinguir entre los costos inherentes a la posesión y funcionamiento de los vehículos y los costos derivados del transporte o, en otras palabras, lo que nos cuesta la utilización de un vehículo en términos de dinero por kilómetro recorrido y lo que nos cuesta el transporte por metro cúbico o toneladas en función del tipo de vehículo utilizado y recorrido a realizar.

Los costos inherentes al funcionamiento de un vehículo se pueden agrupar en dos categorías:

- Costos fijos: que son los que se producen con independencia de que el vehículo está en ruta o no.

- Costos variables: que son todos los que se generan única y exclusivamente como consecuencia de la utilización.

Costos fijos

En esta categoría vamos a incluir los siguientes:

- Salario del personal conductor: sueldo bruto anual según convenio más las contribuciones correspondientes a seguridad social. Las horas extras se suelen considerar como gastos fijos.

- Tributos: Impuesto de actividades económicas (IAE), impuesto municipal de vehículos, inspección técnica de vehículos (ITV) y visado de tarjeta que transporte.

- Seguros del personal conductor, seguro a terceros o a todo riesgo.

- Intereses de la inversión, bien sean reales o costos de oportunidad del capital invertido.

- Amortización: Se considerará siempre como un costo fijo, en tanto se utilice un sistema de amortización financiera.

- Mantenimiento: Los gastos derivados de la utilización de garajes o talleres propios, en su caso.

- Cuota de gastos generales correspondientes a la dirección y administración de la flota, personal de carga y descarga, preparación de rutas, etc.

Costos variables

Los costos variables se computan en función de los kilómetros recorridos o de los días en los que el vehículo está en ruta. En este apartado cabe mencionar los siguientes:

- Costo de combustible.
- Cambio de neumáticos, esto es proporcional al kilometraje recorrido.
- Lubricante proporcional al kilometraje recorrido.
- Mantenimiento (reparaciones, revisiones y lavados efectuados).
- Alimentación del personal conductor cuando esté en ruta.
- Peajes en autopistas.

Como punto de partida, haremos un presupuesto en función del coste y características del vehículo, así como una estimación del kilometraje medio al realizar al cabo de un año, con objeto de conocer el coste aproximado por kilómetro, tanto en lo concerniente a gastos fijos como variables.

De este presupuesto también se derivan dos aspectos muy importantes: El coste de inactividad de los vehículos, cuando estos trabajan menos de lo previsto y punto de equilibrio o umbral de rentabilidad, que representa el número mínimo de kilómetros que tiene que efectuar el vehículo al año para que genere beneficios.

Seguros de mercancía

El seguro es uno de los servicios esenciales del comercio internacional y representa un componente importante de costo directo en la cadena de la DFI. Vincula tres elementos entre sí bajo lo que se llama el 'principio de indemnización', a saber: El asegurado (exportador o importador), el asegurador (compañía de seguros) y el objeto asegurado (carga).

La relación legal entre el asegurado y el asegurador está regida por las condiciones que estipula el contrato de seguro. El asegurador asume la responsabilidad por los daños y pérdidas que pueden ocurrir durante el traslado de la carga por un modo de transporte o durante su manipulación en los puntos de ruptura de la unidad de carga o en las interfaces (transbordos), a cambio del pago de una suma de dinero llamada 'prima'.

El traslado de la carga durante la DFI supone un cierto número de riesgos de distinto tipo: Mecánicos, físicos, climáticos, por manipulación o almacenamiento, agua, hurto y pillaje, incendio, contaminación, etc. La carga puede verse afectada también por huelgas, manifestaciones, conmociones civiles, guerras, etc.

Dada la importancia que para el comercio internacional tiene el transporte marítimo, las reglas básicas sobre el seguro de carga se formularon con base en él y son conocidas como 'seguro marítimo'. El seguro de carga transportada por otros modos se ha desarrollado con base en estas reglas, aunque teniendo en cuenta sus propias particularidades.

En el mercado del seguro internacional de carga, las dos terceras partes de los países del mundo se rigen por las disposiciones británicas, mientras que los países de habla francesa se guían por las francesas. Algunos países latinoamericanos y africanos se rigen con frecuencia por las disposiciones estadounidenses o por las británicas. Finalmente, existen algunos países donde las condiciones mencionadas no tienen ninguna vigencia y aplican sus propias reglas.

Planificación y optimización de rutas de transporte

Las aplicaciones de *software* de planificación y optimización de rutas de transporte actualmente están siendo usadas por un número limitado de compañías. Aunque estas tecnologías son bastantes efectivas para el mejora de la utilización de los recursos de transporte, entre sus beneficios se encuentran la reducción del tiempo de trayecto de los viajes, del kilometraje en los vehículos, la disminución de costos y el mejoramiento en las entregas a los clientes, lo que a su vez se traduce en un mejor control y servicio al cliente. Todo esto se obtiene procesando rápidamente la información de ubicación de los almacenes donde se encuentren los productos a despachar, de los clientes a satisfacer y las cantidades y los tipos de carga a ser transportados, acoplando todo esto a la flota disponible para optimizar el uso de los recursos.

De manera similar, dentro de las grandes ventajas de este tipo de aplicaciones se encuentra su uso estratégico, comercial y operativo (más adelante se mencionarán algunos de los beneficios en estos campos). No obstante, uno de los retos más importantes a los cuales se enfrentan los planificadores manuales de rutas tiene que ver con la complejidad de todas las variables que deben considerar cuando van a realizar su trabajo, como por ejemplo: Entregas múltiples, la variación de volúmenes y pesos, tiempos de entregas, los días, clientes esparcidos en una amplia zona geográfica, restricciones de entrega, leyes de las ciudades, diferentes características de la flota a utilizar (como tonelaje/volumetría, tráileres, refrigerados y/o con compartimientos distintos, tanques, entre otros), y diversas características físicas de los muelles/clientes. Bajo estas condiciones será casi imposible que manualmente se encuentre la planificación de rutas más óptimas.

Teniendo en cuenta este esquema, se hace indispensable el uso de una aplicación que permita considerar todas estas variables y proporcionar rápidamente los mejores resultados. El planificador puede ensayar varias alternativas cambiando los parámetros hasta encontrar la ideal y también efectuar modificaciones manualmente donde así lo considere necesario. Un *software* de planificación y optimización de rutas de transporte es una herramienta apropiada para flotas de diez o más vehículos, donde se realizan múltiples entregas y el proceso de planificación es complejo y, precisamente, entre más complejo sea, los beneficios de este tipo de herramientas tendrán un mayor impacto en la operación. Las aplicaciones de este tipo de *software* son múltiples, como se detalla a continuación:

Aplicación estratégica

1. Diseño de la red de distribución.
2. Planificación de recursos, presupuestos, variaciones de demanda por temporadas y revisión de estructuras actuales/nuevos depósitos.
3. Evaluación de opciones alternativas (por ejemplo, la comparación de efectividad de costos internos contra costos usando terceros).
4. Planificación desde varios almacenes (entregas desde almacenes predeterminados, donde el sistema elige la planificación óptima).
5. Valoración de la necesidad de nuevos almacenes..

6. Determinación de la flota de vehículos necesaria.

7. Auditoría de operaciones existentes.

Estas tecnologías constituyen una herramienta poderosa, ya que permiten una visualización de la red de distribución que manualmente es difícil de obtener. Por ejemplo, se puede planificar el crecimiento del mercado con solo aumentar en un porcentaje el número de entregas, de esta misma manera, se podría evaluar un posible decrecimiento. También es factible mediante algunos movimientos definir la mejor ubicación de los centros de distribución, teniendo en cuenta la malla vial para su acceso y las entregas/recogidas para los trayectos. En este sentido, las herramientas actuales permiten revisar continuamente la estrategia de distribución, para siempre mantenerla en línea con los constantes cambios del mercado.

Aplicación comercial

- Preparación de propuestas de servicios a clientes.
- Estudios de consultoría para encontrar los métodos más eficientes en costos y servicios.

El uso de estas tecnologías en el área comercial es de vital importancia, ya que un análisis detallado de una operación puede determinar la viabilidad operativa y económica de una actividad empresarial. Los *softwares* de planificación y optimización de rutas de transporte usan mapas digitales vectorizados para sus cálculos de tiempo y distancia. Estos mapas tienen una precisión de ± 1 metro, ya que todos los clientes y almacenes son georreferenciados con latitud y longitud. La funcionalidad de estos paquetes facilita a los planificadores la tarea para dimensionar y ubicar su red de distribución efectivamente. Uno de los muchos factores para justificar la implementación de un sistema de planificación y optimización de rutas son los beneficios operativos y comerciales, como en el caso de los operadores logísticos que quieren integrar los servicios de distribución en su operación.

Aplicación operativa

- Planificación dinámica diaria.
- Planificación semanal.
- Validación de rutas planificadas manualmente.
- Creación de escenarios con cambios en recursos y costos, con diferentes parámetros y asunciones.
- La planificación dinámica diaria produce los mayores beneficios, particularmente donde las entregas no tienen un patrón determinado, mientras que

la planificación semanal es más apropiada para cadenas de abastecimiento, donde se tiene el conocimiento de las entregas a realizar una semana antes.

Beneficios operativos

- Eliminación de ineficiencias en la planificación manual.
- Reducción de costos minimizando el uso de recursos (menor número de vehículos, menos conductores y ahorro de combustible).
- Verificación y cumplimiento de las restricciones de los clientes (días cerrados, tamaño y tipo de vehículos, cumplimiento de ventanas de entrega y/o citas puntuales).
- Reducción de trayectos cargados y vacíos.
- Planificación de entregas y recogidas en las rutas, sin exceder la capacidad de los vehículos y sin sobrepasar las horas hábiles de los conductores.
- Reducción en planificación hasta o más del 50%.
- Reducción de costos totales en transporte entre un 10%-20%.
- Reducción de los costos de distribución.
- Reducción de devoluciones.
- Mejora del servicio al cliente.
- Manejo de indicadores de gestión.

Beneficios comerciales

- Obtención de nuevos clientes como resultado de la innovación tecnológica.
- Capacidad de manejo de nuevos clientes sin incrementar la infraestructura administrativa/operativa.
- Evaluación eficaz de la operación actual/futura en términos de rentabilidad.
- Estudios estratégicos a clientes actuales/nuevos.
- Servicio al cliente.

La manera más fácil de justificar este tipo de proyectos se basa en los beneficios que se pueden obtener con estas herramientas, ya que en realidad permiten generar una ventaja competitiva en el mercado. Muchas veces este tipo de inversiones no se analizan con la óptica adecuada, perdiendo el foco de todo lo que estas soluciones pueden aportar a una operación. La concepción que existe en el mercado es que estas aplicaciones son muy costosas, pero la realidad es que los costos han venido disminuyendo y la tecnología se ha vuelto más sofisticada y al alcance de todos. Este tipo de proyectos tiene un retorno de inversión que oscila entre los 3 y 6 meses, lo cual es extremadamente atractivo y muy difícil de conseguir desde el punto de vista financiero con otro tipo de proyectos.

Gráfica 49. **Variables del transporte.**

2.4.3 Tipos de carga, embalajes y contenedorización

Tipos de carga

Existen varias clases de carga, para ser más claros y directos, debemos conocer la clasificación de la carga, la que, de acuerdo con la forma en que se presenta, puede ser:

- Carga general.
- Carga a granel.
- Carga especial.
- Carga contenedorizada.

Carga general

Como su nombre lo indica, es todo tipo de carga de distinta naturaleza que se transporta conjuntamente, en pequeñas cantidades y en unidades independientes. La principal característica es que se pueden contar el número de bultos y en consecuencia se manipulan como unidades. Se consideran como carga general, por ejemplo: cilindros, cajas, cartones, botellas, planchas metálicas, etc. que se trasportan y almacenan juntas. La carga general, a su vez se dividen en:

Carga con embalaje. Es aquella que por sus características y para ser estibada, con seguridad requiere de la protección de un recipiente o embalaje. Por ejemplo: Cajas de conservas alimenticias, cajones de repuestos para maquinaria, tambores con aceites comestibles, bidones con químicos, etc.

El sistema de embalaje es el conjunto de elementos que permiten agrupar la mercancía para ser manejada como carga y, por lo tanto, manipulada sin temor a ser dañada en el proceso de distribución física desde las instalaciones de la empresa productora hasta los almacenes de la parte compradora. El embalaje por lo general está sobre palés para ser manipulado por carretillas elevadoras en unidades de 0,5 a 2 toneladas.

¿Cuáles son las ventajas de paletizar?

- Facilita la manipulación de mercancías.
- Disminuye el tiempo de utilización de muelles de carga.
- Reduce daños del producto durante el transporte.
- Permite utilizar mejor el espacio de almacenamiento de mercancías.
- Agiliza la carga de los camiones.

Gráfica 50. **Ventajas de paletizar.**

Carga suelta. Es la carga que no necesita embalaje, por ejemplo: Planchas de hierro, rieles, tubos, llantas, piezas, etc.

Carga paletizada. Mercancías de una misma clase con embalaje estandarizado, agrupadas y aseguradas sobre unos palés, formando un solo bulto, listo para ser manipulado con mayor rapidez.

Carga unitarizada. Es cuando determinada carga general se agrupa y embala haciendo un solo bulto para manipularlo en una sola operación con el propósito de agilizar su apilonamiento. Por ejemplo: Carga paletizada: mercancías de una misma clase con embalaje estandarizado, agrupadas y aseguradas sobre unos palés, formando un solo bulto.

Carga preeslingada. También tienen un embalaje estandarizado. Es cuando las cargas vienen listas solo para engancharlas, generalmente son parte de un gran lote.

Gráfica 51. **Tipos de contenedor.**

Carga a granel

Es la carga que se transporta en abundancia y sin embalaje. Se apilona directamente en la bodega de los buques en grandes compartimientos especialmente. La carga a granel puede ser:

- **Sólida:** Por ejemplo: Granos comestibles, minerales, fertilizantes, abonos.
- **Líquida:** Petróleo, lubricantes, gasolina, diésel, sebo.
- **Gaseosa:** Gases propano, butano y otros.

Carga especial

Como se ve en su nombre, es carga diferente de las demás. Esta diferencia está dada por el cuidado de su manipulación, por condiciones como el peso, el grado de conservación, peligrosidad, alto valor, etc., y en consecuencia requiere de un trato especial para su apilonamiento. Son consideradas carga especial:

- **Carga pesada:** Por ejemplo: Maquinarias y vehículos que para ser estibados con seguridad requieren de tratamientos especializados.
- **Carga refrigerada:** Como carnes, frutas, algunas medicinas, etc. que para su conservación necesitan determinado grado de temperatura constante.
- **Carga peligrosa:** Por ejemplo, sustancias químicas como ácidos y peróxidos que deben ser manipuladas y estibadas aplicando normas o procedimientos especiales, dispuestos por organismos internacionales como la OMI.

Carga valiosa

Como es el caso de las pieles que necesitan calefacción: Artefactos delicados, obras de arte, joyas, metales preciosos como el oro, licores de gran calidad, cigarrillos, etc. Por su condición de carga valiosa requieren de un tratamiento especial que permite su seguridad en el apilonamiento.

Correo

Las piezas postales y demás bultos que contengan el correo.

Carga contenedorizada

Carga en contenedores o furgones. Es carga general de diverso embalaje que se utiliza en el interior de una caja metálica o de fibra de vidrio, de un mismo tamaño, que permite movilizar mayor cantidad de carga en el menor tiempo posible. Existen diversos tipos de contenedores que se han especializado en transportar cargas, de ahí que encontramos *reefers*, *flats*, etc. En el caso de los furgones, las cajas tienen incorporado un sistema de ruedas para trasladarlo.

2.4.4 Sistemas de transporte internacional de carga

Entendemos por modos de transporte los diferentes medios empleados para el traslado físico de mercancías desde el punto de origen de destino. En definitiva, solo existen seis posibilidades: carretera, ferrocarril, aéreo, marítimo, fluvial y oleoducto, aunque, como veremos oportunamente, también cabe el llamado "intermodal".

La principal ventaja del transporte por carretera se deriva de la utilización de una infraestructura vial universal, donde prácticamente se puede acceder a cualquier punto desde el origen de la carga sin necesidad de efectuar transbordos, lo que hace que para la distribución nacional sea el sistema más generalizado. Por otra parte, su utilización permite una gran versatilidad, pudiéndole emplear como medio de transporte desde un simple ciclomotor hasta camiones de gran tonelaje. Sin embargo, cuando la distancia es muy grande (por ejemplo, más de 1000 km) o cuando la carga excede 44 TM. permitidas como máximo en el transporte normal por carretera (exceptuando transportes especiales), este medio puede no ser el más adecuado.

Desde el punto de vista del coste por TM/km, transportado, se sitúa en un punto intermedio entre el transporte aéreo, que es alto, o el ferrocarril o marítimo, que es bajo o medio/bajo.

La accesibilidad, fiabilidad y una velocidad razonable en torno a los 95 km/h, constituyen sus principales atributos.

Por último, conviene mencionar que, a diferencia de los otros modos de transporte, en los que normalmente se utilizan servicios estatales o de empresas especializadas, en el transporte por carretera podemos emplear tanto flota ajena como medios propios, con una inversión modesta en flota de transporte, naturalmente siempre hablando en términos relativos.

En principio, el transporte por ferrocarril nos ofrece un sistema relativamente rápido de transporte (80km/h) y tiene fiabilidad a un coste medio/bajo.

En general, se puede decir que cuando existen conexiones buenas y regulares y la distancia es superior a 600 km, la utilización del ferrocarril puede ser una opción económica.

El transporte marítimo es el principal modo para el transporte internacional o interinsular, con el costo más bajo en la relación tonelada/kilómetro, y es el modo ideal para el transporte de mercancías de gran volumen y poco valor, como por ejemplo los graneles.

La estandarización de los contenedores y su fabricación especial hacen posible que haya barcos que puedan transportar hasta 20.000 contenedores de 6 m de longitud, compatibles con los semirremolques de carretera, que pueden llevar uno de 12 m o combinaciones de los mismos, tales como uno de 9 m y otro de 3 m o dos de 6 m, facilitando así el tráfico intermodal. Por otra parte, las técnicas de manipulación de contenedores en puertos han mejorado de una forma sustancial, facilitando todas las operaciones de carga y descarga, que redunda en una mayor eficacia y mejor tiempo de respuesta en el tráfico global.

La rapidez en el envío y la fiabilidad del sistema hacen que este modo de transporte sea ideal en aquellos casos en los que la urgencia tiene un valor importante.

Imaginémonos, por ejemplo, el caso de la entrega de una pieza de recambio sin la cual no puede funcionar un determinado motor. Aunque el sistema es desde el punto de vista de coste por TM el más caro, no cabe duda de su utilización se hace cada vez más extensiva debido a los ahorros potenciales derivados de las consecuencias de una reposición rápida del producto.

Tabla 11. **Comparación entre modalidades de transporte internacional de carga.**

Estrategia de distribución y transporte				
Factor/Modo	**Ferreo**	**Terrestre**	**Aéreo**	**Marítimo**
Flexibilidad	C	A	B	D
Acceso/cobertura	C	A	B	D
Rapidez	B	C	A	D
Seguridad	B	A	C	D
Capacidad	B	B	D	A
Tipos de carga	B	B	D	A
Frecuencia de servicios	B	B	A	D
Continuidad	B	B	D	A
Costos de embalaje	C	B	A	D
Documentación	D	C	A	B
Competitividad	B	C	D	A

Gráfica 52. **Caracterización logística de los sistemas de transporte de carga.**

Transporte marítimo y fluvial

El transporte oceánico de mercancías y el que se realiza por vías interiores (canales, lagos y ríos), y con el apoyo del transporte marítimo de corta distancia, es el modo de transporte más importante para el comercio mundial. Es un factor clave para logística internacional de exportaciones e importaciones, donde los puertos marítimos constituyen redes de infraestructuras vitales para la economía mundial.

Gráfica 53. **Puertos marítimos.**

Futuro de los puertos

- Sistematización: EDI y código de barras. Información real y oportuna al usuario.
- Centros de consolidación de carga: Plataformas logísticas.
- Puertos secos: Patios de contenedores y terminales de carga.
- Construcción de más puertos: Mayores opciones de salida y entrada.
- Eficiencia y productividad: Operadores portuarios.

Gráfica 54. **Proyecto de transporte fluvial de contenedores Cartagena – Barranquilla – Cartagena.**

Gráfica 55. **Proyectos fluviales en Latinoamérica.**

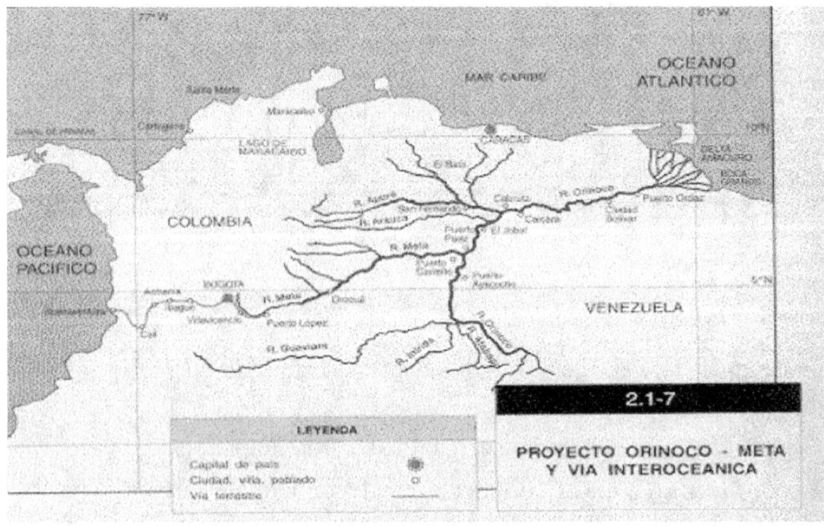

Transporte aéreo

El transporte aéreo se considera el medio de transporte de la globalización por ser el más rápido y efectivo para la entrega y distribución de productos (más que todo perecederos y de alto valor añadido). Se caracteriza por sus fletes altos y se aplica para sectores con mucha sensibilidad en los tiempos de entrega internacionales (*lead times*), las primas que se pagan son usualmente las más altas comparadas con los otros modos de transporte, debido a la naturaleza del transporte aéreo y a su tradición de seguridad.

Ya que el transporte aéreo siempre procede y dinamiza las grandes transformaciones, su integración se torna indispensable para la soñada integración de América Latina y el mundo. La evolución del transporte aéreo, con aeronaves cada vez más veloces, de mayor capacidad, mayor crecimiento en el peso y el tamaño, llevará a modificar en los aeropuertos el diseño geométrico y estructural de las pistas, calles de rodaje plataformas y puertas de salida y llegada en el edificio de terminal de pasajeros.

Gráfica 56. **Transporte aéreo de carga.**

Transporte ferroviario

El transporte ferroviario es el modo de transporte de mercancías que se prevé que experimente un mayor crecimiento en el futuro inmediato. Al hecho de ser el modo de transporte terrestre que ofrece una mejor relación en el costo de tonelada/kilómetro recorrido, se añade que es el que genera menos elementos contaminantes hacia el medio ambiente.

Gráfica 57. **Proyectos fluviales en Latinoamérica.**

Transporte multimodal

Según la convención de las Naciones Unidas sobre transporte internacional multimodal de mercancías, el transporte multimodal se define así: "El transporte de mercancías utilizando al menos dos modos de transporte diferentes, cubierto por un contrato de transporte multimodal, desde un país donde el operador de transporte multimodal se encarga de ellas, hasta un sitio designado para la entrega, situado en un país diferente".

La economía y el transporte se hallan íntimamente vinculadas debido a que el proceso de producción está precedido por el transporte, en lo relativo al movimiento de materias primas, y le sucede en la distribución de los productos manufacturados o semimanufacturados. La función económica del transporte consiste en trasladar bienes desde los puntos en los cuales su potencial beneficio es relativamente bajo hasta aquellos otros en que es relativamente alto: el transporte valoriza así la mercancía, porque, según las reglas de la oferta y la demanda, el precio de un producto abundante en un lugar aumenta cuando se lo traslada a otro en el cual escasea. El transporte constituye así una parte vital de la corriente de generación de beneficios que comprende el sistema económico globalizado.

Desde el punto de vista político, el transporte facilita la aplicación y el control de las disposiciones administrativas y dinamiza las comunicaciones, permitiendo una adecuada implementación de los instrumentos de administración pública, con información permanente y desplazamientos de los dirigentes hacia los lugares específicos en los que se requiere su presencia. También desempeña un papel importante desde el punto de vista social, ya que propicia el desarrollo de polos productivos en torno a los puertos, terminales y estaciones. Por ello representa, para las zonas más alejadas de los grandes centros urbanos, un nexo vital de información y suministro de bienes y servicios. Además, favorece el desarrollo de trabajadores especialistas en la materia para atender a los medios, los puertos, aeropuertos y estaciones y para desempeñarse en los servicios conexos (aduanas, bancos, agentes, servicios de embalaje, etc.). También le corresponde al transporte cumplir una función cultural: Permite el conocimiento recíproco entre diversos grupos sociales, de forma directa o indirecta, el conocimiento de las diversas producciones artísticas y, a nivel general, facilita el intercambio de conocimientos entre los pueblos.

El transporte es la expresión concreta de la integración regional. A través de los sistemas y redes de transporte, los proyectos y procesos económicos a gran escala son usados geográficamente. El transporte multimodal es una adecuada herramienta de integración, ya que consiste precisamente en la integración de diversos modos de transporte efectuada con carácter institucional, abarcando todos los aspectos antes señalados.

El transporte multimodal implica una nueva modalidad de contratación a nivel internacional, que se diferencia del transporte unimodal en la manera de encarar la relación entre sus distintas partes.

Antecedentes e historia sobre el transporte multimodal y sus operadores

Después de la Segunda Guerra Mundial surge la necesidad de reconstruir los países devastados con el máximo de ahorro, como también la de maximizar la eficiencia en el transporte. Todo esto hace necesario incorporar la unitarización en el transporte, por ello, aparecen nuevos tipos de buques, porta contenedores, multipropósitos, *lash* o porta gabarras, *roll-on, roll-off*, que cambian las características de la industria marítima y de la legislación internacional.

Luego, cuando se da el cierre del Canal del Suez, se completa la evolución iniciada con los sistemas de unitarización. Se desarrollaron corredores, combinando práctica y eficientemente el modo de transporte marítimo con el terrestre, un ejemplo fue el desarrollo de un sistema férreo muy famoso en Europa que se conoció con el nombre de 'Transiberiano'. Por tanto, los puertos, que son tal vez las más importantes estaciones de transferencias de carga de un modo a otro de transporte, debieron adecuarse a las nuevas tecnologías (grúas, muelles especiales, plazoletas, depósitos, equipos para desplazar palés o contenedores) a riesgo de perder cargas que irían a aquellas terminales que contarán con los elementos requeridos por las nuevas modalidades de transporte. Pero, es partir de 1960 cuando se comienza a manifestar con mayor intensidad la evolución y el desarrollo multimodal. Es en Ginebra (1980) donde se aprueban las primeras regulaciones específicas sobre transporte multimodal en vista de que su utilización y desarrollo era cada día más creciente. A estas regulaciones se les denominó 'Convenio de las Naciones Unidas sobre Transporte Multimodal

Internacional de Mercancías', el cual, a pesar de tener una estructura metódica, tenía profundos vacíos. Pese a todo lo que sucedía, el creciente auge del proceso de unitarización protagonizado por el contenedor que brindaba las condiciones óptimas para la manipulación mecánico y transporte de carga por sí solo no podía alcanzar las ventajas que posibilita en cuanto a economía de costos, tiempo y seguridad tanto para las mercancías como para las personas que operaban la carga, sino que era necesario que el proceso se encontrara acompañado de una legislación acorde con las nuevas circunstancias.

Esta necesidad de adecuar las legislaciones, armonizar o reemplazar las nacionales mediante el proceso de unificación con la adopción de normas comunitarias, se volvió más que una necesidad. Esto provocó que se formaran bloques regionales y subregionales, se desarrollaron interconexiones bioceánicas como vínculos fronterizos que propendían a la integración de la cadena de transporte, tal como se dio en América Latina, desplegando toda esta actividad en tres foros. El primero reunió a los ministros de obras públicas y transporte de los países del cono sur, el segundo a los ministros de transporte y comunicaciones y obras públicas de los países miembros del Acuerdo de Cartagena y el tercero se llevó a cabo en el MERCOSUR. Se lograron acuerdos y se trataron de implementar políticas y acciones tendientes a mejorar y modernizar la capacidad de infraestructura y la prestación de servicios de transporte y comunicaciones, cuya insuficiencia y altos costos impedían la rápida adaptación entre los centros de consumo, como también la eficiente circulación de mercadería afectando la competitividad del mercado subregional. El tratado de Asunción aprobó en Ouro Preto en 1994 el Acuerdo de Transporte Multimodal en el ámbito del MERCOSUR protocolizado en Montevideo, en el mismo año, constituyendo a partir de ese momento el 'Acuerdo de Alcance Parcial para la Facilitación del Transporte Multimodal de mercancías'.

Luego de analizar lo que ha sucedido a lo largo de la historia, es indiscutible que todo lo que está a nuestro alrededor son procesos renovadores y cambiantes que cada día exigen actualización y modernización acorde con las circunstancias globales y el transporte multimodal. Además de no ser la excepción, es una herramienta valiosa sin la cual no es posible mejorar los niveles de competitividad de nuestros productos en los mercados internacionales. El movimiento de la carga, la logística de la distribución física, los centros de transferencia intermodal, las terminales interiores de carga o los puertos secos, la transmisión electrónica de documentos, entre otros, son expresiones nuevas en el transporte de mercancías, que, aunque recientemente incorporadas, surgen con un fuerte dinamismo, gracias a los resultados que muestran.

La empresa transportista multimodal debe tener un gran conocimiento del mercado y de sus exigencias para poder asesorar a sus clientes. Debe conocer no solo la operación física de su actividad sino las normas y los reglamentos que establecen las condiciones, los requisitos, las restricciones y exigencias en los países donde pretende operar y para las empresas productoras que pretende transportar.

En una economía globalizada las exigencias del mercado requieren de empresas transportistas que garanticen la entrega de los productos en condiciones de competitividad en los mercados. La empresa cuya fortaleza económica se centra en el número de vehículos que posee y en las rutas en que presta el servicio, tiene pocas alternativas para subsistir. Si no se transforma,

desaparecerá. Una empresa transportista requiere centrar su fortaleza y destreza en el conocimiento del mercado y de las operaciones sobre la carga, conocimiento y destreza en las gestiones documentales actuar como asesor y cómplice de sus clientes. Su éxito depende del éxito de sus clientes.

Conceptualización

El transporte multimodal se define como la articulación entre diferentes modos de transporte con el fin de realizar de manera rápida y eficaz las operaciones de trasbordo de materiales y mercancías (incluyendo contenedores, palés u otros elementos utilizados para la consolidación de cargas).

En ese mismo orden, se define como *operador* de transporte *multimodal* a 'Cualquier persona que a su propio título o por otro actúa como principal, no como agente ni en nombre de la empresa consignataria ni de la transportista interpuesta, efectúa un contrato de transporte multimodal. Y que participan en las operaciones de transporte multimodal, y que asume la responsabilidad por el desarrollo del contrato'.

Algunas definiciones importantes:

- *Consignatario:* Persona autorizada para recibir las mercancías del operador de transporte multimodal.
- *Contrato de transporte multimodal:* El contrato en virtud del cual un operador de transporte multimodal se obliga, por escrito y contra el pago de un flete, a ejecutar el transporte multimodal de mercancías.
- *Documento de transporte multimodal:* Prueba la existencia de un contrato de transporte multimodal y acredita que el operador ha tomado la mercancía bajo su custodia. Puede ser: negociable o no negociable, con expresión del nombre del consignatario.

Funcionamiento y operatividad logística

Los conceptos producción, comercio y transporte están altamente ligados y dependientes en su análisis. Una producción eficiente solo garantiza los niveles de competitividad en los mercados, solo si cuenta con transporte y transferencia de la carga con una comunicación inmediata confiable y altos niveles de conexión en el comercio.

La materia prima, los procesos y productos terminados inciden altamente en el precio de cada proceso y el transporte es clave en ello, en la mejora de las condiciones de competitividad es importante aumentar la productividad en costos, disminuyendo la participación del transporte y su precio final.

El transporte multimodal es, en la actualidad, plena garantía de una adecuada contratación del transporte en un escenario altamente competitivo, garantiza aplicar fórmulas económicas de escala, aprovechando las ventajas de la multimodalidad del servicio para adelantar planificación estratégica de costos, producción, distribución óptima.

Un OTM debe ofrecer y facilitar al empresario el proceso mismo de la contratación del transporte inherente al contrato OTM con tiempos precisos de entrega, validando el interlocutor único en la distribución física de las mercancías.

Podemos concluir que el OTM ha hecho convertir en ventajas, los obstáculos de la combinación de modos, con desarrollo de tecnologías, operaciones de transporte, conceptos de reingeniería, racionalización de procesos y logística empresarial.

Infraestructura para el transporte multimodal

Entendiendo que el negocio del transporte multimodal (OTM) es una empresa con un alto conocimiento del mercado de actividades eminentemente internacionales y dependiente de una extensa red de comunicaciones, agentes operativos y rutas de transporte. Por ello el OMT involucra a muchos actores que requieren de una inmensa infraestructura física.

Actores

- El OTM y el transporte con los cuales son utilizados más de un medio, unidades de embalaje y distribución física, factor de garantía para asegurar el flujo rápido de la carga entre los puntos origen/destino.
- Autoridades locales internas y externas con mentalidad abierta y dinámica.
- Los usuarios que actúan en las partes interesadas de oferta y demanda del servicio.
- Organismos nacionales e internacionales que trabajan en la regulación jurídica.

Infraestructura

Terminales internos de carga o puertos secos son instalaciones fijas ubicadas en los lugares de origen de la carga como actor principal, usuarios, equipos, vehículos y otros:

- Centros de transferencia intermodal: Son instalaciones que facilitan la combinación de modos de transporte, también son sitios de embalajes y planificación de otros servicios que requiera la carga.

- Corredores de comercio exterior: Son el conjunto de la infraestructura y de servicios para todos los actores. En esencia son las vías, los centros de transferencia, los talleres, hoteles y restaurantes, los puertos secos y las terminales de transporte.

Beneficios del transporte multimodal

El transporte multimodal presenta beneficios el conjunto de las redes logísticas y de transporte de los países, para las empresas transportistas y para las usuarias del transporte.

Para los países

- Descongestión de los puertos marítimos.
- Menores costos en el control de las mercancías.
- Mayor seguridad para la recaudación de tributos.
- Mayor control del contrabando.
- Reducción en los costos de la recaudación de tributos aduaneros.
- Mayor competitividad de los productos en los mercados internacionales.
- Menores precios de las mercancías importadas.

Para el OTM y la transportista efectiva

- Programación de las actividades.
- Control de la carga de compensación.
- Carga bien estibada (evita siniestros).
- Programación del uso de vehículos de transporte.
- Programación de ingresos.
- Continuación de viaje hasta el destino final.
- Reconocimiento del Documento de Transporte Multimodal como documento aduanero.
- Tratamiento preferencial en aduanas de ingreso y de paso. La carga amparada por un Documento de Transporte Multimodal debe ser autorizada para continuar viaje el mismo día que se solicita.

Para las personas usuarias

- Menores costos en operación total de transporte.
- Menores tiempos de viaje.
- Programación de los despachos y tiempos de viaje.
- Programación de inventarios.
- Certeza en el cumplimiento de la operación.
- Tener un solo interlocutor con responsabilidad total.
- Atención técnica de manejo de la carga.
- Menores riesgos de pérdida por saqueo o robo.
- Capacidad de negociación.

Características del transporte multimodal

Dentro de las principales características del transporte multimodal podemos señalar las siguientes:

1. Una actividad de servicios que consiste en el transporte de mercancías en virtud de un contrato de transporte entre el Operador de Transporte Multimodal (OTM) y su cliente desde un punto de origen hasta su destino final.

2. Es una actividad comercial que debe ser llevada a cabo por operadores calificados de transportes internacionales y que requiere por lo tanto un *marco jurídico* que garantice normas mínimas de calidad y compromiso en el suministro de sus servicios y un cierto grado de protección de los intereses de las diversas partes comerciales interesada.

El transporte multimodal en la operación logística

Los conceptos producción, comercio y transporte no pueden analizarse por separado dentro de este nuevo esquema. El uno no tiene razón de ser sin los otros. Una producción altamente eficiente no garantiza niveles de competitividad en los mercados si no se cuenta simultáneamente con un transporte también altamente eficiente y competitivo. La competitividad en los procesos productivos, en el transporte y en la transferencia de las mercancías es un requisito para mejorar las condiciones de participación en los mercados internacionales.

El transporte multimodal se está imponiendo en el mundo como la modalidad más adecuada de contratación del transporte internacional de mercancías en un ambiente altamente competitivo. La multimodalidad en el transporte permite aplicar economías de escala al proceso de transporte de mercancías, aprovechando las ventajas de cada modo de transporte, para obtener mayor precisión en los tiempos de entrega. Esto permite a los empresarios adelantar una planificación estratégica de sus procesos de producción y distribución.

Fotografía 13. **Transporte multimodal.**

El transporte multimodal permite obtener ahorros substanciales en los procesos de distribución física de las mercancías de importación y de exportación, posibilitando así a los empresarios mejorar la competitividad de sus productos en mercados externos. De otra parte, el operador de transporte multimodal facilita al empresario el proceso mismo de contratación del transporte, brindándole mayor precisión en los tiempos de entrega de las mercancías, además de la ventaja de contar con un solo interlocutor en cuanto a la distribución física de sus productos.

En el ámbito internacional, los usuarios de servicios de transporte han encontrado en el transporte multimodal una herramienta útil y flexible para manejar la distribución física de sus productos de una manera ágil, segura, eficiente y a costos competitivos.

Sin embargo, en los países en vías de desarrollo existe todavía resistencia a contar con el transporte multimodal como una alternativa viable, en parte por las altas deficiencias estructurales para el desarrollo adecuado de esta modalidad de transporte, por la subutilización de los recursos naturales y por el desconocimiento sobre sus beneficios a la economía. El transporte multimodal ha hecho posible convertir en ventajas los obstáculos de la combinación de modos, mediante el desarrollo de modernas tecnologías de planificación y de operaciones de transporte, aplicando conceptos de reingeniería, racionalización de procesos y logística empresarial.

Operadores Logísticos de Mercancía (3PL&4PL)

Generalidades

Los operadores logísticos tienen dos orígenes fundamentales: Las almacenadoras de mercancías y las empresas de transporte de carga por carretera que han descubierto un nicho de mercado en esta actividad.

Las almacenadoras, aprovechan la infraestructura física y un conocimiento en el manejo de mercancías que las fortalecen para ofrecer un portafolio de servicios amplio que incluya transporte y distribución física. Normalmente el servicio de transporte lo ofrecen subcontratándolo con empresas transportistas o profesionales independientes.

Las empresas de transporte de carga por carretera aprovechan su experiencia en el transporte e incorporan servicios complementarios, como el almacenamiento, la distribución urbana de mercancías, la estiba y el trincaje de las cargas en los vehículos, por ejemplo, para presentar una oferta atractiva al mercado.

En la actualidad se tienen empresas creadas con la concepción de operadores logísticos, que han ido desarrollando esta idea, ante una necesidad sentida del mercado de tener una integración en la cadena de abastecimiento y un buen servicio.

El operador logístico es un eslabón integrador en la cadena de abastecimiento que se hace cargo de los procesos de soporte a los negocios entre la industria y los comerciantes.

Criterios de selección de operadores

Los operadores logísticos están haciendo las funciones y/o actividades de logística que tradicionalmente habían sido llevadas a cabo por la propia organización. En resumen, tercerización (*outsourcing).*

El valor añadido más importante que un operador le genera al usuario es permitirle que dirija sus recursos financieros, humanos y técnicos al negocio que sabe hacer, que es el de producir y comercializar productos de éxito. Pero, para lograr este objetivo, es necesario que el operador alcance niveles de confiabilidad muy altos que le permitan al usuario, despreocuparse del proceso logístico, con base en las garantías del servicio que le ofrece.

El valor añadido que ofrece el operador logístico debe verse reflejado en la reducción del inventario total de la cadena de abastecimiento. Esto no quiere decir 'cero inventarios', sino la cantidad justa de inventario en cada punto de la cadena que permita atender satisfactoriamente las necesidades de los consumidores. Es decir, el operador debe estar en capacidad de garantizar los movimientos de la mercancía dentro de la cadena de manera que el producto llegue al punto de venta en las condiciones de calidad, cantidad, documentación y oportunidad pactada. En conclusión, pedidos entregados perfectamente.

El alcance de un operador logístico depende de la empresa que contrata el servicio, debido a que, de acuerdo con las actividades a subcontratar, se coloca el límite de las operaciones a ser entregadas al operador. Sin embargo, el operador puede sugerir otras actividades que pueda asumir, como la facturación de la mercancía que se debe entregar y el recaudo de la misma.

Los servicios de alto, medio o bajo valor añadido que puede ofrecer un operador logístico son:

- Gestión aduanera.
- Gestión de las devoluciones.
- Operaciones de las promociones.
- Etiquetados.
- Ensambles.
- Manipulación de mercancías.
- Gestión de cobros.
- Gestión de recepción-almacenamiento-despachos.
- Procesamientos de órdenes.
- Gestión de transporte.
- Sistema de información logística
- Oficinas.
- Servicios de consultoría.

El operador logístico presenta algunas desventajas que deben ser analizadas en su momento, al tomar una decisión en la contratación, las cuales se pueden definir así:

Los servicios que ofrece un operador logístico son:

Almacenamiento

(Parámetros)
- » Valor metro cuadrado.
- » Saldo diario o kilo inventario.
- » % valor costo declarado mercancía.
- » Valor metro cúbico ocupado.
- » Valor carga apilada ocupada.
- » Número de unidades recibidas.

Manejo

- *Picking.*
- *Packing.*
- Rotulación.
- Embalaje.
- Manipulación.
- Seguro.

Control de inventarios

- Inventarios físicos y teóricos.
- Reportes semanales de existencias.

Indicadores y reportes

- Tiempos de entrega.
- Nivel de cumplimiento.
- Duración.
- Rotación.

Servicios contratados

Los servicios completos que puede prestar un operador logístico son:

- Almacenaje.
- Manejo de almacenes.
- Embalaje.
- Consolidación de embarques.
- Transporte.
- Selección de transporte.
- Contratación y control de portes.
- Toma de pedidos.
- Procesamiento de pedidos.
- Control de inventario.
- Selección de proveedores.
- Auditoría logística.
- Devolución de productos.
- Atención de reclamaciones.
- Sistemas de información.
- Control de repuestos.

Las compañías de *outsourcing* u operadores logísticos se definen como una unidad especializada, capaz de intervenir con eficiencia en las actividades y servicios logísticos, permitiendo a las empresas del sector real de la economía dedicarse a su actividad básica.

El papel de estos operadores logísticos es buscar las sinergias entre fabricantes y distribuidores, establecer alianzas estratégicas donde las ventajas son evidentes respecto a los resultados que se obtienen aisladamente entre cliente-proveedor.

Esto permite que las empresas actúen en un escenario superior con ventajas competitivas y posibilidades de ampliar paulatinamente su mercado. Así, cada día el cliente está relativamente más lejos y exige una mayor puntualidad, mayor fraccionamiento de la unidad de carga, reducción de inventarios y plazos y tiempos de carga y descarga. Muchas empresas no están dispuestas a prestar directamente este servicio y seguramente lo contratarán.

Un ejemplo de operador logístico a nivel mundial es DHL, el cual tiene en Singapur un centro expreso de logística. En este se realiza toda la distribución de repuestos para la compañía General Electric Medical Systems (GE) para toda Asia. GE puede concentrar todos sus inventarios en un solo punto y delegar su administración y control a DHL. Si una máquina sufre un desperfecto, GE envía la información al centro de Singapur y en 2 horas DHL despacha el repuesto solicitado, el cual llega al destino final en 6 horas.

Para GE, el costo de *outsourcing* es menor que sus costos de operación. En estos casos, dependiendo del tipo de industria, se encuentran ahorros hasta del 20% en costos de operación.

Las empresas se dieron cuenta de que contratando algunas de sus actividades logísticas, podían convertir sus costos fijos en costos variables de acuerdo con la demanda. Estas empresas pueden ofrecer servicios de alto, mediano o bajo valor, por ejemplo:

- Gestión de recepción–almacenamiento-despacho.
- Gestión de transporte y distribución.
- Gestión de las devoluciones.
- Operaciones de promociones (etiquetados).
- Ensambles y manipulación de productos.
- Gestión de cobros.
- Gestión aduanera.
- Procesamiento de órdenes.
- Sistema de información logística.

- Alquiler de oficinas.
- Servicios de consultoría.

El esquema de un operador logístico se puede resumir así:

- El operador logístico, actúa de varias maneras dependiendo las funciones que quiera especializar.
- Si se trabaja en almacenamiento y distribución, se puede definir un esquema como el que se va a analizar:
- La parte del transporte que realiza el operador logístico se define en las diferentes formas de hacerlo.
- El almacenamiento tiene diferentes formas de definirlo.
- La logística que quiera emplear la define, para que la información que deba dar sea la real, los indicadores de gestión sean los que se requieren y la calidad sea óptima.
- El operador logístico debe buscar la forma de ser eficiente tanto en una definición local, como una definición nacional, y esta es la mejor estrategia para lograr dar un excelente servicio y por ende lograr unos costos de economía de escala para ser más competitivo.
- Una de las fortalezas en tener un operador logístico, es poder hacer un manejo de las mercancías en operación de *crossdocking*; aquí vemos las ventajas y la rapidez de su ejecución.

Gráfica 58. **Operadores logísticos internacionales.**

Sistemas de información e infraestructura de centros de distribución en los operadores logísticos "3pl".

Tecnología de voz (*Voice Technology*). La tecnología de voz esencialmente permite a los operarios del centro de distribución ejecutar sus actividades de trabajo interactuando a través de un diálogo con la aplicación WMS (*Warehouse Management Systems*) o ERP (*Enterprise Resource Planning*).

Existen muchos procesos dentro del centro de distribución que pueden ser realizados en forma más eficiente con la implementación de *Voice-Directed Work* (Trabajo dirigido por voz). El sistema traduce las tareas generadas por el WMS en órdenes habladas que los operarios escuchan a través de los auriculares de reconocimiento de voz. Sus respuestas verbales se traducen en datos digitales que se transmiten al ordenador principal por una red inalámbrica. Todas estas traducciones se transmiten de forma instantánea, creando un diálogo de trabajo en tiempo real entre el trabajador y el WMS.

De esta forma se obtiene un trabajo más productivo, exacto y seguro, debido a que no es necesario introducir datos en dispositivos manuales ni leer instrucciones escritas. A través de esta tecnología y en el contexto de una aplicación WMS, la voz puede ser incorporada en los procesos de *picking*, reabastecimiento, almacenamiento, transferencias y recibos.

Conocida en inglés como *Radio Frequency Identification* (RFID), esta herramienta tecnológica conecta a proveedores, fabricantes, distribuidores y minoristas, permitiéndoles intercambiar datos sobre productos y socios comerciales. Dentro de varios beneficios, hace posible mejorar la supervisión y el rastreo por medio de la visibilidad de inventarios, ubicación y procesos; lograr eficiencias operativas al reducir el escaneo de código de barras; incrementar visibilidad sobre inventarios; realizar conteos cíclicos todos los días o varias veces al día si es necesario, incluso en un centro de distribución, donde el etiquetado a nivel de artículo ofrece una mayor velocidad y precisión; cumplir con leyes gubernamentales a nivel industrial; y lo más importante, mejorar la eficiencia operativa representando ahorros para las compañías que lo implementan.

TMS (*Transport Management System*): Un TMS (*Transportation Management System*) o Sistema para la Gestión de Transporte es un conjunto de herramientas especialmente diseñadas para cubrir las necesidades de las compañías que deseen cumplir con sus clientes de manera rápida y precisa, garantizando movilizaciones y entregas de producto en las mejores condiciones.

Es una herramienta diseñada para generar un plan eficaz de transporte en un amplio espectro de ambientes logísticos, utilizando los órdenes de salidas/pedidos de los clientes, determina la configuración óptima de camiones y rutas de entrega.

El TMS entrega como resultados de su 'análisis' las rutas o viajes optimizados, la lista de órdenes por camión, tipología del vehículo y el horario de carga en el centro de distribución. Los TMS no necesariamente utilizan información de una sola fuente, por lo general están recibiendo información de varios almacenes y sistemas simultáneamente. Todos los documentos que movilizan carga de un lugar a otro dentro de la red de distribución pueden ser alimentados a los cálculos, incluyendo las órdenes de salida que se originan desde los puntos que no son almacenes, por ejemplo, las devoluciones de los clientes.

Si una compañía basa sus operaciones logísticas en la planificación o administración del transporte, un TMS es una solución de *software* que la ayuda a incrementar el desempeño en varios niveles. Desde la reducción de costos de transporte y la administración en tiempo real de la flota, hasta el incremento de la eficiencia en optimización y planificación de rutas que repercute directamente con el servicio al cliente.

El transporte es un eslabón clave en la cadena de abastecimiento. Las decisiones que se tomen afectarán todos los aspectos de un negocio, desde la satisfacción del cliente hasta la disponibilidad y rentabilidad del producto. En muchos casos los costos de esta actividad representan la mayor porción de los costos totales de la logística, inclusive, hasta el 60%. Tomar medidas de gerencia y administración para lograr optimizar este proceso es necesario pues es la oportunidad que las compañías tienen de reducir costos y mejorar la satisfacción al cliente.

WMS (Warehouse Management System)

El *Warehouse Management System* (WMS) es una solución de *software* avanzada que tiene como tarea principal administrar los recursos involucrados en la operación de un almacén generando altos niveles de visibilidad, automatizando las diferentes tareas que se llevan a cabo en el mismo. Con la información disponible sobre las operaciones, el *software* permite tener una mejor y más rápida toma de decisiones.

Esta solución, que funciona en tiempo real, utiliza algoritmos avanzados y operaciones matemáticas para optimizar los procesos logísticos en el interior de un centro de distribución. Identifica la mercancía por medio de un sistema informático y la administra ordenándola, controlándola y sugiriendo decisiones que permitan tener una logística coordinada en el interior del almacén involucrando al personal de operaciones, estanterías, carretillas elevadoras y palés, entre otros.

El WMS abarca la administración del centro de distribución total. Esta incluye el recibo de producto, la administración de ubicaciones, la selección de la ubicación al momento del almacenamiento, el control de inventario a través de conteos cíclicos, planificación de pedidos, tipos de *picking*, administración del trabajo y distribución de tareas en todas las localidades del almacén. Soporta operaciones multicliente y multidepósito y ejecuta actividades más avanzadas como el cruce de productos en muelle *crossdocking*.

Esta solución es altamente flexible y robusta, contempla el manejo de tecnologías como RFID, el manejo de *Voice Picking* y la integración con automatismos como bandas transportadoras, carruseles de selección y tecnología *pick-to-ligth*. Así mismo, tiene integración certificada con sistemas ERP como SAP, Oracle, JD Edwards, entre otros.

Facturación electrónica (*e-Billing*): Esta tecnología ayuda a los 3PL de la región, a racionalizar sus procesos administrativos y de facturación hacia sus clientes, fortaleciendo el servicio al cliente y mejorando la eficiencia. Soporta los requerimientos contractuales que a menudo existen entre un 3PL y sus clientes, permitiéndoles crear tarifas a una unidad de negocios del cliente o a nivel de producto.

Provee costo y facturación basada en diferentes tarifas, como transacciones de manejo de materiales, ensambles de kits, utilización de la capacidad de almacenamiento y requerimientos específicos de facturación para cada cliente entre otros.

Con la herramienta de facturación se hace posible asignar el costo, calcular la facturación por proceso ejecutado, calcular márgenes o descuentos y permitir entradas manuales de montos a facturar. También es posible consolidar con otros sistemas dispares como transporte, paqueteo y otras soluciones de almacenamiento, compartiendo el mismo formato de facturación y programar la facturación y los costes basados en eventos específicos, como renovaciones de contratos, transacciones de manejo de materiales, utilización de la capacidad de almacenamiento o eventos específicos del cliente.

Optimización de almacenamiento (*Slotting*): El *Slotting* es definido como la ubicación inteligente de producto (SKU) en un Centro de Distribución, con el fin de optimizar la eficiencia del manejo de materiales. En otras palabras, es el término corto para definir el proceso de asignación de producto a las ubicaciones de *picking* (selección de producto) en el almacén de acuerdo a las reglas de negocio y a las características del producto. El *slotting* se basa en características como la rotación, la popularidad, los movimientos, históricos, pronósticos de ventas, entre otros.

Esta solución garantiza que se coloquen artículos en los frentes de carga con base en una amplia selección de criterios que pueden definir los clientes, incluyendo la velocidad de selección de productos, los grupos de familias de productos y sus atributos. Adicionalmente, ayuda a minimizar las distancias de viaje para selección y retiro, reducir el reabastecimiento, equilibrar las cargas de trabajo entre los operadores e incrementar los índices de selección.

Finalmente, la optimización de almacenamiento ayuda a maximizar la productividad y minimizar el tiempo de viaje de una ubicación a otra al determinar el arreglo más ventajoso de las SKU dentro de una variedad de frentes de carga. Minimiza trastornos derivados de la variabilidad de las demandas al habilitar el ajuste de la colocación de los productos de acuerdo con la estacionalidad, las promociones espaciales, los cambios en los patrones de órdenes de clientes, entre otros.

Terminales Electrónicas: Las terminales portátiles y fijas son adecuadas para gran cantidad de usos, en la empresa y fuera de ella, en los sectores de fabricación, almacenes, transportes y logística. Estos dispositivos móviles permiten al usuario llevar la tecnología hasta el punto de trabajo, ya sea en puntos de despacho, centro de distribución o muelles de recibo. Actuando como extensiones de los trabajadores, los terminales permiten que la productividad de los colaboradores aumente y disminuya el error humano.

Su facilidad de uso e implementación ayuda a conseguir todos los beneficios de automatización y un escaneo rápido y preciso. Sus diversas tecnologías y posibilidades permiten a las empresas aprovechar las ventajas de la captura de datos y las comunicaciones de banda ancha para mejorar la productividad de sus operaciones, además de mejorar y ampliar su oferta de servicios y reducir gastos.

Sistemas de Rastreo Satelital (GPS): El rastreo satelital es un servicio que permite localizar vehículos, personas u objetos en cualquier parte del mundo por medio de triangulación de señales emitidas por 27 satélites geoestacionarios alrededor del planeta. El servicio de rastreo satelital es abierto, aunque para hacer uso de él es necesario tener un dispositivo habilitado con GPS (*Global Positioning System*), comúnmente un teléfono móvil, PDA, navegador personal o equipo AVL.

Los equipos que pueden hacer uso del servicio de rastreo satelital se dividen en dos tipos: Los que trabajan fuera de línea o "pasivos" y los que son en línea o "activos" teniendo como diferencia el poder comunicar la información de posición de manera instantánea o no a una central de monitorización remota.

Un equipo de rastreo satelital "pasivo" generalmente muestra la información en el mismo aparato, otros equipos pasivos guardan esa información en memoria para eventualmente ser descargada y analizada. Teléfonos con GPS, navegadores personales y *loggers* de posición entran en esta categoría.

Un equipo de seguimiento por satélite "activo" utiliza un medio alterno de comunicación como una red telefónica para enviar su información hacia una central remota de monitorización en tiempo real. En esta categoría están los sistemas AVL (*Automatic Vehicle Location*) como el sistema MaxTracker.

Capítulo 3

Costos e indicadores de la gestión logística

3.1 Costos en la gestión logística

Por muchos años, un número de estudios ha sido orientado a determinar los costos de la logística para la economía y las empresas individuales. De acuerdo con el Fondo Monetario Internacional (FMI), el promedio de los costos logísticos está próximo al 12% del producto interno bruto mundial. Robert Delaney, quién ha investigado los gastos logísticos durante más de dos décadas, estima que los costos logísticos de la cadena de abastecimiento en Estados Unidos son el 10.5% del producto interno bruto. Para las empresas, estos costes tienen un rango desde un 4% hasta un 30% de las ventas. Los resultados de un reciente estudio serán mostrados en la tabla 3, aunque los costos de la distribución física están cerca del 8% de las ventas, está investigación no incluye los del abastecimiento físico..

Probablemente una tercera parte puede ser adicionada a este total para un promedio de los costos logísticos en una compañía cercanos al 10.5% de las ventas. Sin embargo, si estimamos que estos costos se clasifican en segundo lugar después de los de ventas (costos de compras) se debe agregar el valor minimizando estos costos y entregando los beneficios para los consumidores y los accionistas.

Gráfica 59. **Equilibrio de costos en la logística.**

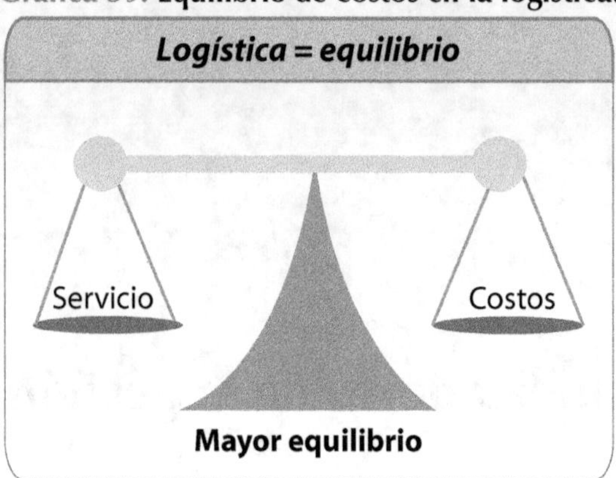

La tendencia es hacia una economía mundial integrada. Las empresas están construyendo o tienen desarrolladas estrategias mundiales donde sus productos son diseñados para un mercado global y producidos dondequiera que los costos más bajos puedan ser encontrados para las materias primas, componentes y mano de obra o simplemente se producen localmente y se venden internacionalmente. En este caso, las líneas de abastecimiento y distribución son limitadas si lo comparamos con la empresa productora que desea fabricar y vender localmente. No solo ocurre esta tendencia porque las compañías están reduciendo costos o ampliando mercados, también porque se están enfrentando a acuerdos políticos internacionales. Como ejemplos, están la formación de la Comunidad Económica Europea, el Acuerdo de Libre Comercio de Norteamérica (NAFTA) entre Canadá, Estados Unidos y México, y la creación del Mercosur.

Gráfica 60. *Benchmarking* **de costos en la logística.**

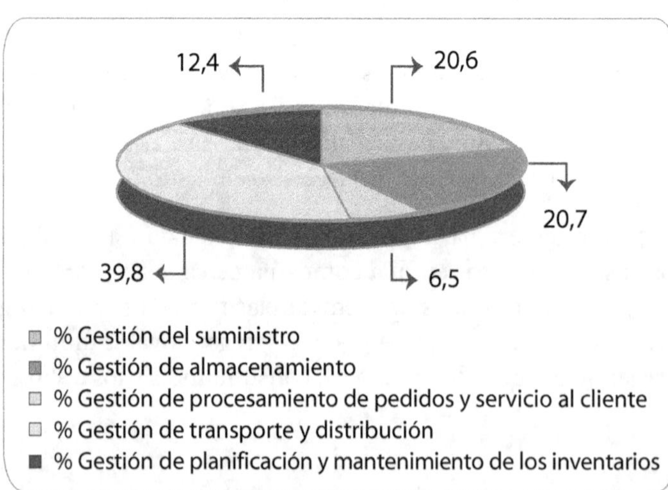

3.1.1 El impacto de los costos logísticos en las organizaciones

El cálculo de los costos logísticos implica mantener un control riguroso del comportamiento y la rentabilidad de un producto en particular, ya que las características físicas y comerciales de un bien demandan esfuerzos de abastecimiento y costos bien diferenciados.

El desarrollo y optimización de la cadena de abastecimiento está influenciada decisivamente por los costos logísticos. La adecuada gestión de los mismos y las acciones tendientes a disminuirlos deben ser para los gerentes y directores de logística una de las prioridades en su gestión. Donde un efectivo manejo de los costos y gastos a nivel interno son reconocidos por la alta gerencia, que antes que todo destaca los logros en este aspecto por su impacto en la rentabilidad de la organización, principalmente cuando las ventas son estáticas o en descenso; es cuando una eficiente labor logística de optimización de costes se refleja en mejores resultados en los estados de pérdidas y ganancias que son la base para todo análisis y estrategias empresariales.

La gerencia de logística no se debe quedar en el análisis de los costos por proceso, sino que debe hacerlo por actividades. Además, debe tratar de identificar y calcular los costos de cada operación logística con los gastos inherentes para saber los costos ABC de cada actividad y poder proceder y ejecutar correcciones y planes de reducción de costos basados en este tipo de análisis.

Otro aspecto importante es identificar los gastos innecesarios que se presentan por mala planificación o gestión interna, que implica gastos no presupuestados o que no son recuperables y que destruyen valor, reducen las ventas y son de competencia del área logística.

Se debe mantener un equilibrio entre los gastos logísticos y los niveles de servicio para que se aumente la efectividad en las entregas, sin aumento exagerado de los costes de servir. En esto debe participar el área comercial para que las políticas de ventas no sean antagónicas a la racionalización de los gastos logísticos en función de los niveles de inventario, gastos de transporte y niveles de cumplimiento, como se refleja en la gráfica 61.

Gráfica 61. **Costos vs. Servicio.**

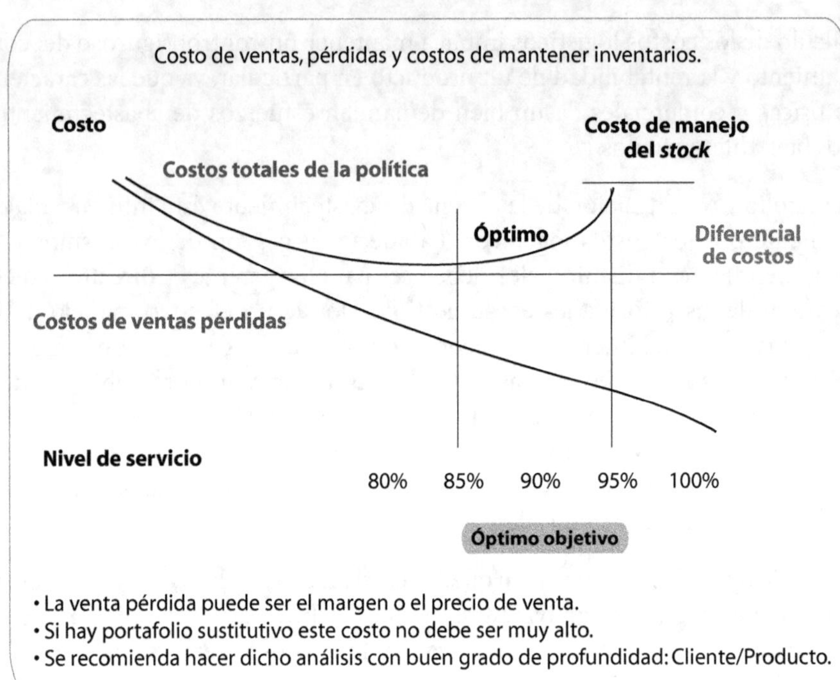

3.1.2 Matriz de distribución de los costos de la logística

Los costos logísticos constituyen uno de los elementos fundamentales dentro de la administración de la cadena de abastecimiento y su impacto es decisivo para los planes y acciones que la organización pretenda formular y desarrollar hacia el cumplimiento de su misión y visión en el futuro.

A continuación, se relacionan el impacto de los gastos dentro de las ventas y el peso en los gastos internos.

Gráfica 62. **Costos logísticos.**

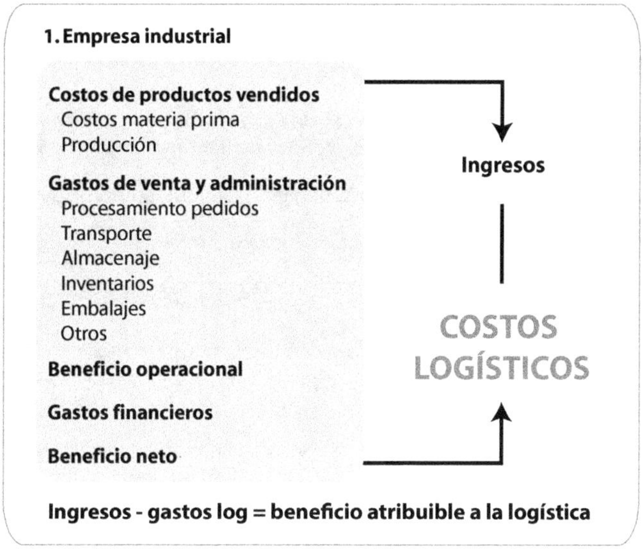

1. Empresa industrial

Costos de productos vendidos
Costos materia prima
Producción

Gastos de venta y administración
Procesamiento pedidos
Transporte
Almacenaje
Inventarios
Embalajes
Otros

Beneficio operacional

Gastos financieros

Beneficio neto

Ingresos

COSTOS
LOGÍSTICOS

Ingresos - gastos log = beneficio atribuible a la logística

Dentro de las actividades inherentes a la cadena de valor proveedor-cliente se incurren en gastos asociados a los procesos logísticos de abastecimiento y distribución de mercancía, los cuales conforman la estructura básica de los costes logísticos. Estas son las actividades que las empresas debe racionalizar, minimizar y optimizar, con el fin de mejorar el margen entre las ventas netas y los gastos totales de operación y de esta manera contribuir con el aumento de la rentabilidad para poder ser competitivos en los mercados actuales.

Tabla 12. **Costos logísticos.**

Costos logísticos	
Costos integrales	Costo de pedir, almacenar y distribuir / valor vendido
Costos unidad logística	Costo total logístico / unidades vendidas

A continuación, se discriminan los costos relacionados con los procesos anotados anteriormente:

Gráfica 63. **Detalles de los costos logísticos.**

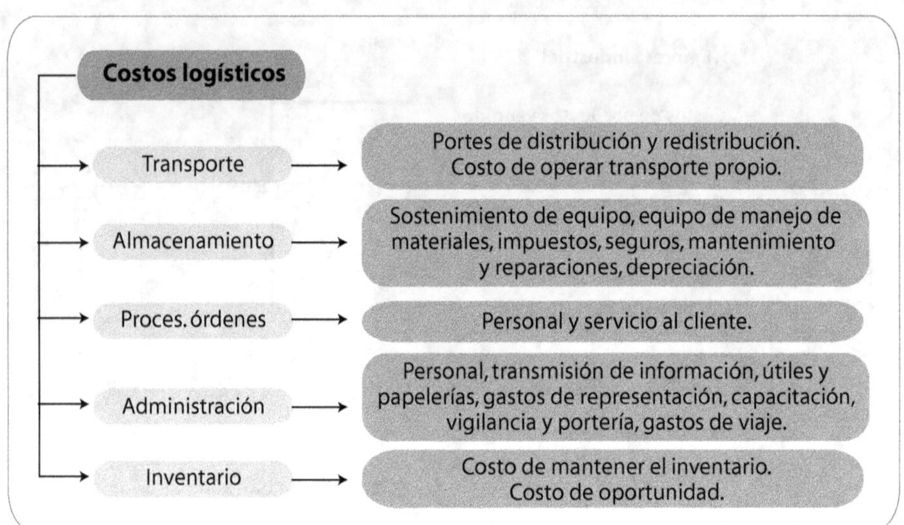

Costos de compras y aprovisionamiento

Es el primer punto de los costes de la cadena logística. Están asociados a los recursos, insumos y personal necesarios para efectuar una compra de materias primas o productos terminados desde la fuente de suministro de una empresa proveedora.

Cualquier error o exceso en la compra de mercancía puede tener efectos negativos en el almacenamiento en los respectivos almacenes, ocasionando sobrecostos en el manejo de los inventarios.

Dentro de los costos de aprovisionamiento se encuentran:

1. ***Costo de compra.*** Valor del artículo comprado incluyendo los aranceles e impuestos respectivos.

2. ***Costo de ordenar.*** Se asocia con el valor de hacer un pedido de un lote de artículos. Son los gastos administrativos de gestión de pedidos, papelería, recepción, sistemas de información, etc.

3. ***Costo de escasez.*** Son los costos de paros de producción o pérdidas en que se incurre a lo largo de la cadena por no tener la materia prima a tiempo.

4. ***Costo de mantener en inventario la materia prima.*** El cual incluye:

   » Costo capital inmovilizado.

   » Costo de almacenaje: Seguros, arrendamiento, impuestos, etc.

   » Costo de obsolescencia, pérdida o deterioro de la materia prima.

   » Costo de movilizar el inventario de materia prima: Es el transporte de las materias primas a los centros de fabricación.

5. *Costo de pedir.*

- **Personal directo:** Todas aquellas personas que pertenecen al área de compras. Es necesario tener en cuenta el salario básico, las prestaciones, además de todas aquellas bonificaciones que hagan parte del salario.

- **Personal indirecto:** Son todas aquellas personas que sin formar parte del área de compras interviene en esta. Pueden ser los integrantes de comercial, taller, siniestros, etc.

- **Papelería:** Son todos aquellos implementos de papelería como hojas, lapiceros, tintas, etc., utilizados en esta área.

- **Servicios:** Para la cuantificación de esta actividad es necesario tener en cuenta el costo total de estos, los metros cuadrados del área y el número de personas que trabajan en el área para así poder distribuirlo por los metros cuadrados del área y dar una ponderación de acuerdo al número de personas que trabajan aquí.

- **Llamadas telefónicas:** Son todas las llamadas que se realizan desde esta área e incluye llamadas de teléfono e internet.

- **Mantenimiento:** Existen dos tipos de mantenimientos en esta área como son:

  - » **Infraestructura:** Todas aquellas reparaciones o arreglos, pintura y otros realizados en el área de compras.

  - » **Equipos informáticos:** Son todas aquellas reparaciones o soporte técnico que se le realice a los equipos informáticos de esta área.

- **Seguros:** Del valor total del seguro a esta área se le atribuye un costo de acuerdo con los metros cuadrados que ocupa dentro de toda la instalación.

- **Vigilancia:** Del valor total de la vigilancia a esta área se le atribuye un costo de acuerdo con los metros cuadrados que ocupa dentro de toda la instalación.

- **Depreciación:** Del valor total de la depreciación del edificio a esta área se le atribuye un costo de acuerdo con los metros cuadrados que ocupa dentro de toda la instalación, de los equipos se le atribuye según el número de equipos y su tiempo de utilización.

6. *Compra de equipos.* Todas aquellas compras de equipos informáticos o partes que se realizan para el área de compras.

7. *Otros.* En este esta actividad se registran todos los gastos que se realicen en área y no hayan sido tenidos en cuenta como capacitaciones, y otros.

Tabla 13. **Cuadro de costos.**

Área	Nombre costo	Fórmula
Tácticas estratégicas	Costos de adquisición	Valor de compras/ valor vencido
	Costo de pedir	Costo admón. de compras/ valor vendido
	Costo unidad comprada	Total costo compras/ unidades compradas

Costos de inventarios

Al llevar a cabo un análisis deben tenerse en cuenta diversos factores, como el rendimiento de la inversión, la rotación de activos y el ciclo de vida del producto.

Muchos de estos factores se consideran y revisan en documentos contables y financieros que elaboran cada mes en las empresas. Por desgracia, incluir estos factores en modelos de intervalos continuos para los inventarios requiere análisis complejos. Por lo tanto, la mayor parte de los modelos básicos de inventarios se basan en compensaciones e intercambios de costos como criterios para el análisis.

En general, se consideran tres factores de costos: (1) Pedidos (preparación), (2) Mantenimiento (conservación), (3) Agotamiento (falta de existencia).

Costos de pedido (preparación)

Se incurre en costos de pedido (preparación) en cualquier momento en que ocurra alguna actividad para reabastecer los inventarios. Para los modelos comerciales se utiliza el término costos de pedido. Ese costo consta primordialmente de aquellos costos administrativos y de oficina, asociados con todos los pasos y actividades que deben emprenderse desde el momento en que se emite la requisición de compra hasta el momento en que se recibe el pedido, se coloca en el inventario y se paga. Algunos elementos representativos de los costos de pedido incluyen el procesamiento y manejo de las órdenes de compra, transporte, la recepción, inspección, colocación en inventario, contabilización, auditoría y pago al proveedor.

Por lo general, se considera que los costos de pedido son independientes del tamaño del lote. Lo más común es que se utilice un cargo fijo por pedido. En los modelos de producción, se utiliza el término costos de preparación en vez de costos de pedido. Estos costos de preparación por lo general incluyen muchos costos administrativos y de oficina asociados al apoyo a la producción, como requisiciones, recepción, inspección, colocación en inventario y contabilización. Sin embargo, lo más frecuente es que los costos más importantes sean los de la mano de obra y materiales asociados con la preparación de la maquinaria para producir.

Se puede asumir que el costo de pedido (de preparación) es constante. Es decir, el costo es independiente del número de unidades que se pidan o el número de unidades que se incluyan en un proceso de producción.

Costos de conservación (mantenimiento)

Estos costos son aquellos en que se incurre al tener un determinado nivel de inventarios durante un período específico. En esencia, este consta de los costos explícitos e implícitos asociados con el mantenimiento y la propiedad de los inventarios. Este incluye el de oportunidad del dinero invertido en ellos, del almacenamiento físico (renta, calefacción, iluminación, refrigeración, conservación de registros, seguridad, entre otros), depreciación, impuestos, seguros y deterioro, y obsolescencia de los productos. El costo de conservación se expresa como un costo de tiempo.

Costos de agotamiento (falta de existencias)

Estos costos son aquellos en los que se incurre al no poder satisfacer una demanda. La magnitud del costo depende de si se permiten los pedidos retroactivos. Si estos no se permiten, entonces un agotamiento de inventario dará como resultado la pérdida permanente de ventas para los artículos que se demandaban y que no estaban disponibles. Podría incurrirse en un costo adicional de 'buena voluntad' si el cliente deja de comprarle a la organización.

Cuando se permiten los pedidos retroactivos, los costos relevantes de agotamiento son los costos administrativos y de oficina asociados con esta actividad y que incluyen el costo de esfuerzos especiales en estas áreas, tiempo extra, manejo, transporte especial y seguimiento.

A continuación, se relacionan las 5 variables de costos integrales para la mercancía que se encuentra en las bodegas y centros de distribución y cuyo resultado final muestra los verdaderos costos de mantenimiento del inventario en un período de tiempo. No siempre las empresas los manejan, pues algunos de ellos no se controlan o se presupuestan y se representan por una mala gestión logística con el manejo de los inventarios. Lo recomendado es implantarlo de inmediato para tener un mejor control sobre estos costos ocultos de los inventarios.

Gráfica 64. **Costo integral de inventarios**

1. Costos de mantener el inventario (*Carrying cost*).

2. Costos de oportunidad (financieros).

3. Costos de manejo y manipulación (daños y deterioro).

4. Costos de obsolescencia (dados de baja).

5. Costos de pérdidas y faltantes (robos).

Gráfica 65. **Ciclo de caja Vs. Ciclo de inventario**

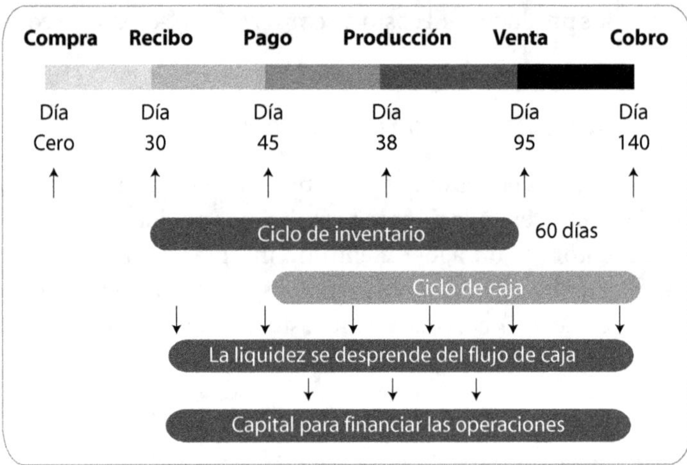

- Costos de manejo y manipulación (daños y deterioro).
- Costos de obsolescencia.
- Costos de pérdidas y faltantes (robos).

Implicaciones de mantener altos inventarios

- Errores en el pronóstico de la demanda.
- Demoras en la colocación de pedidos al proveedor.
- Tiempos de entrega largos por parte de la empresa proveedora/productora.
- Anticipos en colocación de pedidos (compra contra alza).
- Errores en los pedidos y órdenes de compra.
- Productos defectuosos.
- Responsabilidad de la no calidad.
- Inmovilización de capital de trabajo.
- Incrementan los costos de mantenimiento.

Costos de almacenamiento

Está constituido por los costos incurridos en el alquiler y/o compra de los espacios físicos requeridos para el manejo, custodia y almacenamiento de la mercancía en tránsito hacia los clientes finales.

Es importante diferenciar entre los costos de tener un espacio para almacenar y tener la custodia de un inventario. Se debe tener mucho cuidado con la exactitud y conservación del inventario, evitando su ruptura, pérdida y obsolescencia por la no rotación oportuna hacia su destino final.

Existe en las operaciones de almacenamiento y despacho los costos ocultos, los cuales no se tienen en cuenta en los estados financieros y algunos no se pueden cuantificar debido a su naturaleza, pero repercuten negativamente en la reputación e imagen de la empresa ante los clientes internos y externos.

Dentro de los costos de almacenamiento tenemos:

- **Personal directo:** Todas aquellas personas que trabajan en el centro de distribución, a las cuales se les debe tener en cuenta el salario básico, prestaciones y dotaciones.
- **Servicios:** Para poder generar este costo es necesario tener en cuenta los metros cuadrados del área, el número de personas que laboran en ella, para así poder dar una ponderación de acuerdo con estos ítems.
- **Teléfono:** Para calcular este costo es necesario tener en cuenta todas las llamadas realizadas desde esta área incluyendo teléfonos móviles y servicio de internet.
- **Alquiler:** Este apartado es de suma importancia para calcular el costo de almacenamiento. Incluso si los locales son propios, el cálculo de esta actividad se cuantifica de acuerdo con el costo del alquiler por metro cuadrado en la zona donde se ubica el almacén.
- **Suministro:** Para cuantificar este apartado es indispensable tener en cuenta el número de personas que trabajan en esta área, para así poder realizar una cuantificación de los suministros de aseo y cafetería que son consumidos en esta. También es necesario tener en cuenta la cantidad de elementos de iluminación utilizados.
- **Papelería:** todos los implementos como papelería, lapiceros, tintas, rotuladores, subrayadores y otros elementos utilizados en esta área.
- **Mantenimiento:** Hay tres tipos de mantenimientos:
  - » **Mantenimiento de instalaciones:** Todas aquellas operaciones de mantenimiento realizados, como pintura y los diferentes arreglos realizados las instalaciones.

>> **Equipos informáticos:** Todas las reparaciones, mantenimientos y soporte técnico que se le realiza a los equipos del área.

>> **Equipos mecánicos:** Todas las reparaciones, mantenimientos de los diferentes equipos utilizados en el área del centro de distribución como carretillas elevadoras, transpaletas, ascensor, carretas.

- **Seguros:** Del valor total asegurado contra siniestros o pérdidas locativas a esta área se le atribuye un costo de acuerdo con los metros cuadrados que ocupa dentro de toda la instalación, los seguros de las mercancías siempre y cuando sean las que se encuentran dentro del centro de distribución se le carga a este su valor.

- **Vigilancia:** Del valor total de la vigilancia a esta área se le atribuye un costo de acuerdo con los metros cuadrados que ocupa dentro de toda la instalación.

- **Depreciación:** Para el edificio se debe distribuir de acuerdo con los metros cuadrados que ocupa el área de ubicación del centro de distribución, para los equipos informáticos y mecánicos y para las estanterías se le asigna el costo de cada uno de estos equipos que son utilizados en el centro de distribución.

- **Compra de equipos:** Todas aquellas compras de equipos informáticos y mecánicos o partes que se realizan para el área de compras.

- **Otros:** En esta actividad se registran todos los gastos que se realicen en el área y no hayan sido tenidos en cuenta como las capacitaciones.

Dentro de los indicadores de gestión de costos más utilizados para el seguimiento de la operación logística de los centros de distribución y almacenes se relacionan los siguientes:

Tabla 14. Indicadores de gestión de costos para centros de distribución y almacenes.

	Costo de operación	Costo de funcionario/ Valor vendido
Almacenaje	Costo unidad almacenada	Costo almacenes / Unidades inventario
	Costo unidad despachada	Costo almacenes / Unidades despachadas

Costos de transporte y distribución

Es una de las actividades más importantes y que se constituye en el más representativo de los costos logísticos, ya que implica la inversión o el alquiler de vehículos para la distribución de las mercancías.

La mayoría de las empresas tienen el dilema de tener su propia flota de transporte o contratarla. Cualquiera de las dos opciones es costosa y su elección depende de las características de la mercancía a transportar y de los sitios de entrega.

Los costos de distribución suelen ser cuantiosos para las empresas. Muchas firmas se ven imposibilitadas de poder competir fuera de su zona de fabricación por el incremento que supondría en los costos de distribución.

La reducción de intermediarios y costos de distribución de las empresas son aspectos decisivos dentro del mercado actual.

El costo de funcionamiento de un vehículo depende de diversos factores, que se pueden agrupar en dos tipos: *Costos fijos* (en los que se incurre independientemente de que el vehículo esté en ruta o no) y *costos variables* (en los que se incurre solo cuando el vehículo está en ruta).

Costos fijos

- **Horas extras.** Si se trabajan horas extras, su pago puede variar en función de las horas trabajadas o bien consolidarse en los salarios.

- **Seguro de vehículos.** Se debe tener asegurado cada vehículo de la flota.

- **Licencias.** Las licencias de transporte representan un costo fijo.

- **Alquileres y tarifas.** Los costos de los aparcamientos y mantenimiento de los vehículos pueden representar una proporción importante de los costos fijos.

- **Gastos generales.** En este punto se debe incluir la administración de los aparcamientos y mantenimiento. Incluye el pago del personal directivo, de los administrativos, de los encargados de programar las cargas, etc.

- **Intereses.** Los intereses pueden ser reales o estar constituidos por costos de oportunidad del capital invertido en los vehículos, ya que si no se hubiesen comprado los vehículos se podría haber invertido la misma cantidad en otras actividades rentables. Depende de la marca, modelo y año de fabricación del vehículo y también de su forma de adquisición.

- **Amortización.** La amortización tiene un componente fijo y otro variable, ya que depende de la antigüedad y de la utilización del vehículo. Sin embargo, como se utiliza una amortización financiera en la mayoría de los vehículos, este costo se debe incluir entre los fijos. Además de los vehículos, se deben amortizar los equipos de los aparcamientos e instalaciones de mantenimiento si tienen vida limitada.

- **Administración.** Se refiere a todo el soporte humano administrativo y de sistemas de información que hacen posible la gerencia y control de todas las actividades de la cadena logística.

- **Mantenimiento.** En el mantenimiento también existen costos fijos variables. Algunas acciones de mantenimiento se realizan periódicamente y otras son función de los kilómetros recorridos. Las instalaciones de mantenimiento, cuando este es realizado por la empresa, deben considerarse dentro de los costos fijos.

El interés, sea el que se paga realmente o el derivado del costo de oportunidad del capital invertido, representa una cantidad que se puede estimar entre el 20% y el 30% de todos los costos fijos. Cuanto mayor y más caro es el vehículo, mayor será este interés.

Costos variables

- **Combustible.** El consumo de combustible depende directamente de los kilómetros recorridos y está influenciado por la antigüedad del vehículo y la eficiencia del motor. El consumo de combustible depende, en alguna medida, de la antigüedad de la flota, ya que los vehículos más modernos tienen un menor consumo que los más antiguos.

- **Aceite.** El aceite es un artículo consumible que se puede relacionar con el kilometraje a través de la frecuencia de su cambio.

- **Neumáticos.** El desgaste de los neumáticos depende de su calidad y de la forma de conducción. Su consumo se estima con base en el kilometraje recorrido y a la experiencia previa.

- **Mantenimiento.** Algunos elementos del mantenimiento representan costos variables. Estos pueden asignar al vehículo que los ha generado y son la base para tomar decisiones individuales de renovación de vehículos.

El mantenimiento y la amortización representan entre el 40% y el 60% de los costos variables y dependen directamente de la política de renovación elegida. El sistema de control de costos podría basarse en la hoja del vehículo. De esta forma se puede asignar a cada vehículo los ingresos y los costos generados por el mismo. Este método se puede utilizar individualmente para llevar el registro de un vehículo y también combinarlo con otros sistemas de registro de costos administrativos y de costos generales. De esta forma se puede llegar a un sistema contable completo.

Una vez se ha conseguido un sistema correcto de contabilidad, se pueden obtener diversas estadísticas:

- Consumo de combustible (básico para el control de los costos de operación).
- Costo por tonelada.
- Costo por kilómetro.

Además de los costos mencionados existen costos de capital y gastos generales. Todos ellos conforman los costos totales de transporte.

Gráfica 66. **Costos del transporte de carga.**

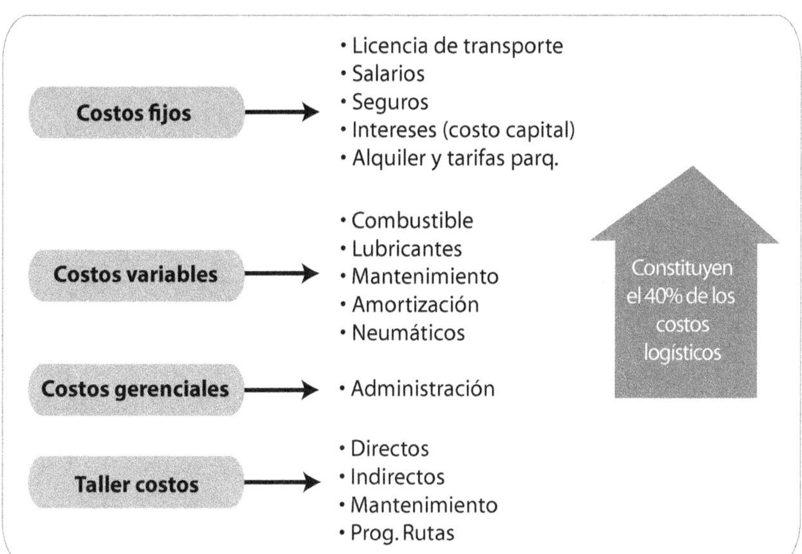

Por diferentes motivos, tanto las empresas con flota propia como las transportistas contratadas se interesan en conseguir que las actividades de transporte originen los mínimos costos. Los costos de transporte tienden a incrementarse, reflejando los cambios que se suceden en la industria, en la economía y, especialmente, en los precios de los combustibles.

Gráfica 67. **Cálculo tamaño flota transporte.**

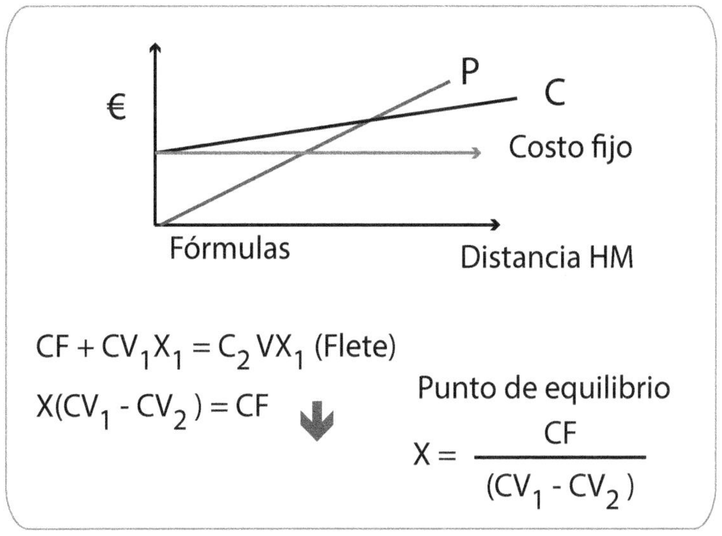

$$CF + CV_1 X_1 = C_2 V X_1 \text{ (Flete)}$$

$$X(CV_1 - CV_2) = CF$$

Punto de equilibrio

$$X = \frac{CF}{(CV_1 - CV_2)}$$

Tabla 15. **Costos fijos de transporte.**

Camión propio	• Mantenimiento • Repuestos • Depreciación • Gasolina	• Peajes • Impuestos • Seguros
Pago a terceros	• Servicios administrativos y de coordinación.	
Personal conductor	• Salario básico • Prestaciones • Viáticos • Dotación	

Tabla 16. **Costos operativos del transporte de carga.**

Vehículo tipo tractocamión	
Concepto	Porcentaje
Salarios, prestaciones y comisiones	13,78
Combustible	19,29
Llantas y neumáticos	17,89
Lubricantes	4,89
Mantenimiento y reparación	20,96
Peajes	7,77
Impuestos al vehículo	1,27
Seguros	9,29
Retención en la fuente	1,15
Garajes	1,56
Otros	1,96
Total costos operativos	100

Dentro de los indicadores de gestión de costos más utilizados para el seguimiento de la operación logística de transporte y distribución se relacionan los siguientes:

Tabla 17. **Indicadores de gestión de costos de transporte**

Transporte	Costo de transporte	Valor de flota propia y fletes/valor vendido
	Costo unidad transportada	Costo transportes/unidades transportadas

Se puede obtener una gran cantidad de información mediante el análisis de los datos de costo, esta puede reportar beneficios valiosos para el funcionamiento de la empresa. Sin embargo, el análisis solo será válido en el momento en el que se pueda utilizar la información generada.

En una gran empresa de transporte se debe desarrollar muy bien el sistema de contabilidad. Existen muchos sistemas informáticos, diseñados internamente en las empresas de transporte o comerciales, para analizar los sistemas de transporte. No debe olvidarse que el objeto último de estos sistemas consiste en analizar el buen funcionamiento de la empresa.

Costos de logística internacional

Gráfica 68. **Participación de la logística internacional en el comercio mundial.**

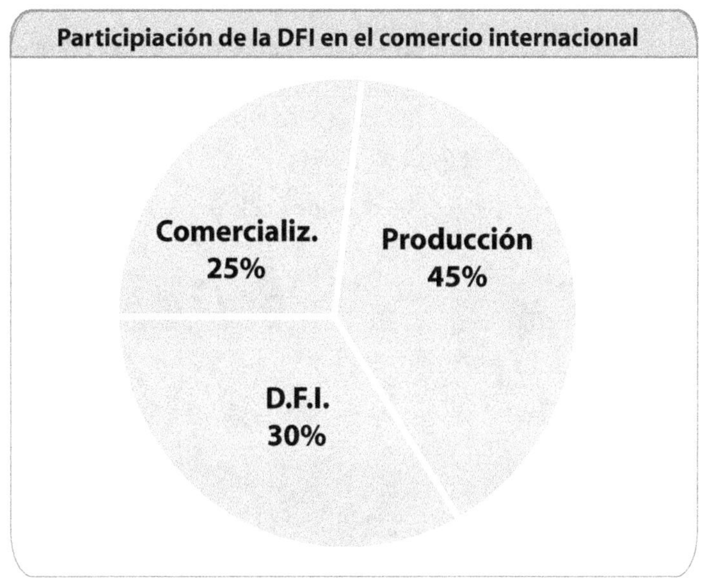

Gráfica 69. **Parámetros Básicos del DFI.**

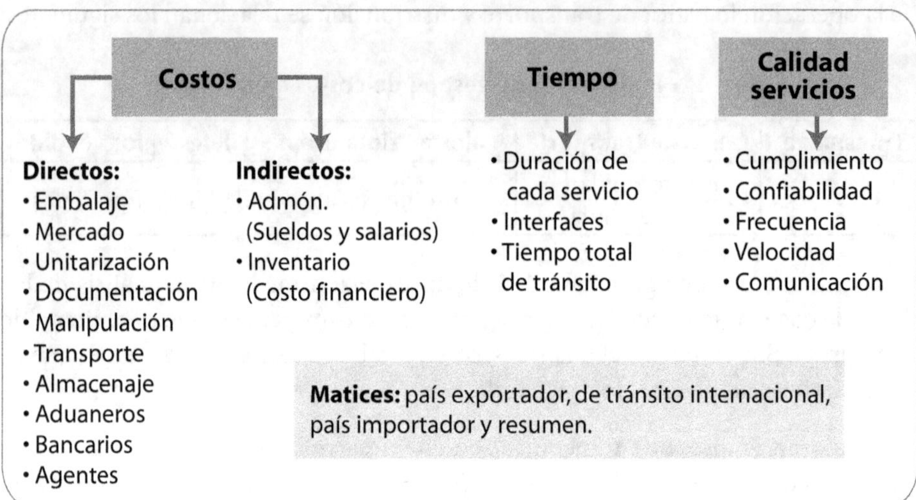

3.1.3 Costos ocultos y de devolución

Existen actividades logísticas que no aparecen en los extractos financieros de las empresas y que influyen sobre los costos de las operaciones, debido a las siguientes variables:

Costos ocultos

Estos costos se ocultan dentro de varias cuentas. Es muy importante poder identificar y calcular estos conceptos, con el fin de optimizar los recursos y corregir errores en la operación logística y que van en detrimento de la calidad del servicio y los costos de funcionamiento de la empresa.

Gráfica 70. **Costos ocultos.**

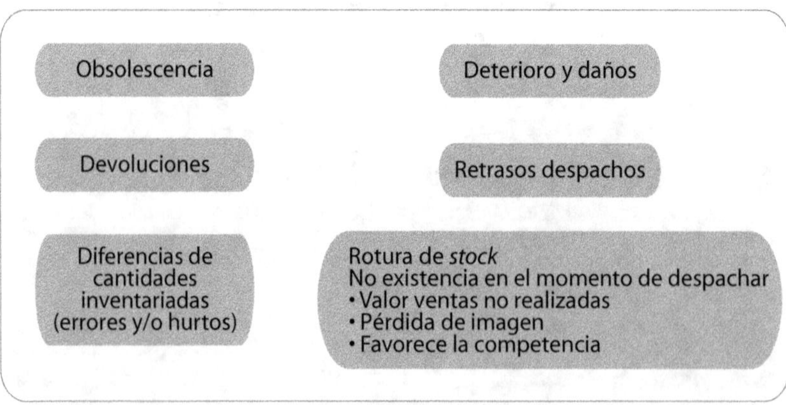

Costos de devolución

- ***Costos de retransporte.*** Es el costo en el que incurre la empresa al tener que devolver los repuestos que por algún motivo habían sido enviados a otras sucursales por simple especulación.

- ***Costos de realmacenamiento.*** Es el costo en el que incurre al tener que volver a almacenar un producto que tuvo que ser reenviado al centro de distribución como mano de obra o papelería.

- ***Costos de reempaque.*** Costos de los materiales utilizados en el reempaque de los artículos que han sido devueltos al centro de distribución.

- ***Costos de manejo.*** Son los costos que se presentan al tener que volver a manipular los productos como mano de obra, las averías por manipulación.

- ***Costos administrativos.*** Todos aquellos costos generados por reingresos al sistema (mano de obra), papelería.

Tabla 18. **Resumen de costos de devolución.**

Costos de retransporte	• Transporte de regreso • Gasolina • Peajes • Viáticos • Pagos a terceros • Papelería
Costos de realmacenamiento	• Personal (tiempo) • Papelería
Costo de reempaque	• Personal (tiempo) • Materiales (palés, cajas)
Costo de manejo	• Personal (tiempo) • Averías por manipulación
Costos administrativos	• Personal (tiempo) • Papelería

Dentro de los indicadores de gestión de costos más utilizados para el seguimiento de la operación logística de devoluciones se relacionan los siguientes:

Tabla 19. **Indicadores de gestión de costos de devoluciones.**

Devolución	Costo devoluciones y averias entregas	Valor de los rechazos y daños/valor vendido
	Costo unidad devuelta	Costo transportes/ unidades de vueltas

3.2 Costos ABC en la gestión logística

El modelo de costos tradicionalmente aplicado a las empresas en los últimos tiempos ha perdido validez, ya que la eficiencia productiva no se remite únicamente a la maximización de la producción y a la minimización de los costos.

El mundo, la sociedad, las organizaciones, los individuos y el entorno tienden a cambiar rápidamente, es por ello que todas las cosas que rodean estos sistemas tienen que acoplarse al ritmo de sustitución de las normas que rigen el nuevo orden social, productivo y empresarial.

El modelo de cálculo de los costos para las empresas es de suma importancia, ya que estos son los que determinan la viabilidad del negocio, los que determinan mayoritariamente el grado de productividad y eficacia en la utilización de los recursos. Por eso un modelo de costos no puede basarse solamente en asignar los costos sobre un factor determinado, que para el orden empresarial puede ser insignificante o poco representativo respecto a lo que en realidad simboliza.

Básicamente el ABC está asociado a productos o servicios que se obtienen como consecuencia de actividades sucesivas que exigen del consumo de recursos o factores humanos, técnicos y financieros. De lo que se deriva que los costos que soporta una empresa son el resultado de la realización de determinadas actividades, las cuales, a su vez, son consecuencia de la obtención de productos o servicios que vende la empresa.

A continuación, se presentará una explicación clara del fundamento y los componentes del sistema de costos basado en las actividades (*Activity Based Costing*):

A = Activity B = Based C = Costing

Las actividades son todo el conjunto de labores y tareas elementales cuya realización determina los productos finales de la producción.

3.2.1 El ABC de los costos

Las empresas no pueden seguir realizando tareas que no le generen valor, deben eliminarse todas aquellas que entorpezcan el desempeño eficaz de los factores productivos, porque este valor es lo que le da el posicionamiento privilegiado o menospreciado que se tenga en el mercado, medido esto por la calidad de sus productos, la eficacia de los servicios, los precios bajos, crédito remanente, etc. El modelo de costos debe aplicarse a la formación de la cadena de valor de la empresa, distribuyendo los costos de la manera menos arbitraria posible.

El sistema de costos basado en las actividades pretende establecer el conjunto de acciones que tienen por objetivo la creación de valor empresarial, por medio del consumo de recursos alternativos que encuentren en esta conexión su relación causal de imputación.

La contabilidad de costos por actividades plantea no solo un modelo de cálculo de costos por actividades empresariales, siendo el cálculo de los productos un subproducto material, pero no principal, de este enfoque, sino que constituye un instrumento fundamental del análisis y reflexión estratégica tanto de la organización empresarial como del lanzamiento y explotación de nuevos productos. Por esto, su campo de actuación se extiende desde la concepción y diseño de cada producto hasta su explotación definitiva.

Fases para implementar el ABC

El modelo de costeo ABC es un modelo que se basa en la agrupación en centros de costos que conforman una secuencia de valor de los productos y servicios de la actividad productiva de la empresa. Centra sus esfuerzos en el razonamiento de gerenciar en forma adecuada las actividades que causan costos y que se relacionan a través de su consumo con el costo de los productos. Lo más importante es conocer la generación de los costos para obtener el mayor beneficio posible de ellos, minimizando todos los factores que no añaden valor.

Las actividades se relacionan en conjuntos que forman el total de los procesos productivos, los que son ordenados de forma secuencial y simultánea, para así obtener los diferentes estados de costo que se acumulan en la producción y el valor que agregan a cada proceso.

Los procesos se definen como "Toda la organización racional de instalaciones, maquinaria, mano de obra, materia prima, energía y procedimientos para conseguir el resultado final". En los estudios que se hacen sobre el ABC se separan o se describen las actividades y los procesos, a continuación, se relacionan las más comunes:

- Actividades, homologar productos, negociar precios.
- Clasificar proveedores, recibir materiales.
- Planificar la producción, expedir pedidos, facturar.
- Cobrar, diseñar nuevos productos, procesos.
- Compras, ventas, finanzas, personal, planificación.
- Investigación y desarrollo, etc.

Las actividades y los procesos para ser operativos desde el punto de vista de eficiencia necesitan ser homogéneos para medirlos en funciones operativas de los productos.

El sistema ABC permite la determinación del costo del servicio o producto a través de un proceso que consta como regla general de las siguientes etapas:

- Los costos directos se asignan directamente a los productos o servicios.
- Dividir la empresa en secciones o áreas de responsabilidad.
- Decidir los criterios a utilizar para cargar los costos indirectos en las secciones o áreas de responsabilidad.
- Repartir los costos indirectos por secciones o áreas de responsabilidad según los criterios seleccionados.
- Definir por cada área de responsabilidad las actividades que se utilizarán en el sistema, además de determinar cuáles son las actividades principales y cuáles las auxiliares.
- Localizar los costos de las secciones en agrupaciones de costos correspondientes a las actividades.
- Cargar los costos de las actividades auxiliares a las actividades principales.
- Seleccionar los inductores de costos de las actividades principales.
- Calcular el costo por inductor.
- Imputar los costos de las actividades principales a los productos u otros objetivos de costos a través de los inductores de costos de segundo nivel.

Identificación de actividades

En el proceso de identificación dentro del Modelo ABC se debe, en primer lugar, ubicar las actividades de forma adecuada en los procesos productivos que agregan valor, para que en el momento que se inicien operaciones, la organización tenga la capacidad de responder con eficiencia y eficacia a las exigencias que el mercado le imponga. Después de que se hayan especificado las actividades en la empresa y se agrupen en los procesos adecuados, es necesario establecer las unidades de trabajo, los transmisores de costos y la relación de transformación de los factores para medir con ello la productividad de los *inputs* y para transmitir racionalmente el costo de los *inputs* sobre el costo de los *outputs*.

Un estudio de la secuencia de actividades y procesos, unido a sus costos asociados, podrá ofrecer a las directivas de la organización una visión de los puntos clave de la cadena de valor, así como la información relativa para realizar una mejora continua que puede aplicarse en el proceso creador de valor. Al conocer los factores causales que accionan las actividades, es fácil aplicar los inductores de eficiencia (*Perfomance drivers*) que son aquellos factores que influyen decisivamente en el perfeccionamiento de algún atributo de eficiencia de la actividad cuyo afinamiento contribuirá a completar la armonía de la combinación productiva. Estos inductores suelen enfocarse hacia la mejora de la calidad o características de los procesos y productos, a conseguir reducir los plazos, a mejorar el camino clave de las actividades centrales y a reducir costos.

Por último, es necesario establecer un sistema de indicadores de control que muestren continuamente cómo va el funcionamiento de las actividades y procesos y el progreso de los inductores de eficiencia. Este control consiste en la comparación del estado real de la acción frente al objetivo propuesto, estableciendo los correctores adecuados para llevarlos a la cadena de valor propuesta.

El sistema de costeo ABC está basado en dos etapas, la primera carga costos generales a *pools* de costos basados en la actividad y la segunda utiliza una serie de ratios basados en los *cost drivers* para asignar los costos de los *pools* a las líneas de productos.

Instrumentación del ABC

Al tener identificadas y establecidas las actividades, los procesos y los factores que miden la transformación de los factores, es necesario aplicar al modelo una fase operativa de costos, pues, es sabido que toda actividad y proceso consume un costo, del mismo modo que los productos y servicios consumen una actividad. En este modelo los costos afectan directamente la materia prima y la mano de obra frente a los productos finales, distribuyendo entre las actividades el resto, ya que por una parte se consumen recursos y por otras son utilizadas para obtener los *outputs*.

Como las actividades cuentan con una relación directa con los productos, a partir del sistema de costos basado en las actividades se logran transformar los costos indirectos respecto a los productos en costos directos respecto de las actividades. Esto conlleva a una forma más eficaz de la transformación del costo de los factores en el costo de los productos y servicios.

Después de realizar los anteriores pasos, se deben agrupar los costos de las actividades de acuerdo a su nivel de causalidad para la obtención de los productos y servicios en:

- Actividades a nivel interno del producto (*unit level*).
- Actividades relacionadas con los pedidos de producción (*batch level*).
- Actividades relacionadas con el mantenimiento del producto (*product level*).
- Actividades relacionadas con el mantenimiento de la producción (*product sustaining*).
- Actividades relacionadas con la investigación y desarrollo (*Facility level*).
- Actividades encaminadas al proceso continuo de apoyo al cliente (*customers level*).

Asignación de los costos

En un sistema de costeo ABC se asigna primero el costo a las actividades y luego a los productos, llegando a una mayor precisión en la imputación.

Etapas para la asignación

- **Primera etapa.** En esta etapa, los costos se clasifican en un conjunto de costos generales o *pool* para los cuales las variaciones pueden explicarse mediante un solo *cost driver*.

- **Segunda etapa.** En esta etapa, el costo por unidad de cada *pool* es asignado a los productos. Se hace utilizando el ratio de *pool* calculado en la primera etapa y la medida del montante de recursos consumidos por cada producto. El cálculo de los costos asignados desde cada *pool* de costo a cada producto es:

$$\text{Costos generales aplicados} = \text{Ratios de } pool * \text{Unidades utilizadas de } costdriver$$

El total de costos generales asignados de esta forma se divide por el número de unidades producidas. El resultado es el costo unitario de costos generales de producción. Añadiendo este el costo unitario por materiales y por mano de obra directa, se obtiene el costo unitario de producción.

Factores de asignación

Los factores de asignación están relacionados con las etapas frente a su diseño y operatividad de forma directa. Estos factores son la elección de *pools* de costos, la selección de medios de distribución de los costos generales a los *pools* de costos y la elección de un *cost driver* para cada *pool* de costo. Estos factores representan el mecanismo básico de un sistema ABC.

Finalidad del Modelo ABC

Los estudiosos de este sistema tienen variadas teorías sobre la finalidad del modelo, dentro de las más utilitarias se pueden extractar:

- Producir información útil para establecer el costo por producto.
- Obtención de información sobre los costos por líneas de producción.
- Análisis *ex-post* de la rentabilidad.
- Utilizar la información obtenida para establecer políticas de toma de decisiones de la dirección.
- Producir información que ayude en la gestión de los procesos productivos.
- Instauración un sistema de costeo ABC en la empresa.

Beneficios del Modelo ABC

- Facilita el costeo justo por línea de producción, particularmente donde son significativos los costos generales no relacionados con el volumen.
- Analiza otros objetos del costo además de los productos.
- Indica inequívocamente los costos variables a largo plazo del producto.
- Produce medidas financieras y no financieras que sirven para la gestión de costos y para la evaluación del rendimiento operacional.
- Ayuda a la identificación y comportamiento de costos y de esta forma tiene el potencial para mejorar la estimación de costos.

Limitaciones del Modelo ABC

- Existe poca evidencia que su implementación mejore la rentabilidad corporativa.
- No se conocen consecuencias en cuanto al comportamiento humano y organizacional.
- La información obtenida es histórica.
- La selección de *cost drivers* y costos comunes a varias actividades no se encuentran satisfactoriamente resueltos.
- El ABC no es un sistema de finalidad genérica cuyos *outputs* son adecuados sin juicios cualitativos.
- En las áreas de control y medida, sus implicaciones todavía son inciertas.

Consideraciones finales

- Un sistema basado en las actividades puede facilitar un marco más claro y conveniente para obtener una relación mucho más precisa causa-efecto entre las bases de absorción y los costos. Estas diferencias pueden ser sustantivas, de forma que, en muchos casos, la implantación del ABC puede proporcionar unos costos por líneas de productos sensiblemente diferentes que los mostrados por un sistema de costo tradicional.
- Puede decirse que el método de las actividades determina una innovación en cuanto a la precisión y la flexibilidad con que se puede llevar a cabo el análisis de costos.
- Se delimita la idea de precisión no por el nivel de detalle, sino por la calidad de la representación del funcionamiento de la empresa y la consiguiente pertenencia de esta representación para la adopción de decisiones.
- Como conclusión final, se debe tener en cuenta que el sistema de costos basado en las actividades se instaura como una filosofía de gestión empresarial,

en la cual deben participar todos los individuos que conformen la empresa, desde los obreros y trabajadores de la planta, hasta los más altos directivos. Pues, al tener cubiertos todos los sectores productivos, se lleva a la empresa a conseguir ventajas competitivas y comparativas frente a las entidades que ejercen su misma actividad.

3.3 Indicadores de la gestión logística (KPI)

Un indicador es una magnitud que expresa el comportamiento o desempeño de un proceso que, al compararse con algún nivel de referencia, permite detectar desviaciones positivas o negativas. También es la conexión de dos medidas relacionadas entre sí, que muestran la proporción de la una con la otra. Todo se puede medir y por tanto todo se puede controlar, allí radica el éxito de cualquier operación. No podemos olvidar: 'lo que no se mide, no se puede administrar'.

3.3.1 Importancia de los indicadores de gestión

El adecuado uso y aplicación de los indicadores y los programas de productividad y mejora continua en los procesos logísticos de las empresas son una base de generación de ventajas competitivas sostenibles y, por ende, de su posicionamiento frente a la competencia nacional e internacional.

Los indicadores de gestión se convierten en los signos vitales de la organización y su continua monitorización permite establecer las condiciones e identificar los diversos síntomas que se derivan del desarrollo normal de las actividades.

Los indicadores logísticos son relaciones de datos numéricos y cuantitativos aplicados a la gestión logística que permiten evaluar el desempeño y el resultado en cada proceso. Incluyen los procesos de recepción, almacenamiento, inventarios, despachos, distribución, entregas, facturación y los flujos de información entre los socios de negocios. Es indispensable que toda empresa desarrolle habilidades alrededor del manejo de los indicadores de gestión logística con el fin de poder utilizar la información resultante de manera oportuna (tomar decisiones).

Para medir el desempeño de una organización en cuanto a calidad y productividad, se debe disponer de indicadores que permitan interpretar en un momento dado las fortalezas, las debilidades, las oportunidades y las amenazas. Por lo tanto, es importante clarificar y precisar las condiciones necesarias para construir aquellos realmente útiles para el mejoramiento de las organizaciones.

El trabajar con indicadores exige el disponer de todo un sistema que abarque desde la toma de datos de la ocurrencia del hecho, hasta la retroalimentación de las decisiones que permiten mejorar los procesos.

Características de los indicadores de gestión

- *Cuantificables.* Debe ser expresado en números o porcentajes y su resultado obedece a la utilización de cifras concretas.

- *Consistentes.* Un indicador siempre debe generarse utilizando la misma fórmula y la misma información para que pueda ser comparable en el tiempo.

- *Agregables.* Un indicador debe generar acciones y decisiones que redunden en la mejora de la calidad de los servicios prestados.

- *Comparables.* Deben estar diseñados tomando datos iguales con el ánimo de poder compararse con indicadores similares de industrias similares.

- *Niveles de referencia.* El acto de medir se realiza con base en la comparación y, para ello, se necesita una referencia contra la cual contrarrestar el resultado del indicador. Existen varios niveles: El histórico, el estándar, el teórico, el que requieren los usuarios, los de la competencia, los que se hacen por política, los de consenso y los planificados.

- *Responsabilidad.* Quién debe actuar de acuerdo con el comportamiento del indicador con respecto a las referencias escogidas.

- *Puntos de lectura e instrumentos.* Se debe definir quién hace y organiza las observaciones, además de definir las muestras y los instrumentos.

- *Periodicidad.* Es fundamental saber con qué frecuencia se deben hacer las lecturas: Diaria, semanal o mensualmente.

- *Sistema de información.* Debe garantizar que los datos obtenidos en las mediciones se presenten adecuadamente (agilidad y oportunidad) al momento de la toma de decisiones, para lograr realizar la realimentación rápida en las actividades.

- Pueden medir cambios en condiciones o situaciones a través del tiempo.

- Facilitan mirar de cerca los resultados de iniciativas o acciones.

- Son instrumentos importantes para evaluar y dar surgimiento al proceso de desarrollo.

- Instrumento de gestión por excelencia.

- Constituye un eficaz apoyo para la toma de decisiones.

- Se centra en el cómo, además de la producción de resultados.

- Emplea normas y patrones operativos.

- Proyecta el futuro de la organización.

- Es integrador, alinea y articula todas las áreas de la organización en pos de los objetivos planteados desde la función de planificación.

Gráfica 71. **Esquema del sistema logístico.**

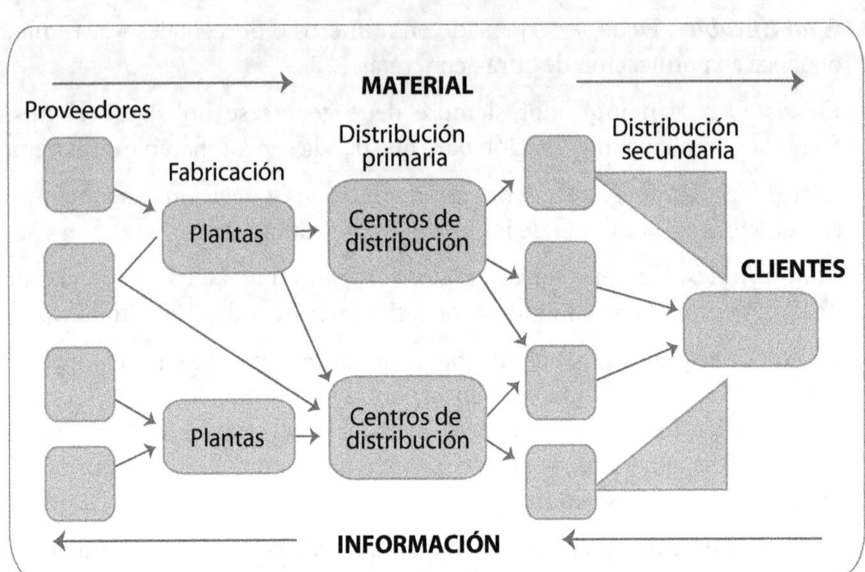

Objetivos de los indicadores de gestión

- Identificar y tomar acciones sobre los problemas operativos.
- Medir el grado de competitividad de la empresa frente a sus competidores nacionales e internacionales.
- Satisfacer las expectativas del cliente mediante la reducción del tiempo de entrega y la optimización del servicio prestado.
- Mejorar el uso de los recursos y activos asignados, para aumentar la productividad y efectividad en las diferentes actividades hacia el cliente final.
- Reducir gastos y aumentar la eficiencia operativa.
- Compararse con las empresas del sector en el ámbito local y mundial (*Benchmarking*).

Utilidad de los indicadores de gestión

- Parametrizador de la planificación de actividades logísticas.
- Medición de resultados.
- Proyección de logros.
- Identificación de mejoras internas.
- Dinamizador de los procesos logísticos de mercancías mediante la interrelación de todas sus actividades internas (armonía).

- Potencializador de la actividad comercial.
- Multiplicador de la realidad empresarial.
- Capacidad real.
- Capacidad instalada.

Principales funciones de los indicadores de gestión

- Apoya y facilita los procesos de toma de decisiones.
- Controla la evolución en el tiempo de los principales procesos y variables.
- Racionaliza el uso de la información.
- Sirve de base para la adopción de normas y patrones efectivos y útiles para la organización.
- Sirve de base para la planificación y la prospección de la organización.
- Sirve de base para el desarrollo de sistemas de remuneración e incentivos.
- Sirve de base para la comprensión de la evolución, situación actual y futuro de la organización.
- Propicia la participación de las personas en la gestión de la organización.

Atributos a tener en cuenta para la información

1. **Exactitud.** La información debe presentar la situación o el estado como realmente es.
2. **Forma.** La información puede ser: Cuantitativa, cualitativa, numérica o gráfica, impresa o visualizada, resumida y detallada. Realmente la forma debe ser elegida según la situación, necesidades, habilidades de quien la recibe y la procesa.
3. **Frecuencia.** Medida de cuán a menudo se requiere, se produce o se analiza.
4. **Extensión.** Es el alcance en términos de cobertura del área de interés.
5. **Origen.** Puede originarse dentro o fuera de la organización. Lo fundamental es que la fuente que la genera sea la fuente correcta.
6. **Temporalidad**. La información puede hablarnos del pasado, de los sucesos actuales o de las actividades o sucesos futuros.
7. **Relevancia.** La información es relevante si es necesaria para una situación particular.
8. **Integridad.** Una información completa proporciona al usuario el panorama integral de lo que necesita saber acerca de una situación determinada.
9. **Oportunidad.** La información debe estar disponible y actualizada cuando se necesita.

3.3.2 *Matriz logística de los indicadores de gestión* (Tabla de control)

A continuación, detallaremos los indicadores idóneos para lograr absoluto control y mejora de los procesos logísticos de una compañía:

Se construye una tabla de procesos logísticos claves de desempeño y se les asignan los indicadores de gestión más enfocados y relevantes de su operación logística. Estos son clasificados por el tipo de indicador que se desea medir, no solo para tomar correctivos a nivel interno, sino para compararse con las mejores prácticas de cada sector para conocer la brecha logística que existe en su mercado competitivo y así tomar medidas correctivas de mejora continua.

Gráfica 72. **Costos logísticos en los estados contables.**

Ingresos
Costos productos vendidos
   - Compras
   - Producción
Gastos de ventas y administración
    - Procesamiento de pedidos
    - Transporte
    - Almacenaje
    - Inventarios
    - Embalajes
    - Otros
Margen operacional
Gastos financieros

= Beneficio neto
Ingresos - costos logísticos = beneficio atribuible a la logística

(Llave vertical con etiqueta "Costos logísticos" abarcando desde Procesamiento de pedidos hasta Otros)

Tabla 20. **¿Cómo medir el desempeño logístico?**

Procesos Vs. Indicadores	Costo	Productividad	Calidad	Tiempo
Servicio al cliente y procesamiento de pedidos				
Planificación y gestión de inventarios				
Suministros (compras y manufacturas)				
Transporte y distribución				
Almacenamiento				
Logística total				

3.3.3 Clasificación de los indicadores de gestión

Una organización debe contar con un número mínimo posible de indicadores que garanticen contar con información constante, real y precisa, sobre aspectos como: efectividad, eficiencia, eficacia, productividad, calidad, ejecución presupuestal e incidencia de la gestión. Todos estos constituyen el conjunto de signos vitales de la organización.

Indicadores financieros y operativos

Miden el costo total de la operación logística, es decir, el valor monetario de servir a los clientes y planificar, administrar, adquirir, distribuir y almacenar el inventario destinado a estos.

Es importante para la empresa poder controlar las actividades asociadas a su operación logística, teniendo claro conocimiento y visibilidad del comportamiento de los costos de ejecución de estas, relacionados a los niveles de eficiencia generados por los procesos logísticos. Todo esto con el fin de encontrar puntos clave que permitan optimizar los costos a través de la cadena de abastecimiento, para incrementar la competitividad de la empresa en función de ser más rentable en su operación sin perder mercado.

Estos indicadores se clasifican en costos operacionales y costos de capital:

1. **Costos de capital.** Miden el costo de oportunidad de la empresa de tener recursos financieros atados a activos de logística. Estos son: Infraestructura física, flota de transporte, equipos de comunicaciones, y manejo de materiales (transpaletas, terminales de radio frecuencia, etc.). Este indicador se calcula como:

    Costos de Capital = valor total de los activos de logística * tasa de capitalización de los activos

2. **Costos operativos.** Miden los costos asociados a la ejecución y desempeño de las actividades inherentes a los procesos logísticos y productivos. Estos pueden ser:

    » Costo del almacén por metro cuadrado.

    » Costo de despacho por unidad.

    » Costo operativo de almacén por empleado.

    » Costo de transporte por camión.

    » Costo de transporte por conductor.

    » Costo de transporte por unidad transportada.

Indicadores de tiempo

A través de estos indicadores se conoce y controla la duración de la ejecución de los procesos logísticos de la empresa, es decir, el tiempo que toma llevar a cabo una determinada actividad o proceso. Por ejemplo: el tiempo que toma descargar o cargar un camión, el tiempo que toma la recepción de mercancía en el centro de distribución, etc.

Los indicadores de tiempo muestran a la empresa las fluctuaciones que se generan de un período a otro durante la ejecución de sus procesos, lo cual, brinda herramientas de respuesta inmediata a cambios drásticos o paulatinos en su nivel de servicio. Todo esto a través del control de su evolución y el impacto que causa en este los cambios o las mejoras hechas a los procesos de abastecimiento y distribución. Algunos de estos indicadores son:

1. **Ciclo total de un pedido.** Tiempo transcurrido desde el momento que un cliente pone el pedido hasta que el producto está entregado y facturado y en algunos casos, *cobrado.*

2. **Ciclo de la orden de compra.** Indicador para los controlar los tiempos de respuesta y entrega de los proveedores.

3. **Ciclo de un pedido en almacén.** Tiempo que transcurre durante la gestión del pedido desde que es hecho el requerimiento en el almacén hasta que es despachado al cliente final.

4. **Tiempo de tránsito.** Lapso de tiempo que transcurre durante el transporte de mercancías.

5. **Horizonte del pronóstico de inventarios.** Período de tiempo y frecuencia de los estimados de la demanda.

Indicadores de calidad

Muestran la eficiencia con la cual se realizan las actividades inherentes al proceso logístico, es decir, el nivel de perfección del proceso en lo que tiene que ver a la gestión de los pedidos, la manutención de las mercancías, los procesos de *picking* y *packing*, el transporte, etc.

Estos reflejan las deficiencias en los procedimientos de ejecución del proceso logístico, por lo cual es importante para la empresa, pues la eficiencia en sus procesos determina la eficiencia en costos y nivel de servicio. Estos dos factores son vitales para la competitividad en mercados altamente cambiantes y competidos en un ámbito internacional.

Dentro de estos indicadores se destacan dos grandes grupos:

Porcentaje de pedidos perfectos:

1. % de pedidos entrados correctamente.
2. % de pedidos completos con cantidades exactas.
3. % de pedidos recogidos con cantidades exactas.
4. % de pedidos empacados de acuerdo con cliente.
5. % de pedidos enviados sin daños o averías.
6. % de pedidos despachados a tiempo y al lugar indicado.
7. % de pedidos documentados perfectamente.

Porcentaje de averías:

1. % de mermas de la mercancía.
2. % de averías en el empaque.
3. % de averías ocasionadas en el transporte.

Indicadores de productividad

Reflejan la capacidad de la función logística de utilizar eficientemente los recursos asignados, es decir, mano de obra, capital representado en inversiones de inventarios, vehículos, sistemas de información y comunicaciones, espacios de almacenamiento, etc.

El objetivo general de los recursos de logística es generar ventas, es decir, llegar a los mercados eficientemente optimizando los costos y mejorando márgenes de rentabilidad.

Como ejemplo de estos indicadores se presentan los siguientes:

- Número de cajas movidas por persona.
- Número de pedidos despachados.
- Número de órdenes recepcionadas.
- Número de unidades almacenadas por metro cuadrado.
- Capacidad de almacenamiento en cargas apiladas.

3.3.4 Distribución de indicadores de gestión por ingeniería

Uno de los factores determinantes para que todo proceso, sea logístico o de producción, se lleve a cabo con éxito, es *implementar un sistema adecuado de indicadores para medir la gestión de los mismos.* Esto se hace con el fin de que se puedan implementar indicadores en posiciones estratégicas que reflejen un resultado óptimo a mediano y largo plazo, mediante un buen sistema de información que permita medir las diferentes etapas del proceso logístico.

Actualmente, nuestras empresas tienen grandes vacíos en la medición del desempeño de las actividades logísticas de abastecimiento y distribución a nivel interno (procesos) y externo (satisfacción del cliente final). Sin duda, lo anterior constituye una barrera para la alta gerencia en la identificación de los principales problemas y cuellos de botella que se presentan en la cadena logística y que perjudican ostensiblemente la competitividad de las empresas en los mercados y la pérdida paulatina de sus clientes.

Gráfica 73. **Clases de indicadores de gestión.**

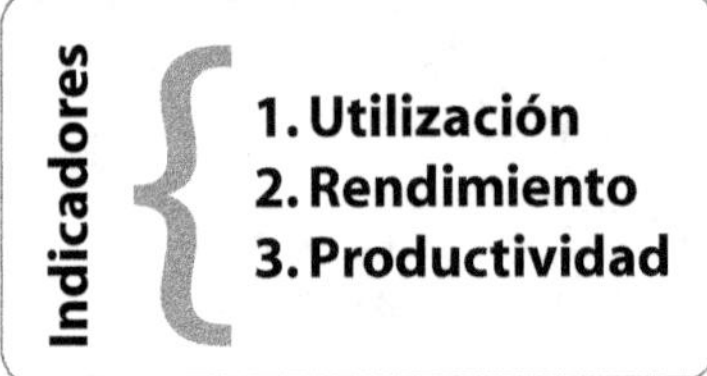

3.3.5 Benchmarking en la gestión logística

Generalidades

En el marco actual de competitividad, las empresas ya no compiten con otras de la misma región o del mismo país. Ahora, estas se deben preocupar por competidores internacionales que emplean las mejores prácticas en logística y se diferencian de otros del medio por los altos estándares de calidad y cumplimiento en los procesos de aprovisionamiento y distribución de mercancías. Todo esto soportado en sistemas de información complejos y dinámicos que les permiten estar a la vanguardia de su mercado.

Por ello, busca principalmente la comparación de la eficiencia y productividad de los procesos logísticos de las organizaciones, como una manera clara de encontrar eslabones débiles en la cadena de valor de las mismas.

El *benchmarking* es un método de la continua evaluación del proceso del negocio de las empresas que sobresalen en la industria con el objetivo de aplicar ese conocimiento a la organización de uno.

Marco conceptual

El éxito de la rápida respuesta en el comercio detallista ha cobrado gran interés en la logística de las empresas de distribución de mercancía, como una forma de obtener los mismos niveles de servicio y eficiencia que gozan los canales de distribución de las grandes empresas (detallistas). Basándose en esta visión, surge la comprensión del nivel de servicio de hoy convirtiéndose en una parte importante de lo que es el *benchmarking* en las prácticas logísticas.

Objetivos buscados con el *benchmarking*

Sin duda alguna las empresas modernas deben basarse en las 'mejores prácticas en logística' que se llevan a cabo en el mundo, lo cual lleva a la organización a pensar alcanzar los siguientes objetivos como resultado de una implementación de *benchmarking*:

- Controlar las condiciones para ofrecer y mantener la calidad del servicio como punto clave en la generación de valor a través de la cadena de suministro.

- Reorganizar sus procesos de manera que le permita diseñar estrategias de competitividad global capaces de responder a la fluctuación de la demanda.

- Identificar los más altos estándares de excelencia para productos, servicios y procesos logísticos y realizar las mejoras pertinentes a los procesos propios. Solo así se logra alinearse con las 'mejores prácticas en logística' de su sector.

- Diseñar e implementar planes de mejora que lleven la logística de la organización a un plano de ejecución de 'clase mundial'.

Categorías del *benchmarking*

Dentro del *benchmarking* podemos destacar cuatro niveles de implementación:

1. *Benchmarking* interno
2. *Benchmarking* competitivo
3. *Benchmarking* funcional
4. *Benchmarking* genérico

Puntos claves del *benchmarking*

Para una correcta y exitosa implementación de *benchmarking* es necesario cumplir con los siguientes parámetros:

- Identificar los puntos fuertes y débiles de la cadena de suministro. Esto se logra mediante el estudio detallado y preciso del nivel de desempeño actual de la empresa.

- Definir los objetivos de mejora del desempeño.

- Elaborar los planes de acción a partir de los objetivos planteados.

- Realizar seguimiento y evaluación de la ejecución de los planes de acción implementados.

- Determinar las 'mejores prácticas' asociadas a los planes de acción. Para esto se deben buscar empresas destacadas en este aspecto (publicaciones, instituciones, bases de datos, internet, etc.) y, al contactarlas, se deben considerar factores como: Acceso a la información de los socios; facilidad para realizar visitas constantes; contar con un contacto fijo en la organización y el potencial de mejora que ofrecen estas empresas.

- Asegurar la participación de los directivos y de los miembros involucrados con el proceso logístico con el fin de facilitar la aplicación de estrategias resultantes del estudio.

- La definición de factores clave de éxito para las empresas debe partir de un análisis profundo de la importancia estratégica de diferentes variables en la organización. También es importante fundamentarse en un alto grado de comprensión de las prácticas, procesos, políticas, etc., que requieren un mejora.

- Con respecto a los mecanismos de recolección de datos, es primordial evaluar todas las posibilidades hasta seleccionar las que mejor se acomoden al tipo de estudio y al tipo de organización en la que se aplicarán. Uno de los más enriquecedores es la entrevista personalizada con los directivos y con los miembros involucrados directamente con los procesos a evaluar.

- Los datos deben ser recopilados, representados gráficamente, analizados e interpretados. A los empresarios se debe presentar un resumen ejecutivo que incluya:

  » Identificación del problema.

  » Descripción de la metodología.

  » Presentación de datos.

  » Resumen e interpretación de datos.

  » Presentación de los hallazgos más importantes (esto incluye la identificación de fortalezas, debilidades y oportunidades de mejora).

  » Recomendaciones: Acciones específicas.

Capítulo 4

◆

Tendencias y proyección de la logística integral

4.1 *Supply Chain Management* (SCM)

4.1.1 Conceptos claves

El uso del término anglosajón '*Supply Chain Management*' se ha convertido en un tópico tan usual que es difícil encontrar una publicación de distribución, *marketing* o transporte sin un artículo que lo incluya (Ross, 1998). Este incremento notable en los últimos años ha coincidido con un interés creciente en las actividades logísticas de las empresas. Se ha producido una asociación entre SCM y logística que no deja de ser equívoca (Cooper, Lambert y Pagh, 1997). La logística implica la gestión de los productos físicos y los servicios, el flujo financiero y la información derivados desde el punto de origen al de consumo mientras que la SCM conlleva además la gestión de los procesos clave de negocio desde el proveedor al cliente (Cooper *et al.*, 1997). El *Council of Logistics Management* (1998) reafirma esta proposición al definir la logística como 'la parte integrante de la SCM que planifica, implementa y controla el eficiente flujo y almacenamiento de materias primas, productos semiterminados, productos terminados y la información relativa desde el punto de origen al de consumo con el propósito de ajustarse a las necesidades de los clientes'.

Gráfica 74. ¿Qué es *Benchmarking*?

Benchmarking

Benchmarking es el proceso continuo de medición de nuestros procesos y servicios frente a los de los competidores o a los de aquellas compañías reconocidas como los líderes, permitiendo identificar y adoptar prácticas de clase mundial.

SCM se refiere al análisis y el esfuerzo por mejorar procesos de la compañía para el diseño del producto y el servicio, comprar, facturar, administrar el inventario, la distribución, la satisfacción del cliente y otros elementos de la cadena de suministro. SCM se refiere generalmente a un esfuerzo por volver a diseñar los procesos de la cadena de suministro para lograr un flujo constante.

El *Supply Chain Management* surge como una evolución de la gestión logística tradicional en su proceso de expansión o extensión de la planificación, colaboración e integración de las cadenas logísticas entre empresas proveedoras, fabricantas y los mercados o personas consumidoras finales. Se caracteriza por generar redes de abastecimiento donde la planificación de la demanda y sus implicaciones es central para la administración y ejecución de los planes logísticos y, en especial, para empresas que poseen operaciones logísticas globales donde sus redes de abastecimiento deben estar sincronizadas con los agentes que interactúan en su cadena de suministros.

Otro enfoque del *Supply Chain* es aplicado a las pymes y se denomina *clusters* o cadenas productivas. En este se identifican operaciones críticas de una actividad integral (como la producción de textiles, alimentos, etc.), donde se busca integrar la logística de las empresas que componen la red primaria de abastecimiento, producción y distribución final para identificar sinergias y racionalización de costos afines y, con ello, crear una cadena de abastecimiento única para optimizar el flujo de operaciones, creando ahorros y ventas competitivas a las empresas asociadas al clúster. Esta es la alternativa más usada para integrar a las pymes y afrontar con ello la competencia interna y externa. Por eso no se habla de empresas, sino de cadenas de abastecimiento eficientes que son la salvación para muchas empresas que separadas no son viables o competitivas en el mercado.

En consecuencia, por SCM se entiende: 'la coordinación sistemática y estratégica de las funciones tradicionales de negocio dentro de una empresa en particular y a lo largo de todas las implicadas en la cadena de aprovisionamiento. Todo esto con el propósito de mejorar el rendimiento a largo plazo tanto de cada unidad de negocio como de la cadena en global' (Mentzer, Dewitt, Keebler, Min, Nix, Smith, y Zacharia, 2001: 22).

Gráfica 75. **Cadena de valor desde el proveedor hasta el consumidor final.**

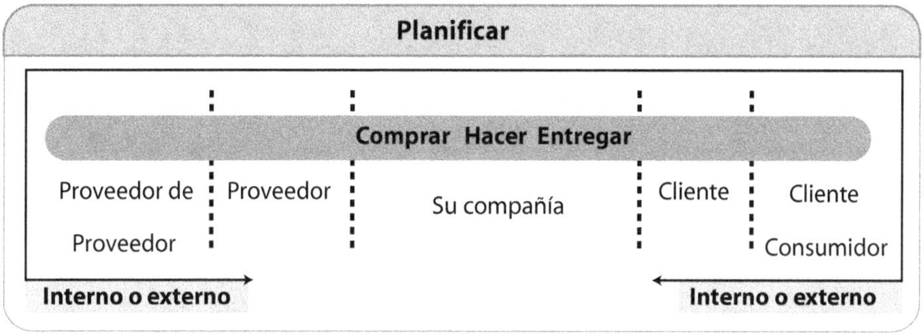

En la visión clásica de los negocios, las empresas grandes se imponen sobre las más pequeñas. En la actualidad, las que están en capacidad de adaptarse más rápido a las condiciones cambiantes del entorno son las más exitosas.

4.1.2 Proceso de implementación

Para asegurar la adopción e implementación de un programa de *Supply Chain Management* en el interior de una empresa, debe establecerse un plan de acción interno y externo que conlleve a una efectiva aplicación de la metodología y disciplina de este concepto. Esto se logra partiendo de sus principios de operación logística y comprometiendo a todas las personas y áreas involucradas en su filosofía de trabajo y en la importancia del trabajo en equipo. Esto implica la adaptación de las nuevas reglas para migrar a una logística con una planificación y estratégica efectiva, acorde con la visión de la empresa.

Para cambiar la visión de la compañía hacia la visión de cadena de abastecimiento es necesario seguir los pasos que se presentan en la tabla 21:

Tabla 21. Claves para la implementación del SCM.

Paso	Acciones
1. Enfoque en el consumidor final	• Entiende sus valores y requerimientos. • No importa en que lugar este usted en la cadena. • Diseñe el recorrido de sus productos hasta el consumidor final.
2. Enfoque en procesos	• Los procesos adicionan valor al cliente, no las tareas. • Cambio cultural hacia procesos • Mejore luego los procesos externos (Clientes y proveedores. • Integre, integre, integre.
3. Sentido de velocidad	• Solo sobrevivirán CADENAS que logren imprimir mayor velocidad en el flujo de productos, información y decisiones racionales. • Velocidad recurso humano. • Educación y entrenamiento permanente (obediencia cultural). • Decisiones de seguros.
4. Uso de métricas globales	• No se puede mejorar lo que no se mide. • Uso de métricas comunes. • Compartir mediciones con clientes y proveedores. • Costo, servicio, velocidad, activos.
5. Colaboración	• Más allá de tecnología. • Compartir: recursos, información, educación, experiencia. • Objetivos, planes, métricas, ganancias. • Desarrollar la cultura de "colaboración" interna y externa.
6. Nuevo proceso: planificación de la cadena	• Es la planificación de ventas y operaciones (SOP) a nivel de los integrantes de las cadenas de suministro. • Planificación de la demanda.

La tecnología de la visibilidad de la cadena de suministro procura integrar sistemas en una interfaz unificada y permanente para un usuario de la web. De tal forma, compartir la información podría hacerse no solamente dentro de la empresa, sino también arriba y abajo de la cadena de suministro con los clientes y proveedores. Muchas firmas están descubriendo que pueden agregar valor informativo a sus asociados para mejorar la colaboración y su ventaja competitiva.

La visualización del inventario, del estado de la orden, de los envíos de transporte, de las ventas, de la información de servicio al cliente, de la información de producto, etc., tradicionalmente se ha aislado en varios sitios funcionales de la organización y la dificultad de compartir esta información se ha generado por la carencia de integración de los sistemas de *software* de la empresa.

Solucionar esto generalmente implica una ardua integración con otros sistemas y, por tanto, a menudo, implican un acondicionamiento significativo a los requisitos particulares y necesitan esfuerzos de mapeo de datos que consumen mucho tiempo. Es importante asegurarse que el proveedor del *software* proporcione el servicio y la ayuda apropiados para los cambios en curso.

4.1.3 Factores de éxito en SCM

Lo más importante en la implantación de la *Supply Chain* en las empresas y organizaciones es calcular los beneficios y ventajas de su aplicación efectiva. Esta reduce costos de forma significativa además de aumentar los niveles de servicios y competitividad en el mercado de forma sostenible.

A continuación, se relacionan los beneficios cualitativos y cuantitativos que se obtienen en la aplicación de SCM

Beneficios para la industria

- Oportunidad de optimizar procesos. Pues, al poder comparar con las mejores prácticas y con un modelo estándar probado por empresas de categoría mundial, permite incrementar la eficiencia básica para la competencia y, así, enfrentarse de una forma segura a la globalización.

- Oportunidad de integrar eficientemente cadenas de suministro facilitando economías de escala (integración y colaboración).

- Acceso permanente al modelo para evaluarse.

- Participación permanente en línea (internet) en los foros globales y regionales de: integración, planificación, compras, manufactura y distribución; facilitando la educación, el entrenamiento y la investigación.

- Implementar tecnologías de información con base en las mejores prácticas, permitiendo hacer un uso efectivo de ella, lo cual es básico para competir.

- Estandarización de métricas en la industria, permitiendo mejores análisis comparativos tanto locales como globales.

Gráfica 76. **Cuantificación de beneficios.**

Beneficios típicos integrando la cadena de suministros

Rendimiento de las entregas	16 - 28% mejoría
Reducción del inventario	25 - 60% mejoría
Cumplimiento del tiempo de ciclo	30 - 50% mejoría
Precisión de los pronósticos	25 - 80% mejoría
Productividad general	10 - 16% mejoría
Reducción de costos en la cadena de suministro	25 - 50% mejoría
Índices de abastecimiento	20 - 30% mejoría
Mayor capacidad de ejecución	10 - 20% mejoría

El MIT recientemente realizó un estudio que mostró que las compañías que han implementado con éxito estos programas logran beneficios entre los que podemos contar, reducciones de inventario hasta el 50%, 40% de incremento en las entregas a tiempo, 27% de reducción del ciclo acumulado del producto, duplicar la rotación de inventarios, reducción en 9 veces los faltantes y 17% de incremento en las ventas.

Esto hace pensar en que el enfoque SCM es un factor de competitividad necesario para la evolución de los mercados exigida por la dinámica natural de los mismos y de los modelos económicos empleados hoy.

Veamos algunos puntos clave para el éxito de un SCM:

- Adecuada educación en el verdadero significado de integración.
- Medir, medir, medir…
- Coherencia en la aplicación efectiva de la tecnología.
- Definir un proceso evolutivo ordenado de CML.
- Trabajo en equipo con el gobierno.
- Soporte del gobierno en infraestructura de transporte, autopistas, puertos, comunicaciones, exceso de regulaciones y apoyo financiero.
- Desarrollar una cultura de compartir.

La adopción de una filosofía de SCM implica la gestión de la totalidad de inventarios del canal, procurando concentrar los esfuerzos en la reducción de aquellos que contribuyen en menor medida al beneficio total esperado por los integrantes de la cadena y arrastrando, además, en la medida de lo posible, el mayor volumen físico de productos almacenados hacia los eslabones primarios de la cadena (Lambert y Cooper, 2000). Cuanto más atrás en la cadena se encuentren los inventarios, menores serán los costos globales de su mantenimiento. En segundo lugar, una reducción en costos totales en la cadena de aprovisionamiento (Cavinato, 1991; Shrank y Govindarajan, 1992; New, 1997; Christopher, 1998; Lambert y Cooper, 2000). Esta reducción es consecuencia del menor volumen de inventarios que implica un menor coste de almacenamiento e inversión en capital y también de la mayor productividad laboral. En tercer lugar, un horizonte temporal de largo plazo (Cavinato, 1991; Cooper y Ellram, 1993; Christopher, 1998).

En cuarto lugar, una disminución del tiempo del ciclo del producto desde las materias primas de origen al producto terminado que llega al consumidor (Cooper y Ellram, 1993; Christopher, 1998; Mentzer *et al.*, 2001). El tiempo necesario se ve reducido gracias a la gestión más eficiente de inventarios y el flujo de información de los elementos de la cadena de aprovisionamiento. Finalmente, se produce una mejora en el servicio al cliente gracias al aumento en la flexibilidad productiva, una reducción en los activos necesarios y un menor coste de suministro (Christopher, 1998: 43). Tan, Kannan y Handfield (1998) señalan a la gestión de las relaciones con los clientes como un importante componente en las prácticas de SCM.

El papel que ejerce la empresa como comprador sigue siendo el mismo, es decir, localizar algunos proveedores, negociar los contratos, generar órdenes de compra, controlar su cumplimiento y calidad.

Veamos algunos beneficios obtenidos con esta filosofía en términos de las relaciones con los proveedores:

- La empresa adopta una postura más activa al trabajar en estrecha cooperación con los proveedores, mediante el establecimiento de relaciones de largo plazo.

- En lugar de verlos como adversarios, los proveedores se consideran socios.

- Se reduce el número de proveedores.

- Se asegura la calidad de las materias primas y materiales, con esto se exige al proveedor un nivel nulo de artículos defectuosos y, de esta manera, no es necesario realizar inspecciones de entrada salvo para nuevos materiales o nuevos proveedores.

- Los insumos y materias primas son suministrados a la empresa en lotes pequeños con frecuentes envíos (pedidos). De esta forma no solo se optimizan los almacenes, sino que también se reduce sustancialmente el trabajo administrativo.

La efectiva integración de una cadena de suministro se visualiza como una bandada de pájaros volando sobre un lago que, sin señal aparente, todos suben, se lanzan en picada o voltean virtualmente al mismo tiempo. Esto es una cadena integrada, todos los miembros de la cadena, de manera similar, deben reaccionar coherentemente a los cambios en los negocios para permanecer competitivos. Integrar la cadena de suministro es un proceso continuo que puede ser optimizado únicamente cuando proveedores, manufacturadores y clientes trabajen en conjunto para mejorar sus relaciones y cuando todos sus participantes estén de acuerdo en todas las actividades claves a todos los niveles en la cadena, estratégicas, tácticas y operativas.

Cadena de suministro costos relacionados con informática

Estos costos deben incluir:

Costos de desarrollo. Los costos en que se incurren en el proceso de reingeniería, la planeación, el desarrollo de *software*, la instalación, la implementación y entrenamiento asociado a la arquitectura nueva y/o mejoras, la infraestructura, y los sistemas para apoyar los procesos descritos de la administración de la cadena de suministro.

Costos de ejecución. Costos de operación para servicio a usuarios de proceso de cadena de suministro, incluye las operaciones de ordenador y red, EDI y servicios de telecomunicaciones, y amortización depreciación de *hardware*.

Costos de mantenimiento. Costos contraídos en resolución de problemas, reparación y mantenimiento de rutina asociado a *hardware* y *software* instalado para los procesos de administración descritos de la cadena de suministro. Incluye los costos asociados a la administración de la base de datos, el control de configuración de sistemas, la planificación y la administración.

Estos costos están asociados a los siguientes procesos:

El costo total del manejo de la cadena de suministro

El costo total para manejar el procesamiento de pedidos, la adquisición de materiales, manejar el inventario, manejar las finanzas de la cadena de suministro, la planificación y los costos de informática, representados como un porcentaje de renta. La asignación exacta del costo relacionado con informática es desafiante. Puede hacerse utilizando métodos basados en costo de la actividad o basados en enfoques más tradicionales. La asignación basada en cuentas de usuario, cuentas de transacción o recuentos de asistencia departamentales son enfoques razonables.

El énfasis debe estar en capturar todos los costos, ya sean incurridos en la entidad que completa la inspección o en una organización de apoyo a favor de la entidad. Las cotizaciones razonables encontradas en datos fueron aceptadas como un medio para valorar el desempeño general. Todas las cotizaciones reflejaron completamente el verdadero rango inclusive de salario, de los beneficios, del espacio, las instalaciones, las asignaciones administrativas y generales.

4.1.4 Modelo Scor

El modelo Scor es *Supply Chain Operations Referente*, o sea, se trata de un modelo de referencias de las operaciones de la cadena de abastecimientos que se aplica para integrar las operaciones logísticas mediante métricas e indicadores estandarizados que optimizan y sincronizan la cadena de abastecimientos.

Gráfica 77. **Modelo Scor.**

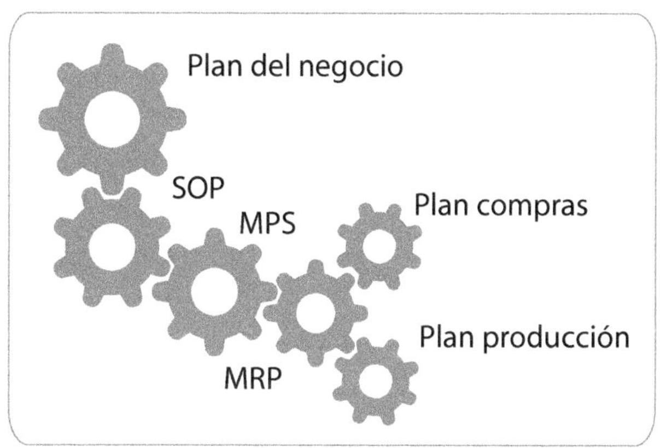

Fases del modelo

El modelo considera cinco procesos fundamentales:

1. Planificación, PLAN.

2. Abastecimiento, SOURCE.

3. Producción, MAKE.

4. Distribución, DELIVER.

5. Retorno, RETURN.

4.2 *Outsourcing* logístico

Tabla 22. **Fases de modelo.**

Cada área práctica está determinada a través de cuatro elementos operacionales		Etapas de la capacidad operativa			
		Etapa I	Etapa II	Etapa III	Etapa IV
Plan	Strategy				
	Demand Planning Supply Planning				
	Demand/Supply balancing & decision making				
Source	Strategy				
	Commodity & Process Management				
	Organization & Infrasturucture				
Make	Manufacturing Strategy				
	Production Schedulin				
	Material Issue, move & tracking				
	Manufacturing process control				
Deliver	Enable				
	Order entry & Scheduling				
	Warehousing, transportation & delivery				
	Invoicing & Cash collection				
Overall	Supply - Chain Strategy				
	Supply - Chain performance management				
	Supply - Chain Processes				
	Supply - Chain Organization				

Se pueden identificar cuatro puntos básicos para que una empresa cuente con la estructura adecuada.

- **Contar con una buena administración del proceso de abastecimiento:** El proceso de *outsourcing* debe tener una misión definida: Aumentar el valor del producto percibido por los consumidores. Un diseño exitoso de la estrategia del proceso de abastecimiento consiste en aprovechar al máximo las ventajas o habilidades principales de la organización y subcontratar todo lo demás.

- **Determinar habilidades principales e identificar cuellos de botella:** Uno de los pasos claves para que una empresa pueda lograr un proceso de *outsourcing* exitoso es identificar cuáles de las actividades que realiza son las centrales o principales para el negocio. Estas generalmente son aquellas en las que tiene alguna ventaja sobre sus competidores ya sea mejor tecnología, mejor calidad, menores costos, etc.

- **Cambiar la cultura organizacional:** Un paso importante dentro del proceso de *outsourcing* es lograr que los integrantes de las organizaciones entiendan los fundamentos de esta separación de actividades, así como los motivos que llevan a ella y los beneficios que puede traer para la compañía.

- **Contar con la tecnología de información adecuada**: Una vez que se han establecido los puntos básicos para el *outsourcing* es importante que la empresa cuente con la tecnología necesaria para poder mantener una relación de este tipo.

4.2.1 Evolución de la tercerización

A partir de la necesidad de las empresas de buscar ayuda externa para la mejora de sus procesos logísticos, surgió la modalidad llamada *outsourcing* cuya función principal es sacar una gran parte de la función logística fuera de la empresa en sus diferentes modalidades.

Conviene señalar que la principal razón o argumento para tercerizar una operación o actividad empresarial es que no se considere crítica o estratégica y no sea su *Core Business* (razón de ser de la organización). Este es el primer paso para iniciar la búsqueda de un operador especializado que, como mínimo, significque ahorro y liberación de activos fijos como contribución a aliviar la parte financiera de la empresa. Este uno de los primeros objetivos cuando se realiza esta clase de operación con terceros.

Actividades a tercerizar

Dentro de una organización existen diversos tipos de actividades que, dependiendo de su naturaleza, pueden o no someterse a un proceso de *outsourcing*. Dentro de las actividades de una empresa se tienen las actividades estratégicas, las altamente rentables y las rutinarias o de apoyo.

Las dos primeras actividades deben conservarse internamente, sin embargo, es recomendable subcontratar la última. Se pueden identificar tres criterios para determinar las actividades a subcontratar, veámoslos:

- Actividades que hacen uso intensivo de recursos. Mediante esta técnica las compañías pueden entrar en un nuevo mercado sin la necesidad de incurrir inmediatamente en inversiones considerables de equipo. Algunas utilizan esta técnica buscando aumentar su eficiencia y reducir los costos.

- Actividades que usan servicios especializados. La subcontratación ofrece a las empresas gran flexibilidad en sus sistemas, ya que pueden contar con el apoyo de un tercero especializado que pueda adaptarse mejor a los cambios del mercado.

- Actividades relativamente independientes. Una forma de identificar actividades que no formen parte de las habilidades centrales de una empresa es observar aquellas tareas que tienen una relativa independencia con respecto a las demás funciones de las compañías.

Definición de tercerización

Son todos aquellos servicios asociados con el flujo de partes, materias primas, auxiliares y producto terminado desde el proveedor hasta el consumidor final que son (pueden ser) prestados por terceros.

Alcance

Antes del movimiento:

- Planificación del suministro.
- Planificación de la distribución.
- Selección de almacenes.
- Selección de transporte.
- Aprovisionamiento.
- Consecución de transporte.

Durante el movimiento:

- Seguimiento.
- Procesos intermedios.
- Almacenamiento.
- Control de almacenes.

Después del movimiento:

- Auditoría.
- Evaluación de empresas proveedoras.
- Evaluación de empresas transportistas.
- Control de pagos.

Ventajas y desventajas

Ventajas:

- Menos activos fijos.
- Reducción costos fijos de operación.
- Utilización más eficiente de recursos.
- Distribución de *overheads*.
- Economías de escala.
- Mayor dedicación al negocio.
- Flexibilidad de cambio de rumbo del negocio.
- Mejora en la productividad.
- Especialización.
- Mejor control de costos.
- Flexibilidad.

Desventajas:

- Menos control.
- Dependencia.
- Menos contacto con clientes.
- Costos variables más altos.
- Pérdida del *good will* (imagen).
- Desinformación.

Modalidades del *outsourcing*

Outsourcing de procesos de negocio. Consiste en la externalización de la gestión de alguna área o actividad de la organización a un proveedor especializado, con base en un contrato de largo plazo. Este acuerdo le garantiza una calidad de la prestación a través de indicadores de servicio. Esto implica un cambio de paradigma en los clientes, delegar la gestión de los medios en beneficio de la gestión de los niveles de servicio.

Outsourcing de infraestructuras tecnológicas. Da respuesta a las necesidades de análisis, incorporación y gestión de tecnologías, y procesos asociados a la informática distribuida, a partir de dos grandes áreas de gestión de redes y sistemas y atención a usuarios.

Outsourcing de aplicaciones. Tradicionalmente, el entorno de las aplicaciones siempre ha constituido un foco de externalización de servicios. Los departamentos informáticos de muchas organizaciones se han ahondado en un proceso de concentración de sus recursos en funciones más estratégicas, tendiendo hacia una progresiva externalización del mantenimiento/desarrollo de aplicativos de menor impacto sobre el negocio y de las tareas básicas que conforman el día a día.

Outsourcing integral. Si bien otros tipos de externalización se focalizan sobre algunas de las áreas o funciones propias de un departamento TIC, el *outsourcing* integral implica traspasar al *outsourcer* (proveedor) la responsabilidad de ejecutar la gestión y evolución de la globalidad del servicio informático y del proceso logístico: Centros de distribución, sistemas distribuidos, comunicaciones, mantenimiento y desarrollo de aplicaciones y atención a usuarios.

Implementación del *outsourcing*

Cuando una compañía decide llevar a cabo un proceso de *outsourcing* debe definir una estrategia que lo guíe todo. Hay dos tipos genéricos de estrategia de *outsourcing*: La periférica y la central.

- La periférica ocurre cuando la empresa adquiere actividades de poca relevancia estratégica de suplidores externos.
- La central ocurre cuando las empresas contratan actividades consideradas de gran importancia y larga duración para obtener el éxito.

Otro aspecto a definirse es el tipo de relación entre la compañía que contrata y el suplidor. En esta relación existen dos componentes: uno, interpersonal, que establece como interaccionan el equipo responsable dentro de la empresa con el equipo del suplidor y el componente corporativo que define las interacciones a nivel directivo entre ambas partes.

También es clave la medición del desempeño del suplidor seleccionado en términos de tiempo, adherencia al presupuesto y al éxito del proyecto medido con base en el logro de los objetivos planteados. Si los niveles de desempeño no pueden medirse numéricamente, se pueden crear escalas de medición subjetivas con un rango que abarque desde pobre hasta excelente.

Para lograr un buen resultado en el proceso de *outsourcing* hay que considerar tres aspectos principales: La revisión de la estructura de la empresa, la determinación de las actividades a tercerizar y la selección de los proveedores.

Motivaciones para tercerizar

Solucionar problemas es lo que los operadores logísticos (terceros) han hecho siempre. En el pasado ellos entregaban mercancías y alquilaban espacio de almacenamiento, pero, con el paso del tiempo ellos han aprendido que deben ser más agresivos en el mundo de los negocios actuales y ofrecer más servicios que las empresas actualmente están demandando.

En estos momentos están dispuestos a considerar cualquier proyecto que se les presente, incluso están ofreciendo soluciones potenciales al cliente antes que se dé cuenta que tiene un problema. Unas de las razones que justifican el incremento de los servicios ofrecidos por terceros son las siguientes:

- Aumento de la importancia y trascendencia que tienen los costos logísticos por parte de la alta dirección.
- Exigencias del mercado y alta competitividad.
- Tendencia normal a buscar actividades de terceros que diversifiquen el capital corporativo.
- Énfasis en la disminución de los niveles de ocupación del recurso humano (mano de obra).
- Falta de infraestructura logística en las empresas.
- Bajos niveles internos de eficiencia y productividad.

4.2.2 Criterios de selección de un tercero

- Costo.
- Servicio.
- Experiencia.
- Paquete de servicios.
- Sistemas de información.

Adicionalmente se debe tener en cuenta para la selección lo siguiente:

- Desarrollar un conciso y concreto alcance del trabajo.
- Establecer objetivos y criterios sólidos de selección.
- Identificar el nivel de *performance* de los proveedores que acrediten una calificación.
- Evaluar detenidamente las cotizaciones.

Razones principales por las que las empresas contratan servicios a terceros

- Mejorar el enfoque de la empresa: **55%**
- Reducir y controlar los costos operativos: **54%**
- Liberar recursos para otros propósitos: **38%**
- Tener acceso a las capacidades mundiales: **36%**

- No se dispone de recursos dentro de la empresa: **25%**
- Acelerar los beneficios de la ingeniería: **20%**
- Reducir el tiempo de comercialización: **18%**
- Compartir riesgos: **12%**
- Beneficiarse de las capacidades litorales: **12%**
- Función difícil de manejar o fuera de control: **10%**

Fuente: Filth Annual Outsourcing Index – Deloitte Consulting Janu

Otras razones que justifican el incremento de los servicios ofrecidos por terceros son las siguientes:

- Aumento de la importancia y trascendencia que tienen los costos logísticos por parte de la alta dirección.
- Exigencias del mercado y alta competitividad.
- Tendencia normal a buscar actividades de terceros que diversifiquen el capital corporativo.
- Énfasis en la disminución de los niveles de ocupación del recurso humano (mano de obra).
- Falta de infraestructura logística en las empresas.
- Bajos niveles internos de eficiencia y productividad.

4.2.3 Operadores logísticos de mercancía

La implantación de la actividad del operador logístico de mercancías a escala nacional e internacional es una forma de proporcionar a las empresas la tranquilidad de que sus negocios se desarrollan en términos de eficiencia, justo a tiempo y con costos competitivos.

Solucionar problemas es lo que los operadores logísticos (terceros) han hecho siempre. En el pasado ellos entregaban mercancías y alquilaban espacio de almacenamiento, ellos han aprendido que deben ser más agresivos en el mundo de los negocios actuales y ofrecer más servicios que las empresas actualmente están demandando.

En estos momentos ellos están dispuestos a considerar cualquier proyecto que se les presente, incluso están ofreciendo soluciones potenciales a los clientes, antes que se dé cuenta que tiene un problema.

Características

Actualmente, las empresas productoras y, particularmente, las exportadoras e importadoras, están contratando con regularidad los servicios de operadores logísticos para sus principales operaciones, tales como almacenaje, transporte, control de inventarios, embalajes etc. Es evidente que cada empresa debería concentrarse en hacer muy bien los procesos y operaciones que las hacen únicas en el mercado, pues estos aspectos son los que añaden el máximo valor para sus clientes. Así, logran dedicar sus esfuerzos a ser los mejores en las variables críticas del negocio y no se distraen en otras labores auxiliares, que, además, del dinero que demandan, implican el costo del tiempo o la distracción de una buena parte de sus recursos físicos y humanos.

El operador logístico no solo se limita a almacenar y distribuir, también se incorpora a la cadena de producción y ofrece servicios que añaden valor a la carga, tales como control de inventarios, cargas, descargas, estiba en los vehículos de transporte, indicadores de gestión y embalajes. Incluso podrían intervenir en otros eslabones de la cadena de proveedor-cliente como facturación y recaudo.

Adicionalmente se obtienen los siguientes beneficios al optar por el *outsourcing* logístico:

- Reducir y controlar los gastos de operación y convertir la estructura de costos fijos en variables.
- Disponer de actividades y labores altamente calificadas y especializadas que no existen dentro de la empresa.
- Liberar capital de trabajo y disponer de mayores fondos de capital, permitiendo invertir en las funciones claves de la empresa.
- Tener acceso a un abanico de proveedores de clase mundial, tecnologías, metodología y procedimientos mejor estructurados.
- Compartir riesgos. Pues, la empresa se vuelve más flexible y dinámica, adaptándose mejor a los cambios bruscos del entorno y a las oportunidades de cambio.

Aunque todavía la oferta de estos servicios a nivel local es incipiente, debido a la poca experiencia y trayectoria de las empresas que pactan este servicio, las compañías que han utilizado esta alternativa de forma efectiva han logrado tener éxito. Esto mediante un esquema de seguimiento, retroalimentación y mejora continua de los servicios contratados, lo cual se refleja en la reducción de costos laborales, aumento de la rotación de sus inventarios, mayor satisfacción de los clientes, incremento de la rentabilidad y, por consiguiente, de la competitividad.

Clases de proveedores en logística

Dentro de los procesos de *outsourcing* podemos encontrar tres clases principales de proveedores:

1. **2PL (*Two Party Logistics*),** Es un proveedor que presta servicios independientes y ocasionales, se enfoca exclusivamente a una sola actividad, por ejemplo, transporte o trámites aduaneros y/o almacenamiento. Su objetivo es reducir costos al cliente o proveedor de capacidad extra cuando sea necesario, evitando una inversión innecesaria.

2. **3PL (*Third Party Logistics*),** Es un operador logístico que realiza todas o una porción de las actividades logísticas bajo un contrato o tarifa, de manera que permite y mejora el cumplimiento de metas y objetivos definidos. Estos servicios pueden ser operativos, administrativos o ambos, pero deben incluir más que un simple transporte de carga o almacenamiento de mercancías. Además, involucra gestión y control efectivo sobre la evolución del proceso logístico y su impacto en los costos y niveles de servicio.

Tendencias en 3 PL

- Asociaciones entre empresas transportistas y almacenistas.
- Compras.
- Consultoría.
- Sistemas de información.
- Consolidación.
- Sistemas de rastreo de vehículos.
- Sistemas de información sin documentos.
- Logística verde.

Algunas cifras de los 3PL

- Total de ingresos por 3PL: **$65 miles de millones.**
- Total de ingresos por 3PL por almacenamiento y distribución de valor añadido: **$16.9 miles de millones.**
- Fabricantes de 'Fortune 500' que usan 3PL: **80%**
- Fabricantes de 'Fortune 500' que han usado el 3PL durante más de cinco años: **72%**
- Fabricantes de 'Fortune 500' que utilizan el 3PL en bases globales: **69%**
- Usuarios que compran a varios proveedores: **58%**
- Usuarios que planean incrementar su uso de 3PL: **51%**
- Usuarios que planean disminuir su uso de 3PL: **13%**
- Presupuesto anual de logística de los usuarios pagado a 3PL: **33%**
- Proyecto de usuarios de presupuesto logístico: **40%**

Fuente: Armstrong & Associates Accenture/Northeastern University

¿Qué puede funcionar mal en una relación 3PL?

La mayoría de los errores son el resultado de una deficiencia en la información, comunicación o en ambas. Michael Letzter, director de operaciones de los Servicios Ajustados al Cliente (www.loredservices.com), opina que 'El cliente tiene que poner a un proveedor de tercera parte en una posición en la que pueda ser exitoso'. Agrega además que 'Normalmente lo que por lo general es la causa de sus dificultades está en la mala comunicación. *La fórmula del fracaso es esperar que un 3PL haga todo el trabajo'.*

> **3. 4PL (*Fourth Party Logistics*).** Ejerce la actividad de planificación y coordinación del flujo de información desde empresas proveedoras hasta clientes. Diseña la arquitectura logística y el sistema de información para integrar los procesos sin ejecutar necesariamente los flujos físicos. El 4PL construye y ejecuta soluciones globales combinando su propia experiencia con la de las empresas proveedoras de servicios complementarios, de manera que se comparten riesgos y beneficios con base en una relación directa e intercambio de conocimientos e información.

Metodología para la selección de operadores

En el mercado las reglas de juego van cambiando y con ellas evoluciona la logística de la experiencia. A través de esta se puede ofrecer un producto que debe tener un servicio adicional para poder buscar la diferenciación entre los operadores logísticos. Actualmente se está viendo en la práctica cómo los operadores están realizando cambios en sus sistemas de producción, con mejores reacciones ante los mercados, disminuyendo sus niveles de inventarios, generando lotes más pequeños, desarrollando una logística de distribución más compleja y buscando la puesta en marcha de procesos de *outsourcing* para el desarrollo de ciertos procesos logísticos, todos ello dentro de un entorno de alta volatilidad.

Seleccionar y elegir adecuadamente a un operador logístico se convierte en un arma comercial y de competitividad, con la cual la empresa productora o comercializadora, da un mayor valor añadido a su producto, sin tener que invertir económicamente. Algunas pautas para tener en cuenta en la contratación de un operador logístico:

- Desarrollar una estrategia para el *outsourcing*.
- Establecer un proceso de selección riguroso para la elección del operador logístico.
- Definir claramente las expectativas.
- Desarrollar un buen contrato.
- Establecer políticas y procedimientos claros

- Identificar los puntos de conflicto potencial.
- Que exista una comunicación efectiva y directa.
- Medir el desempeño y comunicar los resultados.
- Motivar y recompensar bien los proveedores.
- Ser un buen cliente.

Cada una de las pautas citadas anteriormente tiene un desarrollo del objetivo propuesto.

Desarrollar una estrategia para el outsourcing

- Determinar y medir el *outsourcing* vs. la logística propia.
- Identificar las fortalezas y debilidades para cada alternativa.
- Incluir al proveedor en el proceso desde el principio.
- En la solicitud de la propuesta, hacer que los acuerdos potenciales sean fáciles de evaluar, ellos pueden ignorar el análisis de la mayoría de los costos y los procesos del servicio.
- Se deben hacer unos análisis de justificación del *Outsourcing* para tener una herramienta de juicio.
- No se puede tercerizar lo que no se conoce y no se puede gestionar lo que no se conoce.
- Es difícil evaluar una propuesta nueva cuando no se conocen los números actuales.
- No se debe tercerizar basado en los números actuales, mejórelos y compárelos.

Establecer un proceso de selección riguroso para la selección

- Comprobar los puntos fuertes del negocio, los clientes existentes y la salud de sus finanzas.
- Analizar cuidadosamente la administración estratégica, competencias en tecnologías de información, relaciones laborales y la relación y compatibilidad personal.
- Cuando no existe un operador logístico adecuado, algunas empresas con suficiente experiencia logística pueden decidir tutelar un período de aprendizaje del operador.

Desarrollar un buen contrato

- Proporcionar incentivos para mejorar la operación y productividad compartiendo los beneficios, detallando claramente las obligaciones, expectativas y soluciones.

Establecer políticas y procedimientos claros.

- Se debe dar al tercero un manual de operaciones. Este manual debe ser desarrollado entre las dos partes y contener todas las políticas, procedimientos, y toda la información necesaria para la operación eficiente del acuerdo de *outsourcing.*

Identificar los puntos de conflicto potencial.

- Ambas partes usualmente son conscientes de los puntos de fricción que pueden presentarse.
- Defina las políticas para negociarlos por adelantado.

Que exista una comunicación efectiva y directa.

- La mala comunicación y una planificación deficiente son la causa de que el *outsourcing* falle.
- La comunicación en todos los aspectos de la operación debe ser frecuente y en doble vía.

Medir el desempeño y comunicar los resultados.

- Cuando se establezcan las relaciones comunique los estándares de desempeño y mídalos regularmente.

4.2.4 4PL 'Fourth Party Logistics'

Generalidades

Las empresas de 4PL consideran a la tecnología informática como su capacidad principal y tratan de reducir los costos de logística de manera significativa. De esta forma, aumentan la calidad del servicio y la satisfacción del cliente.

El concepto 4PL involucra el uso de una compañía que no da servicios de 3PL al cliente, para manejar las relaciones del cliente con múltiples compañías.

Sus principales elementos son:

- Debe traer valor y una solución re-pensada a las necesidades del cliente.
- Es neutral y maneja el proceso logístico no importando que proveedores se tengan.
- Debe traer una perspectiva diferente, conocimiento y tecnología.
- No debe generar controversia académica.
- Debe tener la capacidad de gestión suficiente para soportar este nivel de operación.

El 4PL *Fourth Party Logistics* es un nuevo concepto que empieza a surgir en los entornos de negocio actuales. Las compañías y los proveedores crean un nuevo tipo de relación o alianza. El 4PL es un integrador de la cadena de abastecimiento: Aconseja, diseña, construye y ejecuta soluciones globales, combinando su propia experiencia con la de los proveedores de servicios complementarios. El 4PL representa la evolución del SCM, combinando las capacidades de los 3PLs (ejemplo: Operadores logísticos), de los proveedores de servicios tecnológicos y de los gestores de procesos de negocio para crear soluciones válidas para toda la organización. El concepto de 4PL difiere del tradicional de subcontratación en dos sentidos: Por un lado, ofrece una solución global; por otro lado, ofrece un valor mensurable y sostenido gracias a su habilidad para influir sobre toda la cadena de abastecimiento. Tradicionalmente, los 3PLs se han centrado en temas operativos como implantación y ejecución, mientras que los gestores y consultores lo han hecho en el fin estratégico de las soluciones de la SCM.

Pero el 4PL puede ofrecer soluciones globales coordinando los cuatro niveles del trabajo en la cadena de abastecimiento:

- **Invención:** Sincronización de la planificación y ejecución de las soluciones a través de la cadena de abastecimiento, permitiendo la colaboración entre sus participantes.
- **Transformación:** Concentración en funciones específicas como ventas, planificación de operaciones y gestión de la distribución.
- **Implantación:** Realineación de todo el proceso de negocio, integración de la tecnología y traspaso de operaciones al 4PL.
- **Ejecución:** El 4PL emprende sus tareas operativas para las múltiples funciones y procesos de la SC. Con todo ello, el 4PL aproxima la organización a la integración, consiguiendo los beneficios que esta conlleva, como el valor para el accionista a través de un crecimiento en los beneficios, reducción de costos operativos, menor capital circulante y reducción de activo fijo.

¿Quiénes son los 4PLs?

Un gran número de empresas consultoras afirman que no se pueden encuadrar en la categoría de operadoras ni de 3PL, ya que ni unos ni otros son capaces de realizar el trabajo de SCM por sí mismos. Solo los consultores, actuando como 4PLs, tienen la experiencia necesaria para gestionar recursos, tecnología y procesos.

Los 3PL no pueden conseguir las deseadas eficiencias y ahorros en la cadena de abastecimiento porque carecen de la combinación óptima de tecnología, capacidades de almacén y servicios de transporte. El 4PL se encuentra en la mejor posición para integrar diferentes servicios logísticos. Estas afirmaciones despiertan la polémica entre las empresas logísticas. Si bien es cierto que los consultores han venido desarrollando tareas que les acercan a lo que significa el concepto 4PL, los 3PL afirman que deben ser las partes las que seleccionen la tecnología y la implanten. El único papel que los consultores aún no han asumido es el de la gestión de los proveedores logísticos y de la operativa de la cadena de abastecimiento en sí misma. La pregunta es: ¿Quién puede organizar mejor los 3PL y la función de la cadena de abastecimiento? ¿los consultores o los directivos de las organizaciones? Probablemente haya más de una respuesta a esta pregunta. En cualquier caso, la creación de nuevos modelos de 4PL podría ser interesante como línea de investigación, ya que hay poca investigación al respecto hoy en día.

Gráfica 78. **Fases del 4PL.**

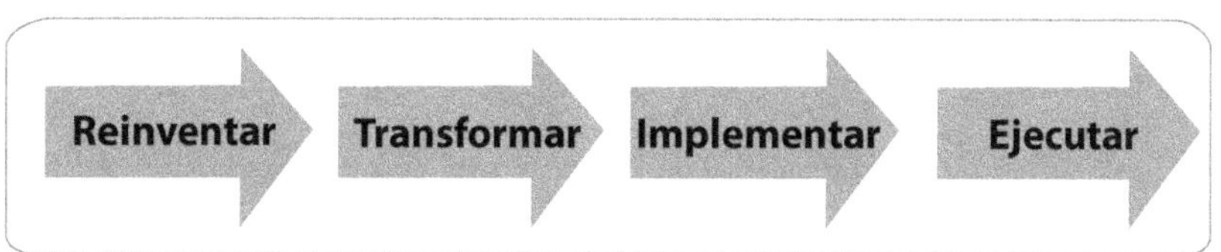

Fases del 4PL

Este no es un concepto fácilmente asimilable por la organización, pues, el 4PL implica una cuarta empresa que aparece como gestor y coordinador de aquellas que conforman los proveedores externos de los servicios de logística (3PL) y su razón de ser se basa en la gestión de la cadena de valor.

- **Reinventar.** La estrategia del negocio está alineada con la estrategia de la cadena de suministro para poder hacer re-ingeniería de la cadena de suministro de las compañías participantes.

- **Transformar.** El foco es coordinar las funciones de la cadena de suministro como ventas, planificación de operaciones, distribución, compras, soporte al cliente y tecnología de información con la ayuda de procesos, cambios organizacionales y tecnología.

- **Implementar.** Se efectúa con base en recomendaciones hechas en los dos pasos anteriores. Se refiere a la transición realizada por el equipo 4PL y toma especial cuidado en el impacto en la fuerza de trabajo y en la organización.

- **Ejecutar.** Un proveedor de 4PL desarrolla numerosas funciones de la cadena de abastecimiento, junto con la gestión tradicional de operaciones de transporte y almacenamiento ejerce como el integrador logístico.

Retos del 4PL

- Romper el paradigma de ser un centro de costos y convertirse en un generador de oportunidades de ventas mediante la mejora del nivel de servicio.

- Acelerar la velocidad de lanzamiento de productos y estimular la penetración del mercado.
- El 4PL debe enfatizar su propuesta única de servicios para diferenciarse de los 3PL.
- Se debe realizar grandes inversiones.
- La mayoría de los clientes están renuentes a tercerizar sus actividades de logística, prefieren mantener sus conocimientos de ciertas partes de la logística.
- Las funciones de un 4PL son muy ambiguas, lo que causa no aceptación.
- La discusión sobre el 4PL es tecnológica. Sin embargo, la tecnología **no es la respuesta**, solo es una parte. El éxito del proceso es combinar adecuadamente gente y tecnología.

Reflexiones

Los operadores logísticos están en proceso de desarrollo y maduración, por lo cual se debe tener cuidado en la selección de terceros para las operaciones logísticas. Estos deben mejorar en la experiencia y competitividad que hayan alcanzado en el ofrecimiento de sus servicios. Puede ser muy efectivo si se toma como una estrategia logística positiva el incursionar con terceros para que desempeñen funciones que la empresa no está efectuando adecuadamente y que adicionalmente no tiene la infraestructura necesaria para soportarlos.

Cabe anotar que es necesario medir los operadores logísticos en términos de:

- Programación de entregas.
- Entregas a tiempo (%).
- Información.
- Atención a reclamaciones.
- Reporte de incidentes.
- Calidad del servicio logístico.
- Costos.

4.3 Estrategias de colaboración logística (CPFR. VMI, ECR)

4.3.1 Alianzas estratégicas

Una alianza estratégica es 'una relación comercial en la que dos o más organizaciones independientes deciden trabajar juntas para lograr objetivos específicos. Las alianzas son estratégicas cuando ofrecen una ventaja competitiva a las partes involucradas'.

El objetivo de crear alianzas estratégicas con los proveedores es trabajar juntos para mejorar la eficiencia de las operaciones de ambas compañías, con esto se logra eliminar costos de sus sistemas logísticos, incrementar su rentabilidad y mejorar el servicio final al consumidor.

Por lo general, esta clase de alianzas se caracterizan por una confianza mutua, una comunicación abierta y una situación en la que todas las partes salen ganando.

Una alianza es como un matrimonio:

- Constante y duro trabajo conjunto.
- Cada parte debe entender las necesidades del otro.
- Deben ser compatibles.
- Flexibilidad.
- En las buenas y en las malas.

Las alianzas que están estableciendo ahora los fabricantes con los almacenes públicos han representado grandes ahorros en costos para los primeros y los servicios que prestan son cada vez mayores.

Gráfica 79. **Factores claves para las alianzas con proveedores.**

> ### Factores clave
>
> • Contrato a largo plazo.
> • Compromiso y soporte de la alta dirección.
> • Compromiso multifuncional entre los socios.
> • Filosofía gana.

Veamos dos ejemplos de la forma como estos servicios están siendo utilizados y las ventajas que representan para los fabricantes establecer estas alianzas:

Ejemplo No. 1

Un fabricante líder de partes electrónicas usaba el almacenamiento público para guardar todos los componentes de los circuitos. Cuando se recibían las órdenes de ensamble para despachar un producto, el fabricante tenía que enviar las partes a sus instalaciones a muchos kilómetros de distancia del almacén donde serían ensambladas para luego despachar el producto al cliente. Este proceso tomaba de 4 a 5 semanas.

Su más grande competidor implantó un proceso de reingeniería en manufactura y en los procesos de distribución para reducir este tiempo a dos semanas. En un esfuerzo para mantenerse competitivo, este fabricante inició una exhaustiva evaluación de sus procesos para determinar dónde podría reducirse el tiempo. Puesto que todos los componentes estaban en un almacén público, habló con el encargado de este para que se pudiera capacitar a su personal en el ensamble de los circuitos. Después de un período de tres meses de entrenamiento, el almacén estaba ya aceptando pedidos a través de EDI (Intercambio Electrónico de Documentos). sus empleados ensamblaban los circuitos y en las siguientes 72 horas al recibo del pedido, se estaba despachando el producto.

Aunque el costo no fue el principal factor que motivó la creación de esta sociedad, los gastos laborales se redujeron de US$ 15,25 dólares a US$ 7,25 dólares por hora, y el costo unitario del producto se redujo de un 35% a un 40%. Además, se lograron importantes ahorros en el transporte al eliminar el despachado de los componentes desde el almacén hasta las instalaciones del fabricante.

Ejemplo No. 2

Un fabricante de ordenadores personales estableció una alianza con un almacén público en Kentucky como resultado de sus esfuerzos de consolidar las operaciones de devolución del producto. Antes, la compañía usaba sus instalaciones en Colorado, Texas y Florida para manejar estas operaciones. Todos los productos eran desmontados y sus partes se ubicaban en inventarios separados hasta que eran solicitados por los fabricantes y transportados a sus instalaciones al sur de Estados Unidos. Como muchas de las líneas de distribución quedaban más cerca de Kentucky, decidieron establecer una sociedad con un almacén local para manejar todas las funciones de devolución.

A través del desarrollo de esta relación, la exactitud del inventario de las partes desconfiguradas aumentó de un 96% a 99,5%. Los costos de almacenamiento se redujeron al igual que los de transporte puesto que la compañía podía consolidar las partes despachándolas desde un solo lugar.

Los dos ejemplos anteriores demuestran que los beneficios que pueden obtener los fabricantes al establecer una alianza estratégica con un almacén son entre otros:

- Reducción de costos y de salarios por mayor mano de obra requerida.
- Mayor flexibilidad para suplir las necesidades del mercado.
- Reducción de planta y de gastos en equipo de capital.
- Obtención de un sistema de logística totalmente integrado.

Para lograr una verdadera alianza estratégica, se debe evitar que:

- La alta gerencia no la apoye.
- Las partes involucradas no confíen entre sí.
- No estén claros los objetivos de los participantes.

- Los participantes tengan compromisos disparejos.
- Se pierda el control.

Para que funcione efectivamente una alianza estratégica se debe establecer un conjunto de normas claras y comprensibles. Además, los participantes se deben conocer muy bien entre sí y comprender su cultura y estructura organizacionales.

Gráfica 80. **Evolución de las alianzas.**

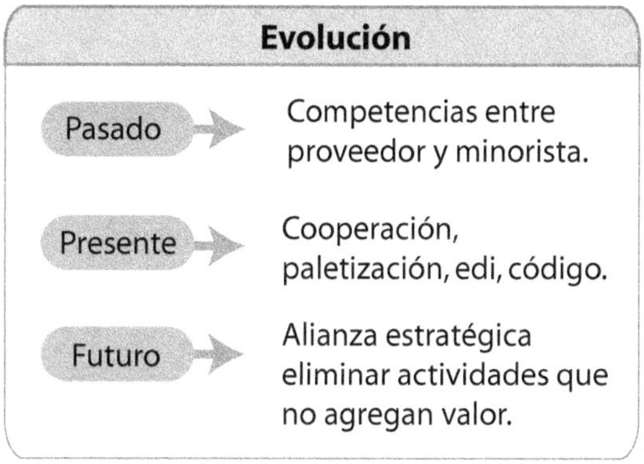

4.3.2 CPFR (Colaboración, Planificación, Pronóstico y Reabastecimiento)

El *colaborating, planning, forecasting and replenishment* (CPFR) es el proceso para comunicar, cooperar y coordinar a los socios de negocios acerca de los cambios a lo largo de la cadena de suministro. Este proceso depende de infraestructura tecnológica, sin embargo, es importante enfatizar que no solo depende de esta, sino también de una alta integración interna (cadena de suministro-mercadotecnia-ventas) y de una externa (empresa proveedora-*retailer*).

El CPFR es una práctica de negocios que establece una planificación, reabastecimiento y pronósticos compartidos a través de toda la cadena de suministro. Fundamentado en una visibilidad total de la información de entrada en toda la cadena (conocer demanda en todos los eslabones de la cadena) crea necesidad de sistemas integrados de comunicación con el fin de identificar patrones de conducta del cliente que contribuyan a la mejora del pronóstico de ventas, creación de programas de gestión de inventarios y estándares de empaque. Proporciona a la empresa una plataforma clara para llevar a cabo el reabastecimiento, de una manera planeada y en consenso.

Proceso de implementación

1. Establecimiento de un acuerdo de principio a fin. Definir responsables en cada punto del proceso y establecer para cada caso:

- » Aspectos de confidencialidad.
- » Metas y objetivos.
- » Método de medición de indicadores de desempeño.
- » Definición de recursos, sistemas y competencias.
- » Información a compartir.
- » Procedimiento a seguir en caso de discrepancia.
- » Acuerdo de repartición de beneficios financieros obtenidos.

2. Plan conjunto de negocios. Definir planes de promociones, políticas de inventarios y estrategias comunes.

3. Colaboración en los pronósticos de ventas.

- » Compartir información de ventas POS para elaborar en conjunto planes de demanda futura.
- » Solucionar fluctuaciones presentadas.
- » Cualquier plan o actividad que genere cambio en la demanda deberá ser conocida por los socios.
- » Establecer y divulgar calendario de eventos.
- » Tener un censor que identifique los elementos que conforman los planes o funciones y generar acciones para corregirlos.

4. Colaboración en los pronósticos de pedidos. Establecer plataformas de intercambios que sirvan como soporte al proceso y definir un modelo de reabastecimiento que tenga en cuenta variables como ventas, niveles de inventario, niveles de servicio deseados y tiempos de entrega.

5. Generación de pedido y ejecución de despacho. Retroalimentación permanente en aspectos como ruptura de *stock*, excesos e inexactitud de inventarios y estados de la orden.

Desafíos del CPFR

1. Con respecto a la gestión de demanda

- » Procesamiento de órdenes: Sistemas integrados de información y comunicación para el registro de órdenes, estado de su procesamiento, emisión de facturas y documentación relacionada con el pedido.

» *Forecasting*: Identificación de patrones de consumo del cliente, eliminación del efecto látigo, coordinación de campañas publicitarias, suministro de información de demanda, mejora en la exactitud del pronóstico por medio de la visibilidad de datos del punto de ventas.

2. Con respecto a la gestión de abastecimiento

» Creación de programas de gestión de inventarios operados por los proveedores e implementación de las alertas tempranas.

» Planificación de producción, especialmente en el proceso de ajustarlas a la demanda.

» Determinación de las características de los productos, con el fin de seleccionar los proveedores idóneos para desarrollarlas.

3. Con respecto a la gestión de distribución.

» Estándares de *packaging*, reducción en costos de distribución, cronogramas de selección y despacho de productos almacenados e informe sobre el estado de despachos.

Beneficios del CPFR

- Aumenta la cooperación con los clientes.
- Mejora el nivel del servicio, ya que se conoce la necesidad del consumidor.
- Incremento en las ventas, pues, en el punto de venta siempre hay lo que se demanda.
- Transmisión electrónica de datos entre empresas a través de internet.
- Disminución de niveles de inventarios de seguridad al disminuir la incertidumbre del pronóstico.
- Aumenta la efectividad de la gestión de producción.

En general los beneficios son:

1. Beneficios para minoristas

» Disminuye inventario de seguridad.

» Habilidad para planificar mejor los recursos de distribución.

» Alineación de objetivos en toda la cadena de suministros.

» Habilidad para administrar las redes de distribución.

» Habilidad para manejar marcas y categorías.

2. Beneficios tecnológicos

» Recolección automática de datos de extremo a extremo.

» Proceso basado en estándares.

- » Visualizaciones flexibles de datos.
- » Habilidad para manejo de relaciones.
- » Procesamiento basado en excepciones (revisar + datos y tiempo).
- » Datos agregados por usuario.

3. Beneficios para proveedores

- » Disminuye el inventario de seguridad.
- » Mejora planes de producción.
- » Mejora administración de redes de distribución.
- » Disminuye el inventario de materia prima.
- » Alineación de objetivos en toda la cadena de suministro.

Barreras y claves de éxito

1. Barreras

- » Falta de compromiso de la alta gerencia.
- » Dificultad en procesos de colaboración internos.
- » Falta de conocimiento.
- » Métrica no alineada con el proceso.
- » Falta de tecnología.
- » Baja disponibilidad para compartir conocimientos.

2. Claves de éxito

- » Visión claramente definida.
- » Liderazgo interno.
- » Dedicación de recursos.
- » Administración del cambio cultural.
- » Solicitar retroalimentación.

4.3.3 Respuesta Eficiente al Consumidor (E.C.R.)

El ECR es una estrategia desarrollada a principios de los años noventa en Estados Unidos por los proveedores y comercializadores de artículos de consumo masivo para reducir costos en la cadena de abastecimiento, esto con el objetivo de brindar un mejor servicio al consumidor final.

Gráfica 81. **Mejores prácticas asociadas a la aplicación del ECR.**

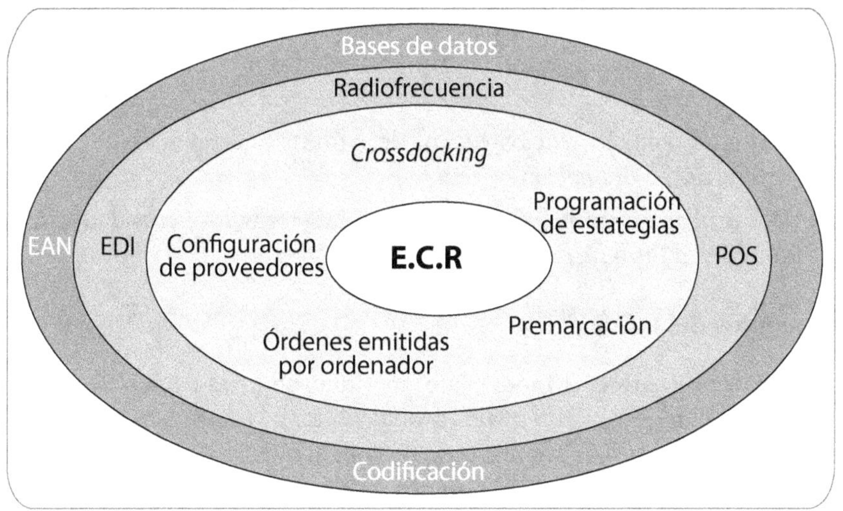

Los flujos de producto e información en la cadena de abastecimiento son impulsados por la demanda real, de manera ágil y sin interrupciones, minimizando tiempos de respuesta, nivel de inversión en inventarios y costos totales del proceso. Con esto se mejoran los niveles de servicio, entendidos como la probabilidad de que los clientes encuentren el producto que buscan.

Como principios esenciales del ECR se encuentran:

Debe existir un enfoque constante en proveer de mejor valor al consumidor, con menor costo, a través de la cadena de abastecimiento, para brindar el mejor producto con la mejor calidad, variedad, conveniencia por medio del mejor servicio.

1. ECR debe ser guiado por altos cargos ejecutivos comprometidos con el proceso y dispuestos a cambiar la mentalidad de las relaciones existentes de 'ganar-perder' hacia 'ganar-ganar' a través de alianzas exitosas de socios comerciales.

2. La información es esencial para soportar las decisiones de *marketing,* producción y logística. Esta información fluye externamente entre socios a través del Intercambio Electrónico de Datos (EDI).

3. Los procesos deben dar valor añadido, desde el final de la producción/empaque, hasta las manos de quien los consume, a fin de garantizar que el producto adecuado esté disponible en el momento y el lugar deseados. Deben existir sistemas de medición y recompensa, estándares y consistentes, enfocados al aumento en la eficiencia del sistema total. ECR se enfoca en acortar el tiempo y eliminar costos de los procesos básicos de valor añadido del ciclo de la cadena de abastecimiento, a través de:

» Proveer una variedad de productos completa y ajustada a las necesidades del consumidor, es decir, el *surtido eficiente de productos*.

» Mantener buenos niveles de inventario de los productos adecuados o *resurtido eficiente*.

» Comunicar los beneficios y valor del producto a través de una adecuada promoción o *promoción eficiente*.

» Desarrollar e introducir productos que satisfagan las necesidades del consumidor o *Introducción eficiente de productos*.

Fundamentos del E.C.R.

1. **Reabastecimiento continuo.** Flujo continuo de productos y de las operaciones de manipulación. Los flujos de producto e información en la cadena de abastecimiento son impulsados por la demanda real, de manera ágil y sin interrupciones, minimizando tiempos de respuesta, nivel de inversión en inventarios y costos totales del proceso; mejorando nuestros niveles de servicio, entendidos como la probabilidad de que nuestros clientes encuentren el producto que buscan. Se garantiza logrando un alto nivel de servicio del proveedor en las entregas, y racionalizando los inventarios sin arriesgar agotados.

   » Intercambio ágil de información.

   » Mercancía lista en el punto de venta.

   » Manejando empaques adecuados a la demanda.

   » Centralizando las entregas en el proceso de reabastecimiento.

2. **Surtido eficiente.** Tener el producto adecuado en las cantidades precisas, siempre disponible para el consumidor.

3. **Introducción eficiente de nuevos productos.** Análisis cuidadoso de las ventajas que ofrece el producto para el consumidor ante su lanzamiento, para reducir costos pues se deben hacer grandes inversiones por parte del comerciante e industrial.

4. **Promociones eficientes**: Hacer más eficientes las promociones, contando con información de ventas para analizar su comportamiento. La ineficiencia ocasiona:

   » Excesos de inventarios.

   » Confusión del consumidor.

   » Logística de devolución.

   » Desordenes en el mercado.

Gráfica 82. **E.C.R.**

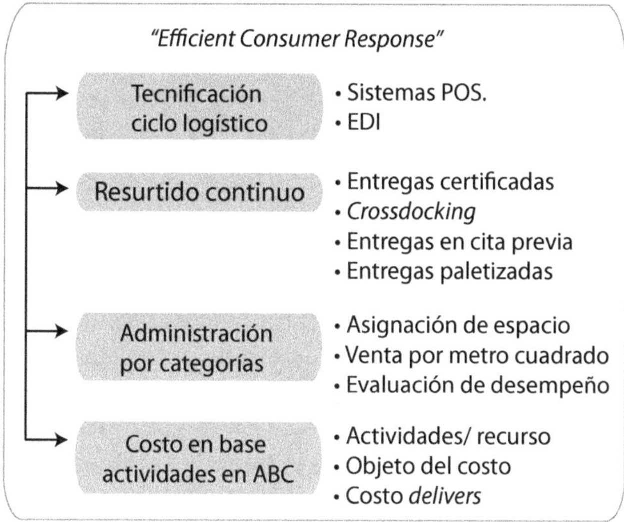

Beneficios de implementar E.C.R.

- Mayor satisfacción del consumidor.
- Mejores relaciones entre los actores de la cadena de abastecimiento.
- Reducción de días de inventarios.
- Reducción de costos por disminuir los días de inventarios.
- Mayor rotación del inventario.
- Disminución de costos operativos y administrativos.
- Reducción de tiempos de la cadena de abastecimiento.

Gráfica 83. **Estrategias del E.C.R.**

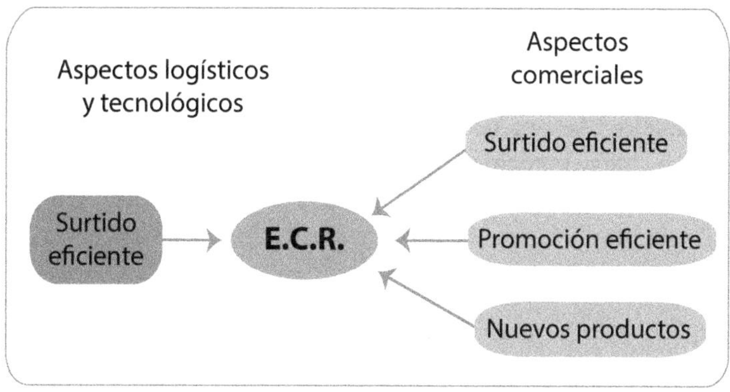

Es una estrategia de la industria, en la que detallistas, distribuidores y proveedores trabajan conjuntamente para eliminar costos excesivos de la cadena de suministro y brindar un mejor valor al consumidor final. Enfocándose en la eficiencia del sistema total de suministro, en vez de la eficiencia de los componentes individuales se reducen los costos del sistema, inventarios y recursos a la vez que se pone a disposición de los consumidores un producto con mejor valor, calidad y frescura.

Surtido eficiente de productos

Se relaciona con el uso más eficiente de la tienda y el espacio en anaquel, lo cual es el punto de encuentro entre la cadena de suministro y el consumidor final. Con la adopción de procesos efectivos de administración de categorías y sistemas para la administración de espacios y definición de surtidos, se puede mejorar dramáticamente el aprovechamiento del espacio (rentabilidad de espacio) de anaquel y del espacio que no se está utilizando para vender. Hay que recordar que el espacio es el activo más importante de un autoservicio. A través del surtido eficiente se obtiene:

- Mayor satisfacción del consumidor.
- Aumento en la lealtad de los consumidores.
- Mejor aprovechamiento del espacio en anaquel.
- El detallista logra maximizar su ventaja de surtido más amplio en comparación con los clubes de precios.
- Proveedores y detallistas enfatizan y se enfocan en los productos con más alto volumen o alto margen.
- Se reduce el énfasis en productos con bajo volumen o bajo margen.
- Se abre la posibilidad de poseer una variedad y una organización específicas en cada tienda individual.
- Se posibilita una mejor evaluación de promociones.
- Se pueden aplicar mejores estrategias de precios, para mejorar el ROI.

Resurtido eficiente

Une el consumidor, la tienda, los centros de distribución y los almacenes/centros de distribución de proveedores y fabricantes en un sistema sincronizado. La información fluye de forma más efectiva a través de tecnologías como EDI (Intercambio Electrónico de Datos), mientras que el producto fluye con menos interrupciones desde las líneas de producción a las manos del consumidor. A través del resurtido eficiente se obtienen beneficios como:

- Disminución en niveles de faltantes.
- Reducción de inventarios.
- Reducción de reclamaciones, errores y pérdidas.

- Se da un mejor aprovechamiento de los recursos humanos (compradores y vendedores).
- Mayor exactitud en las transacciones.

Promoción eficiente

Se refiere a reenfocar el tradicional pensamiento de 'vender al detallista' hacia 'vender al consumidor' con el objetivo de aprovechar mejor el dinero invertido en promociones y producir mejores resultados para el proveedor y el detallista. Esto logra promociones que incrementan el valor de la categoría y producen consumidores más satisfechos y leales. Los beneficios que se obtienen mediante la promoción eficiente son:

- Mejor aprovechamiento de los recursos invertidos en promociones.
- Enfoque en promociones que realmente incrementan el valor de la categoría.
- Incremento de la lealtad de los consumidores meta del detallista

Introducción eficiente de productos

Trata de mejorar el proceso de desarrollo e introducción de productos nuevos, a través del trabajo conjunto y estratégico entre los proveedores y fabricantes. Los beneficios son:

Para el detallista:

- Mejor manejo de inventarios.
- Aumento en ventas al introducir productos que incrementan las ventas totales de la categoría.

Para el proveedor:

- Reducción de fallos en productos nuevos.
- Optimización de estrategias de *marketing*, ya que la prueba del producto se realiza en un ambiente más realista.
- Identificación de nuevas necesidades de productos rentables, gracias a un mayor acercamiento con el cliente.

Para el consumidor:

- Recibe productos realmente nuevos e innovadores, con un mejor **valor**.

Gráfica 84. Esquema operativo del E.C.R.

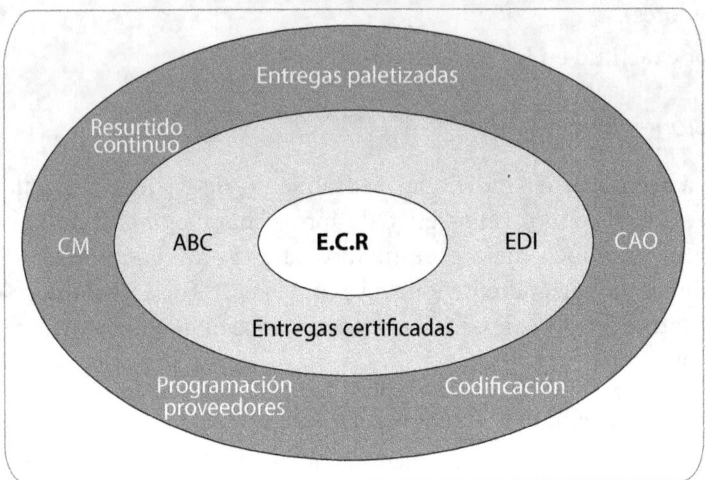

4.3.4 Logística del Servicio al cliente

Conceptos y principios

El papel que juega el servicio al cliente en las empresas modernas ha cobrado una mayor importancia en la misma proporción en que se ha identificado al servicio como el factor de mayor diferenciación hoy en día para cualquier negocio. Esto se ha potencializado por dos aspectos fundamentales:

- La mayor madurez y conocimiento de los clientes respecto de la toma de decisiones de adquisición de bienes y servicios. Con ello, una mayor exigencia en cuanto a sus expectativas alrededor de un producto o un servicio.

- La aparición y masificación de soluciones tecnológicas en el campo del *marketing* y de las operaciones logísticas que permiten tener una mayor cantidad de información con mejores niveles de confiabilidad y, lo más importante, de forma oportuna.

El servicio y la satisfacción percibida por un cliente o un usuario no deben ser concebidos por las empresas como el resultado de una acción específica hecha por el departamento de servicio al cliente o por solo una buena gestión de la distribución, sino el de una gestión integral de todos los procesos de planificación y de operación de una compañía. Es alrededor de este factor que se edifica la gestión logística como elemento clave para lograr la competitividad y la diferenciación de las organizaciones.

Función del servicio al cliente

El servicio al cliente se entiende como la función realizada por una compañía con el fin de conocer y darle trámite a las inconformidades percibidas por uno o varios clientes respecto del servicio que se ofrece alrededor de la entrega de un producto. Las inconformidades que se presentan más usualmente son:

- Diferencias entre las cantidades despachadas y las pedidas sin previo acuerdo con el cliente.
- Diferencias entre las referencias recibidas por el cliente y las solicitadas.
- Diferencias en los documentos de soporte al despacho: Facturas, remisiones, etc.
- Diferencia entre los precios acordados con los clientes.
- Entregas a destiempo o en un lugar diferente al pactado.
- Calidad por debajo de lo esperado por el cliente.

Estas diferencias son fundamentales prevenirlas en lugar de solucionarlas una vez ocurridas, es por ello que la función de servicio al cliente cobra realmente su importancia y validez cuando se anticipa a estas ocurrencias por medio de conocer y entender las necesidades y expectativas de los clientes. Es decir, se busca ser proactivos en lugar de reactivos.

La capacidad de asegurar la adecuada prestación del servicio de parte de la empresa es otra de las funciones vitales del servicio al cliente, lo cual logra por medio del establecimiento de canales de comunicación permanentes y fluidos entre todas las áreas tanto administrativas como operativas. Con base en esto, el servicio al cliente se torna en una función transversal al igual que la logística que a su vez también tiene procesos de entrada y salida (los relacionados con la comunicación con los clientes) pero se interrelaciona en procesos de producción, calidad, compras, ventas, planificación, etc. No con el fin de intervenirlos o dirigir su actuación, sino para participar de acuerdos de trabajo conjuntos destinados a mejorar constantemente todos los procesos de forma integral con miras al principal objetivo del servicio al cliente y de toda la organización: satisfacer al cliente y cumplir con sus expectativas.

Fotografía 14. **Servicio al cliente** .

Elementos del servicio al cliente

El servicio al cliente muchas veces es entendido solo como una función destinada a recibir quejas y reclamaciones. Sin embargo, el servicio es una gestión integral de toda una organización donde participan todas las áreas de la empresa tanto en la definición de las políticas de servicio como en su ejecución. Por ejemplo, una política de calidad apunta a mantener y superar constantemente un adecuado nivel de servicio al igual que las políticas de fijación de precios, la promesa de entrega, etc.

Partiendo de lo anterior para poder desarrollar una función de servicio al cliente eficiente, primero deben definirse los siguientes elementos:

1. ¿Qué servicios se ofrecerán? Para ello es necesario revisar periódicamente, por medio de encuestas o contactos personalizados, como van cambiando las necesidades de los clientes según aparecen nuevos competidores o los existentes entregan mayores beneficios.

   Esta estrategia también implica conocer a los competidores cercanos y establecer parámetros de comparación a fin de identificar posibles debilidades y fortalecer el servicio ofrecido.

2. ¿Qué nivel de servicio se debe ofrecer? Una vez se conoce el tipo de servicio que requiere un cliente, se debe proceder a identificar qué clase de productos y servicios, qué cantidades de productos se deben ofrecer y qué compromisos de tiempo de entrega serán pactados.

3. ¿Cuál es la mejor manera de ofrecer los servicios? Esto implica definir elementos como el precio y los respectivos descuentos que se ofrecerán a los distintos segmentos de clientes y mercados objetivos. Además, se definen los llamados valores añadidos en *marketing,* como material promocional (catálogos, pancartas, etc.), obsequios, entre otros.

4. ¿Qué herramientas de contacto se definen? Se deben establecer seguidamente los medios para detectar los posibles errores en las entregas y, en general, en el servicio prestado. Estas pueden ser la confirmación directa con el cliente, medición de indicadores de gestión (como el del pedido perfecto que indica si se cumple con todas las condiciones de entrega pactadas), líneas de servicio al cliente (por ejemplo, las famosas líneas 018000), encuestas de satisfacción, entre otros.

5. Socializar las estrategias y políticas. Es necesario construir de forma conjunta por todos los estamentos de la organización y así mismo ser compartidos con los clientes, dándoles a conocer cuál es la promesa de entrega y los medios por los cuales podrán dar a conocer sus recomendaciones, quejas e inconformidades.

Todos estos elementos conforman el elemento principal sobre el cual se estructura la gestión del servicio al cliente, la promesa de servicio.

La promesa de servicio se define como la expresión de los elementos característicos que una compañía puede ofrecerle a un cliente, dichos elementos pueden ser básicos o diferenciadores, este ofrecimiento se basa en lo que la empresa puede garantizarle al cliente que obtendrá por medio de la adquisición de un producto o servicio determinado.

La interacción entre marketing y logística

La característica expuesta anteriormente referente a la integralidad del servicio al cliente tiene su mayor impacto sobre las operaciones logísticas, función con la que se deben compartir y definir conjuntamente lo siguiente:

- Tiempo entre la recepción de un pedido por parte del cliente y su respectivo envío.
- Tamaño mínimo del pedido y límite en la variedad de artículos.
- Porcentaje de artículos que pueden estar fuera de *stock*, es decir, aquellos productos que mantienen una existencia cero y que se abastecen exclusivamente bajo pedido. Usualmente son productos de muy baja rotación.
- Porcentaje de órdenes del cliente que son cumplidas.
- Porcentaje de clientes o cantidad de órdenes que son atendidas dentro de un período determinado de tiempo.
- Facilidad y flexibilidad con que un cliente puede realizar un pedido o cambios sobre un pedido original.
- Los medios de transporte para hacer llegar el producto.
- La validación de los documentos que acompañan un despacho.

Los clientes pueden verse influenciados en principio por características del producto y por el precio del mismo. Pero, una vez estos factores son acordados y negociados, la disponibilidad en todo momento del producto requerido, los plazos de entrega rápidos y las facilidades para acceder al producto bajo las condiciones requeridas se transforman en los elementos más relevantes del servicio. Por ello, la articulación entre la promesa de servicio y la capacidad de respuesta logística es imprescindible para el éxito de cualquier negocio.

La importancia que percibe el cliente respecto del servicio termina por transmitirse al área de logística, quienes a su vez lo convierten en exigencias para los proveedores, incluso si estos son de materias primas. Ya que la eficiencia del proceso logístico no depende exclusivamente de la gestión interna de una empresa, sino de la adecuada puesta en marcha de acciones conjuntas de mejora a lo largo de toda la cadena de suministros.

La siguiente imagen ilustra cómo se distribuyen los errores que por lo general se presentan en el desarrollo de las operaciones logísticas de cara al cliente.

Gráfica 85. Errores comunes en las entregas.

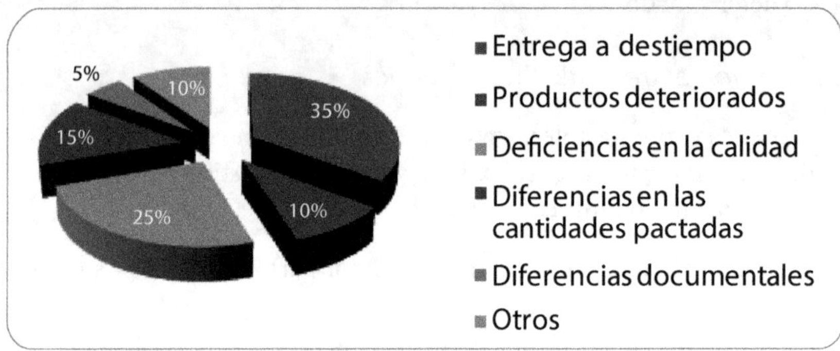

Generación de valor en la prestación del servicio

Es preciso combinar los siguientes factores para que la gestión del servicio no sea solo una forma de recibir constantemente quejas y reclamaciones y se transforme en una función que genere valor para la organización y el cliente:

- El liderazgo del alta gerencia como base de la gestión integral.
- Impulsar la satisfacción interna de los empleados.
- Propender por la productividad de los procesos.
- Conocer y entender la importancia y el valor del servicio.
- La definición de la satisfacción al cliente como prioridad.
- La conservación del cliente por medio de procesos de fidelización.

Existen diez preceptos del mercado y la gestión del servicio que son cruciales para poder ejercer una función eficaz. Estos elementos son componentes de la filosofía de la gestión del servicio al cliente más que características operativas de una función. Sin embargo, su entendimiento puede marcar la diferencia entre gestionar reclamaciones y realizar una gestión del servicio:

1. **El cliente por encima de todo.** Es el cliente a quien la compañía debe complacer.

2. **No hay nada imposible cuando se quiere**. A veces los clientes solicitan cosas casi imposibles, el secreto no está en complacerlos en todo, sino más bien en analizar la viabilidad de las propuestas y negociarlas con ellos.

3. **Cumplir todo lo que se promete.** No se pueden establecer promesas de servicio que no sean acordes con la capacidad de respuesta logística de la empresa.

4. **Solo hay una forma de satisfacer al cliente: darle más de lo que espera.**

5. **Para el cliente usted marca la diferencia.** Las personas que tienen contacto directo con los clientes tienen un gran compromiso, pueden hacer que un cliente regrese o que jamás quiera volver.

6. **Fallar en un punto significa fallar en todo.** Puede que todo funcione a la perfección, que se tenga controlado todo, pero si se falla, por ejemplo, en el tiempo de entrega, todo el esfuerzo se habrá perdido.

7. **Un empleado insatisfecho genera clientes insatisfechos.** Los empleados deben creer en lo que la compañía ofrece y participar en la construcción de las estrategias comerciales y operativas.

8. **El juicio sobre la calidad de servicio lo hace el cliente.** La única verdad es que los clientes son quienes, en su mente y su sentir, lo califican. Si es bueno vuelven y de lo contrario no regresan.

9. **Por muy bueno que sea un servicio siempre se puede mejorar.** Se deben buscar constantemente mejoras en todos los procesos para generar una permanente diferenciación con los competidores.

10. **Cuando se trata de satisfacer al cliente, debe establecerse primero un equipo con metas y objetivos comunes.**

Gestión del servicio

La gestión del servicio es la función en el interior de la organización que integra las actividades desarrolladas en el marco del servicio al cliente y las ejecutadas a nivel de operaciones logísticas de abastecimiento o distribución enmarcadas también en el cumplimiento de las necesidades del cliente.

Esta integralidad es la que permite correlacionar políticas comerciales con políticas de niveles de inventario, políticas de entrega, capacidades de producción, etc. Esto permite que la empresa logre tener todas sus operaciones en función de dar cumplimiento a su razón de ser: satisfacer al cliente.

El ciclo de servicio

El ciclo de servicio es una secuencia lógica y encadenada de interacciones que experimenta un cliente hasta que puede ver sus necesidades totalmente satisfechas. Este ciclo se da inicio a través de la fijación de un pedido, el cual traduce estas necesidades. Este proceso continúa con una serie de momentos de contacto con el proveedor hasta que el cliente recibe lo que pidió al inicio, cumpliéndose con esto todas las cualidades de precio, calidad y entrega pactadas.

Es muy común que en el interior de las empresas las distintas áreas trabajen de forma aislada sin considerar que a final de cuentas el cliente percibe un servicio de forma completa y no por partes, es decir, valora de igual forma todos los aspectos que este conlleva para luego poder tomar una decisión respecto de si dicho servicio satisface o no sus expectativas. Por tanto, observar, diseñar y desarrollar un proceso desde la perspectiva de un ciclo de servicio realmente es mirarlo desde el punto de vista del cliente y no de la organización. Esto es tener el cliente como punto de referencia para fijar las prioridades. Entonces, si se espera transformar la excelencia en el servicio en un factor cultural y diferenciador que permita desarrollar la mayor ventaja competitiva de una organización, es necesario adoptar esta mirada.

Mediante este método de trabajo basado en el ciclo de servicio los clientes y los proveedores articulan condiciones de satisfacción y las completan a través del encadenamiento de los semiciclos básicos o aspectos relevantes en el servicio que permiten cumplir con la promesa principal acordada.

Esta interrelación entre cliente-proveedor se fundamenta en cuatro etapas básicas conceptuales con sus instantes generales de contacto:

1. La preparación: Dónde el cliente determina sus necesidades plasmándolas en una solicitud de pedido y la empresa identifica así mismo cual es la mejor manera de cumplir con tal requerimiento.

2. La negociación: En esta fase el proveedor está dispuesto a satisfacer las necesidades expresadas por su cliente mediante la definición conjunta de los componentes que integrarán la promesa de servicio, para luego negociar sobre aspectos como el lugar de entrega, un descuento por pronto pago, etc.

3. La ejecución: Momento en el cual, a partir del acuerdo conjunto, la promesa de servicio se da inicio a la prestación del servicio. Es de considerar que para esta etapa la compañía debe preparase en todos los sentidos para dar la respuesta que el cliente espera luego de haberse definido la promesa de servicio.

4. La aceptación: A partir del acuerdo y de la verificación de que lo recibido cumpla con las condiciones pactadas, el cliente procede a validar comercialmente, financieramente y operativamente la transacción que acaba de realizar buscando cumplir con su parte del trato.

En esta etapa es vital que la compañía conozca todas las percepciones del cliente respecto de aspectos cuantitativos como la entrega del producto y de aspectos cualitativos como la atención personal brindada por cada empleado con el que tuvo algún tipo de contacto.

La promesa de servicio

La promesa de servicio es la conjunción de una serie de elementos que van desde lo comercial hasta lo logístico, estos elementos se resumen principalmente en dos decisiones:

1. La política de servicio. Es una decisión corporativa mediante la cual se definen todos los criterios, políticas, procesos de planificación y programación y, en general, de todas las actividades operativas de la empresa con el fin de encaminarlas hacia la gestión integral y completa satisfacción del cliente.

2. La promesa de valor. Más que una política cuantificable de alguna manera, como el nivel de inventario disponible para satisfacer la demanda o nivel de servicio, es toda una declaración de intenciones de cumplir con estrategias diferenciadoras que no obedecen exclusivamente al producto o al servicio de entrega del mismo, sino a elementos de valor añadido que no pueden ser valorizados por medio de una transacción comercial. Por ejemplo, el acceso por medio de una página web a una herramienta que le permita conocer al cliente en tiempo real la ubicación exacta de sus mercancías durante una operación de transporte.

El nivel de servicio

El nivel de servicio constituye uno de los elementos fundamentales del establecimiento de la promesa de servicio.

Este nivel de servicio corresponde a una probabilidad de que la compañía pueda cumplir con su demanda en un momento determinado en términos de cantidades y referencias solicitadas, y de tiempos y lugares de entrega. Esta probabilidad impacta de manera directa los niveles de inventario de una empresa, es decir, a mayor nivel de servicio ofrecido para un producto determinado, mayor será la cantidad de mercancías que se deberán almacenar de dicho producto a fin de poder mantener la disponibilidad requerida por el cliente.

En términos de logística, las formas de medir el nivel de servicio al cliente son diversas y por ello deben tenerse en cuenta toda una serie de factores y definir cuál o cuáles de ellos servirán como base para calcular posteriormente dicho nivel de servicio. Los más destacados son:

1. Duración del ciclo pedido entrega.
2. Varianza (variabilidad) de la duración del ciclo pedido entrega.
3. Disponibilidad del producto.
4. Información sobre la situación del pedido a lo largo de toda la cadena logística.
5. Flexibilidad ante situaciones inusuales y respuesta a las emergencias.

6. Retornos de productos sobrantes y defectuosos.

7. Actuación sin errores (en el producto y en la información que llega al cliente).

8. Tiempo de entrega usual en el mercado.

9. Completamiento (cantidad y surtido) de los pedidos.

10. Servicio de posventa.

11. Tiempo de atención a reclamaciones.

12. Servicio de garantía.

Una vez seleccionado el grupo de elementos para determinar el nivel de servicio, se debe proceder a establecer los indicadores de gestión que permitirán luego hacerle seguimiento al comportamiento del nivel de servicio en cada segmento de clientes.

El nivel de servicio general de la empresa se determina entonces por la integración de los elementos previamente descritos. Por ejemplo: en una empresa se ha seleccionado para medir el servicio al cliente los parámetros de disponibilidad del producto, tiempo de satisfacción del pedido del cliente y nivel de aceptación de los clientes por calidad y completamiento, donde luego de efectuar las respectivas mediciones del caso se obtuvieron valores de 98%, 95% y 94% respectivamente, lo cual resulta en un nivel de servicio general de:

$$NS = 0,98 * 0,95 * 0,94 = 0,875$$

$$NS = 87,5\%$$

La medición y evaluación del nivel de servicio no debe llevarse a cabo solo en función de la relación proveedor/cliente, en este proceso se hace necesario realizar un análisis comparativo del comportamiento de la competencia y de los proveedores de servicios logísticos que algún momento dado pudiere llegar a usar la compañía como medio para realizar la preparación y entrega del producto. La no consideración del comportamiento de la competencia puede llevar a la empresa a la pérdida de clientes.

Estrategias de servicio al cliente

Las estrategias empleadas en la gestión del servicio al cliente van enfocadas principalmente a lograr la satisfacción de cada segmento de clientes de la compañía, garantizar su permanencia a través de la fidelización y a obtener una diferenciación que le permita a la empresa sobresalir por encima de sus competidores bajo estándares de servicio. Pues, como se ha mencionado a lo largo de este módulo, hoy en día los atributos de calidad y de precio del producto son casi que descartados a la hora de ser competitivos en un mercado dado, pues estos se asumen como principios básicos para poder iniciar una negociación entre cliente y proveedor.

Principios para el diseño del servicio al cliente

Para tener una función de servicio al cliente trabajando de forma proactiva en anticiparse a las necesidades de los clientes por encima de tan solo responder a una queja o una reclamación, es necesario cumplir con los siguientes principios:

1. **Diferenciación del servicio.** Para los distintos segmentos de mercado. Diseñarse el nivel de servicio más adecuado.

2. **Competitividad.** El diseño del servicio que se realice, además de satisfacer plenamente las necesidades de los clientes, debe poder garantizar la competitividad de la empresa de forma tal que pueda permanecer en el mercado durante largos periodos de tiempo.

3. **Racionalidad.** Lograr satisfacer las necesidades de los clientes y mantenerse en el mercado debe hacerse sobre la base de una adecuada racionalidad en la utilización de los recursos y procesos, es decir, lograr el equilibrio entre el costo del servicio y el beneficio comercial y financiero percibido.

4. **Satisfacción del cliente.** Toda acción en la prestación del servicio debe estar dirigida a lograr satisfacción en el cliente. Esta satisfacción debe garantizarse en cantidad, calidad, tiempo, precio, atención y servicio.

5. **El funcionamiento del sistema logístico.** La empresa debe lograr satisfacer las necesidades de sus clientes y realizar los controles de sus procesos sin necesidad que estos últimos tengan influencia directa sobre el cliente.

6. **Transparencia de la meta de servicio.** Tanto para el cliente como para quien brinda y apoya el servicio. El cliente debe conocer qué puede esperar del servicio brindado por la empresa.

7. **Personalización.** El servicio se brinda no a un cliente indistinto sino a una persona (o grupo) específico y como tal debe tratarse.

Estrategias para lograr la satisfacción de los clientes

La satisfacción de los clientes es uno de los principales objetivos de una empresa en cabeza de las funciones de *marketing*, servicio al cliente y logística. Para lograr un estado de satisfacción es preciso primero determinar y entender las necesidades que motivan a un cliente a tomar una decisión de compra. Uno de los componentes principales de una estrategia de satisfacción al cliente se basa en los procesos y medios para realizar la atención al cliente. Es decir, el contacto directo que se sostiene de forma permanente con cada cliente.

Procesos de atención al cliente

Toda empresa debe controlar en todo momento los procedimientos y medios para realizar la función de atención al cliente. Pues, esta se consolida como un factor determinante para garantizar un buen entendimiento entre las partes buscando desarrollar relaciones cordiales de largo plazo fundamentadas en la confianza.

A nivel mundial se acepta que más del 20% de las personas que dejan de comprar un producto o servicio, renuncian a su decisión de compra debido a fallos en la información de atención que se le entrega a los clientes cuando estos se interrelacionan con las personas encargadas de atender a los compradores, bien sea por aspectos de cartera, de negociación de precios, de acuerdos de plazos y sitios de entrega, o bien para entregar informes de seguimiento respecto del estado de los pedidos gestionados en el centro de distribución.

Para garantizar una adecuada atención al cliente, es preciso tener en cuenta los siguientes elementos:

Fotografía 15. **Call centers de servicio al cliente.**

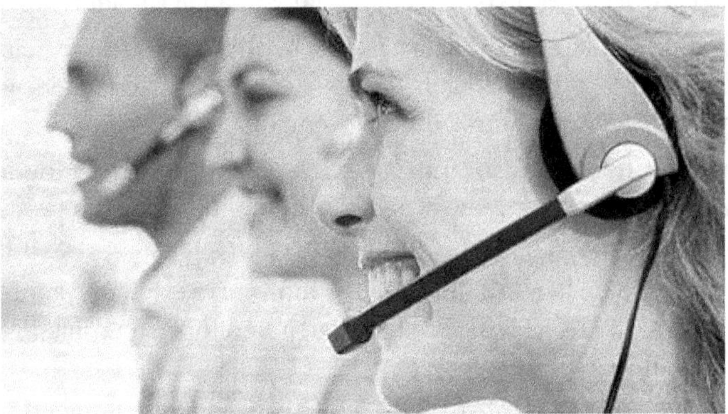

1. **Determinación de las necesidades del cliente.** La primera herramienta para mejorar y analizar la atención de los clientes es simplemente preguntarse lo siguiente:

   » ¿Quiénes son los clientes? Determinar con qué tipos de personas va a tratar la empresa.

   » ¿Qué buscarán las personas que se van a tratar? Es tratar de determinar las necesidades básicas (información, preguntas materiales) de la persona con que se ve a tratar.

   » ¿Qué servicios brinda en este momento el área de atención al cliente? Determinar lo que existe.

> » ¿Qué servicios fallan en el momento de atender a los clientes? Determinar los fallos mediante un ejercicio de autoevaluación.

> » ¿Cómo contribuye el área de atención al cliente en la fidelización de la-marca y el producto, y cuál es el impacto de la gestión de atención al cliente? Determinar la importancia que tiene el proceso de atención tiene en la empresa.

> » ¿Cómo puedo mejorar? Diseño de políticas y estrategias para mejorar la atención.

2. **Análisis de los ciclos de servicio.** Consiste en determinar dos elementos fundamentales:

> » Las preferencias temporales de las necesidades de atención de los clientes. Es decir, qué tiempos de espera están dispuestos los clientes a asumir con tal de adquirir un bien o servicio o simplemente para recibir una respuesta a una reclamación o inquietud determinada.

> » Establecer las carencias del cliente bajo parámetros de ciclos de atención, lo cual se refiere a las limitaciones que puede tener un cliente respecto de su ubicación geográfica, compromisos laborales y sociales, responsabilidades del cargo que desempeña, etc. Todo esto le podría impedir en un momento iniciar un contacto con su proveedor. Para esto es necesario pensar en herramientas como las líneas de atención gratuitas, las páginas web o los buzones de correo electrónico para facilitar dicho contacto.

3. **Encuestas de servicio con los clientes.** Este punto es fundamental para un correcto control de la atención al cliente, ya que se requiere siempre de una información más especializada y cuantificable, en lo posible personal y en donde el consumidor pueda expresar claramente sus preferencias, dudas o quejas de manera directa. Estas encuestas deben hacerse periódicamente, usualmente las compañías las realizan una vez al año y analizan los resultados en el interior de la organización para trazarse objetivos estratégicos para años siguientes.

4. **Evaluación del comportamiento de atención.** Tiene que ver con la parte de atención personal del cliente. Se deben tener en cuenta unas reglas importantes para las personas que atiende:

> » Mostrar atención e interés respecto a la problemática del cliente.

> » Tener una presentación adecuada.

> » Atención personal y amable.

> » Tener a mano la información adecuada o la forma de conocer rápidamente tal información.

> » Expresión corporal y oral adecuada.

Indicadores de gestión aplicados al servicio al cliente

Los indicadores de gestión tienen como objetivos los siguientes elementos:

1. Permitir identificar problemas operativos o de bajo desempeño y tomar acciones correctivas.

2. Servir como catalizadores del grado de competitividad de la empresa frente a sus competidores nacionales e internacionales.

3. Establecer oportunidades de reducir gastos y aumentar la eficiencia operativa.

4. Permitir comparaciones con empresas del sector a nivel local e internacional (*benchmarking*).

5. Facilitan conocer en qué grado se está satisfaciendo a nuestros clientes en tiempos y costos (Instrumento para el mejoramiento del servicio).

6. Mostrar la eficiencia en el uso de los recursos y activos asignados para aumentar la productividad y efectividad de las operaciones internas y externas.

7. Ayudar a decidir qué servicios y qué niveles de servicio ofrecer a diferentes clientes al permitirles evaluar el impacto en los costos de proporcionar niveles de servicios más altos.

Para poder medir un proceso o un área de la empresa en particular, se deben tener muy claro las circunstancias en las cuales tal medición es viable para la compañía; tales circunstancias son las siguientes:

» Para mejorar los procesos dentro de la empresa (identificar causas).

» Para mejorar los niveles de involucramiento en los procesos.

» No se puede controlar lo que no se mide.

» No se gana un juego si no se tiene un marcador objetivo.

» Cuando se miden las situaciones tienden a mejorar.

» Las mediciones condicionan el comportamiento de los individuos (estimular el deseo de superación).

» Para mejorar donde hay debilidad.

» Para conocer a fondo los procesos (administrativos, de producción, logísticos, etc.).

A la hora de implementar un sistema de indicadores se deben responder las siguientes preguntas:

¿Qué medir?

• Los procesos que son importantes para la gerencia.

• El nivel de satisfacción de nuestros clientes.

- Las actividades que requieren recursos significativos y proporcionan retroalimentación sobre el trabajo realizado.

- Los procesos de logística y aspectos de la SCM.

¿Quién debe hacer las mediciones?

- La persona que realiza su propio proceso.

- Una persona de una dependencia conexa.

- Un tercero.

¿Cómo medir?

- Técnicamente: Con herramientas y procedimientos homologados.

- Objetivamente: Dependiendo del objeto a medir y no del sujeto.

- Independientemente: Que dependa única y exclusivamente del objeto y del instrumento medidor.

Gráfica 86. **Errores comunes en las entregas.**

¿Qué medir?
- Análisis de los procesos clave.
- Definición del tipo de decisiones que se pretenden tomar.

¿Quién mide?
- Definición de la responsabilidad sobre el análisis y la toma de decisiones.
- Definición de grupos multidisciplinarios.

¿Cómo medir?
- Definición de los estándares y metas de los indicadores.
- Establecer los métodos comparativos y de análisis.

Ejemplos de indicadores de gestión

A continuación, se describen los principales indicadores que deben ser medidos para controlar y evaluar la gestión del servicio en una compañía.

Entrega perfecta

- **Objetivo general.** Conocer la eficiencia de los despachos efectuados por la empresa teniendo en cuenta las características de completos, a tiempo, con documentación perfecta y sin daños en la mercancía.

- **Definición.** Cantidad de órdenes que se atienden perfectamente por una compañía y se considera que una orden es atendida de forma perfecta cuando cumple con las siguientes características:

- La entrega es completa, todos los artículos se entregan a las cantidades solicitadas.
- La fecha y el lugar de la entrega es la estipulada por el cliente.
- La documentación que acompaña la entrega es completa y exacta.
- Los artículos se encuentran en perfectas condiciones físicas
- La presentación y equipo de transporte utilizado es el adecuado en la entrega al cliente.

Ventas perdidas

- **Objetivo general.** Identificar las causas por las ventas perdidas de la empresa por problemas logísticos de entrega de mercancía.
- **Definición.** Es el porcentaje del costo de las ventas que se pierden por incumplimientos en los pedidos facturados.
- **Cálculo.**

$$Valor = \frac{Valor\ pedidos\ no\ entregados}{Valor\ ventas} * 100$$

- **Impacto.** Sirve para identificar los factores por la no entrega oportuna de pedidos a los clientes finales y poder tomar acciones correctivas para evitar pérdida de clientes y ventas futuras.

Errores en facturas

- **Objetivo general.** Controlar la exactitud de las facturas enviadas a los clientes.
- **Definición.** Número y porcentaje de facturas con error por cliente, y agregación de los mismos (se recomienda llevar una medición por cliente).

$$Valor = \frac{Facturas\ emitidas\ con\ errores}{Total\ facturas\ emitidas} * 100$$

- **Cálculo.**
- **Impacto.** Generación de retrasos en los cobros e imagen de mal servicio al cliente, con la pérdida de ventas que puede llevar aparejada.

Nivel de devoluciones

- **Objetivo general.** Controlar la calidad de las entregas a fin de mejorar el servicio logístico y disminuir los costos.
- **Definición.** Es la proporción entre los niveles de despachos y las devoluciones generadas.

- **Cálculo.**

$$Valor = \frac{Valor\ devoluciones}{Valor\ despachos} * 100$$

- **Impacto.** Permite monitorizar el porcentaje de devoluciones totales en un período, respecto al valor de los despachos, también puede medirse en unidades. Para un mejor control de las devoluciones que en algunos negocios se manejan cifras altas, se recomienda además sacar este indicador por línea o categoría, por distrito o zona de ventas y por vendedor.

Tecnologías de información aplicadas a la gestión del servicio al cliente

La función del servicio al cliente no se escapa a las mejoras que trae consigo el desarrollo de las tecnologías de información, las cuales aportan a la gestión logística de la organización en todos los ámbitos, desde la gestión de las órdenes de compra hasta el seguimiento a los pedidos despachados hacia los clientes.

La clave de un adecuado sistema o herramienta de información que apoye el proceso de gestión del servicio y la atención al cliente, recae en la oportunidad y precisión con la cual se genere y trasmita una información determinada. Esto le permite a todos los actores de la cadena de abastecimiento tener los elementos suficientes para la toma de decisiones.

La logística en el modelo de e-business

Cuando los primeros comercios *on-line* buscaron soluciones logísticas encontraron unos proveedores confusos.

Las tiendas *on-line* de B2C (*business to consumer*, relación comercial de empresa a consumidor) aparecen mucho antes de que el B2B (*business to business*, relación comercial de empresa a empresa) adquiriera forma de negocio estable, con lo cual emprendedores *puntocom* acudieron a paqueteros y operadores logísticos en busca de una solución de distribución física para las mercancías que pensaban vender en la red. El portafolio de opciones que se les presentaba no era muy amplio.

Sistemas de información para la gestión del servicio (CRM)

La gerencia de mercado moderno es plenamente consciente de la importancia de satisfacer las necesidades de sus consumidores. De allí que las empresas se enfocan en lograr una mayor eficiencia en los procesos y brindar un buen producto de calidad. Para esto se cuenta con la herramienta *Customer Relationship Manager*

(CRM), pues esta ayuda a conocer al cliente. A continuación, se profundiza en los alcances, repercusiones y beneficios.

Aspectos básicos y alcances

Hoy en día existe una gran cantidad de material de consulta alrededor de la herramienta CRM, lo que indica su importancia para la gerencia de mercados. El CRM es un modelo de negocios cuya estrategia está destinada a lograr identificar y administrar las relaciones en aquellas cuentas más valiosas para una empresa, trabajando diferentemente en cada una de ellas de forma para mejorar la efectividad de sus clientes. En otros términos, el CRM se enfoca en que las organizaciones deben ser más efectivas en su interacción con los clientes.

El concepto CRM se basa en el uso de herramientas avanzadas de la tecnología de información, ya que integra la planificación estratégica, las técnicas y herramientas de mercados con el fin de construir relaciones internas y externas que incrementen los márgenes de rentabilidad de cada cliente y, de esta manera, valorar la relación que se establece con él a largo plazo. Todo esto para incrementar, como resultado esperado, la rentabilidad de la compañía.

Una de las características del CRM es que representa una tendencia que permite proporcionar toda la información necesaria para segmentar y manejar de manera individual a los clientes, con el fin de optimizar su valor para la compañía en el largo plazo.

El objetivo primario del CRM debe ser obtener mayores ingresos y no recortar costos, por tanto, se puede afirmar que las soluciones de CRM mejoran los esfuerzos de ventas y de *marketing*. Esto le permite a las organizaciones proporcionar un mejor servicio a los clientes, se ganan nuevos clientes, se retienen los existentes y se perciben compras en mayores cantidades. Los usuarios finales se benefician al recibir un mejor servicio y obtienen los productos y servicios que quieren, cuando quieren.

La tecnología CRM debe ser capaz de recoger toda la información surgida de la relación con el cliente sin importar el medio en el que se ha producido (fax, *e-mail*, fuerza de venta, internet, teléfono) para luego analizarla. Así se logra conocer y satisfacer sus necesidades.

El siguiente diagrama de ciclo muestra cómo se integran los tres componentes principales del sistema CRM a la luz de las partes que interactúan entre sí:

Gráfica 87. **Bases de datos del CRM.**

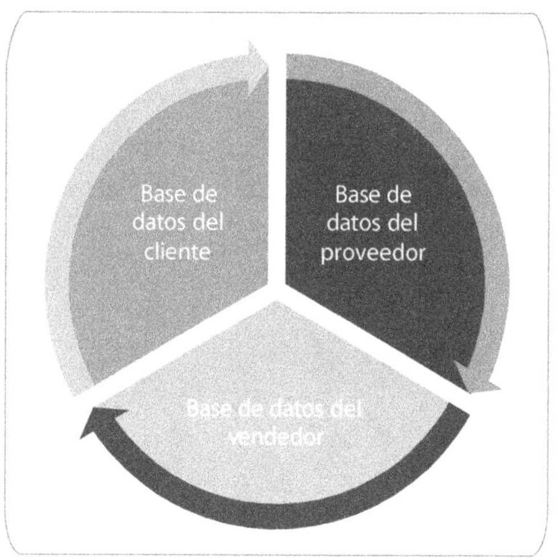

4.4 Logística virtual (e-*logistics*)

4.4.1 El inicio del e-logistics

Las operaciones del comercio electrónico se han convertido en un factor decisivo para las empresas a nivel mundial. Pues, aprovecha las ventajas y la tecnología que ofrece el internet y la gran capacidad de respuesta de los consumidores finales en tiempo real. La logística se convierte en un factor clave para las empresas que comercializan sus productos en la red, ya que es necesaria una logística adecuada para hacer llegar de manera efectiva los bienes y servicios a los consumidores finales, para generar ventajas competitivas, rentabilidad en el negocio y satisfacción de las expectativas del cliente.

Debido al auge de *e-business*, las empresas que venden sus productos virtualmente a sus consumidores se están *concientizando* de que la venta solo se consume cuando el producto llega físicamente a manos del cliente final y cumple la promesa de servicio al cliente final. Si no se utiliza una adecuada logística de distribución, la rentabilidad del negocio disminuye y genera problemas de credibilidad e insatisfacción del cliente final.

Las empresas de transporte y almacenamiento tradicionales no están preparadas para las exigencias del *e-commerce*. Para que esto funcione adecuadamente es necesario que se maneje una estructura totalmente nueva enfocada exclusivamente en las características del *delivery*, o sea, la distribución intensiva en frecuencia de envíos, pequeños volúmenes y a un bajo costo. Es decir, la *e-logística*.

Gráfica 88. **Cadena logística tradicional.**

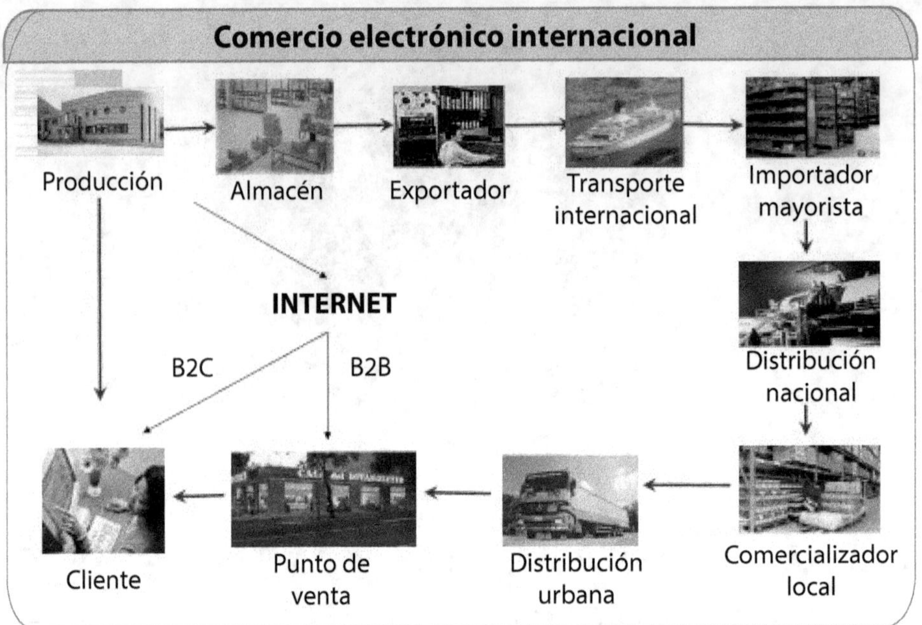

Las empresas que evolucionen primero en el desarrollo de tecnologías de captura de datos e información en tiempo real generan ventajas competitivas en su sector y serán los que más se adecuen a las nuevas exigencias de los clientes, quienes requieren hacer seguimiento de sus pedidos, ya sea mediante acceso a internet o con otros dispositivos electrónicos disponibles en el mercado.

La internet como herramienta ha cambiado muchas cosas a pasos agigantados y, entre ellas, la manera de hacer negocios, los hábitos de compra, la utilización de intermediarios, la logística, el uso del dinero, los medios de pago, el concepto de tiempo libre, el concepto de servicio, entre otros. Se están presentando nuevas oportunidades de llegar directo al cliente, de tener un negocio de la manera más rápidamente posible, de hacer crecer un negocio (pudiendo acceder a clientes en todo el mundo), de competir en igualdad de condiciones (en la red los grandes parecen pequeños y los pequeños parecen grandes), y la oportunidad de parecer estar cerca de todo y de todos.

Al objetivo básico de la logística (entregar el producto o servicio correcto en la cantidad requerida, en las condiciones adecuadas en el lugar preciso, en el tiempo exigido y al menor costo posible) debemos agregarle el comercio electrónico B2B (*Business to Business*) y B2C (*Business to consumer*). Estos, a corto plazo, desplazarán y/o rediseñarán algunas funciones tradicionales en las compañías y pondrán más exigencias a la logística. El gran problema será que el cliente querrá recibir el producto lo más rápidamente posible, lo cual es extraordinariamente complejo cuando se tienen compradores y oferentes dispersos en cualquier parte del mundo.

Gráfica 89. *E-commerce.*

- **B2B**, Empresa - Empresa
- **B2C**, Empresa - Consumidor
- **B2G**, Empresa - Gobierno
- **C2G**, Consumidor - Gobierno

Lo anterior significa que todas las empresas deben estar comenzando a rediseñar sus procesos en función de adaptar su actual estructura operativa a las nuevas exigencias del comercio electrónico, esto con el objetivo de ser competitivos, aprovechando las ventajas que ofrece el internet para aumentar sus ventas y optimizar su abastecimiento con este nuevo canal.

Se está accediendo a una nueva manera de hacer negocios, a una nueva manera de comprar y hacer transacciones de comercio donde la velocidad de la transacción completa (hasta que se entrega un bien o servicio) es el factor diferenciador que todos deben buscar. Ese valor añadido es simplemente velocidad y precio: una compra por internet debería representar un ahorro entre el 20% y el 30% para el comprador.

Las operaciones del comercio electrónico se han convertido en el ámbito mundial en un factor decisivo para las empresas, aprovechando las ventajas y la tecnología que ofrece el servicio de internet y su gran capacidad de respuesta de los consumidores finales en tiempo real. La *e-logística* se convierte en un factor clave de éxito para las empresas que operan comercialmente en la red, mediante la aplicación de funciones como compras, abastecimientos, manejo de inventarios y entregas, con el propósito de comercializar de manera efectiva los bienes y servicios a los consumidores finales. Esto genera ventajas competitivas, rentabilidad en el negocio y satisfacción de las expectativas del cliente. Pues, si bien los clientes pueden estar en cualquier lugar del mundo, también los proveedores pueden estar en cualquier lugar para compras virtuales (*e-procurement*). Esto transforma la antigua logística y la convierte en una logística digitalizada y global. El comprador cibernauta desea que las relaciones siempre sean por medio de la web y, por tanto, demandará información del estado de su compra, tiempo de llegada de su producto vía internet y en tiempo real. No quiere relacionarse con personas, solo con un ordenador.

El *e-cumplimiento* (*fulfillment*) tendrá dos grandes desafíos: entregas en menores plazos posibles y una alta eficiencia para mantener precios competitivos. Las empresas de transporte que alcancen la excelencia en estos puntos darán un paso esencial en la guerra del comercio electrónico, de ahí la importancia de que la función de distribución sea uno de los principales factores para las empresas que comercializan productos en la red. Estas deben seleccionar una empresa transportista o distribuidora adecuadas a las variables logísticas de los pedidos (costo, precio, volumen) y, de esta manera, negociar unos portes que no afecten el margen de rentabilidad del producto, en especial si están transando altos volúmenes de mercancía que permiten que las tarifas sean menores a la del mercado.

4.4.2 Factores claves de e-logistics

El *marketing on-line*, las nuevas formas de pago a través del móvil y el *e-learning* son el tema común de conferencias, artículos y nuevos modelos de negocio. El noble arte de la manipulación y distribución no suscita demasiadas emociones ni adhesiones inquebrantables. Sin embargo, toda posible iniciativa de *e-commerce* (por lo menos aquella que contempla la entrega física de un producto) necesita ofrecer una alternativa logística viable. De lo contrario, sus posibilidades de éxito y supervivencia son nulas. Tras un largo y prolongado período de desconfianza en la web, las esperanzas vuelven a resurgir, si bien con expectativas más realistas de parte de algunos (Amazon) y menos optimistas de otros (El Corte Inglés, Iberia), vuelve a plantearse la viabilidad del B2C 'Business to Consumer' para ciertas familias de productos al calor de una mayor penetración de internet. Esto incrementa el mercado potencial de compradores, una generalización del ancho de banda en el ámbito doméstico e iniciativas que buscan garantizar la seguridad y confidencialidad en las transacciones.

El comercio electrónico encuentra dificultades cuando se trata de cumplir con las promesas de servicio ofrecidas en los portales:

- Ausencia de masa crítica.
- Escaso valor añadido de los productos comercializados, además de centros urbanos colapsados.
- Viviendas (destinatarios) vacías habitualmente.
- Inexistencia de redes de *picking points* fiables.
- Costos de transporte en alza permanente.

Estos son solo algunos de los problemas a resolver para que la *e-logistics* deje de ser un desafío inalcanzable y pase a formar parte de las estrategias comerciales de los actores del mercado. Lo único cierto en la actualidad es la ausencia de negocio, de visos de rentabilidad para el operador en el reparto del *on-line*. Y si el logístico no gana dinero, nadie lo hará. En la cadena de valor, todos los que la enriquecen deben obtener algo a cambio. De lo contrario, se rompe: Esta verdad irrefutable condiciona e hipoteca las posibilidades del comercio electrónico.

Las tiendas *on-line* de B2C aparecen mucho antes de que el B2B (*Business to Business*) adquiriera carta de naturaleza. Los emprendedores 'puntocom' acudieron a paqueteros y operadores logísticos en busca de una solución de distribución física para las mercancías que pensaban vender en la red. El portafolio de opciones que se les presentaba no era muy amplio. Los correos nacionales vivían en una plácida burbuja de servicio público y carácter funcionarial.

Los paqueteros estaban más dispuestos a introducirse en un campo con enorme potencial de crecimiento futuro y una gigantesca imagen positiva frente al consumidor. Sus elevados precios eran una barrera importante que se solventó con márgenes operativos nulos e incluso negativos, asumiendo las pérdidas el presupuesto de imagen y promoción empresarial.

Por último, los verdaderos operadores logísticos, los únicos que se podían hacer cargo del proceso logístico integral de una web comercial de artículos físicos, tenían organizados sus almacenes y construidas sus herramientas de gestión en función del palé como unidad de medida. La operativa de paquetes y bultos pequeños no tenía sentido en su forma de trabajar. Por supuesto, la variabilidad extrema de empaque que representaban las entregas domiciliarias era un concepto totalmente ajeno al sector.

Los paqueteros, dedicados a trasladar bultos desde casa del cliente al destino proporcionado se promocionan como operadores logísticos, buscando ofrecer una solución integral a la nueva categoría de clientes virtuales. Los operadores logísticos, volcados tradicionalmente en el ámbito empresarial, vuelven la vista al consumidor final. Sus furgonetas y pequeños camiones comienzan a hacerse conocidos en nuestras calles y ciudades, más allá de los polígonos y parques empresariales. Por último, los operadores postales nacionales se privatizan o migran hacia modelos de gestión de empresa privada, buscando rentabilizar su operación (plantilla de carteros) y red de plataformas (oficinas de correos).

A los jugadores principales hay que añadir a los 'grandes' de la distribución, que plantean sus tiendas y supermercados *on-line* como apuestas a mediano/largo plazo y favorecen el crecimiento escalonado (geográficamente) de sus flotas de entrega y reparto. Todos ellos se enfrentan a una tarea titánica: Dar forma a un modelo de negocio logístico que dé salida a las necesidades de un comercio *online* necesitado de soluciones a medida a costos que no ahoguen su incipiente mercado. Quien ofrezca servicios logísticos para los actores *on-line* debe proporcionar una calidad y fiabilidad en las entregas similar al que ofrecen las empresas paqueteras, puntuales y comprometidas con el servicio y atención al cliente. Aún más importante que el plazo mínimo de entrega es la fiabilidad de ese plazo.

Quien busque ser un actor del mercado de la distribución física en internet debe proporcionar en su propia *web* un aplicativo de trazabilidad *on-line* (*web tracking*) que pueda igualmente configurarse dentro de la propia *website* del comerciante virtual con su propia marca y colores corporativos. Por último, quien quiera ser un *e-operador logístico* debe presentar una malla de redes con la suficiente flexibilidad como para llegar a un alto porcentaje de la población a precios asequibles y en plazos razonables.

4.4.3 E-procurement

E-procurement es la automatización de procesos internos y externos relacionados con el requerimiento, compra, suministro, pago y control de productos utilizando internet como medio principal en la comunicación cliente-proveedor. Es una tecnología relacionada con la administración de la cadena de suministros (*Supply Chain Management*) y entre sus principales características se puede mencionar la utilización de información de requerimientos, inventarios, material en tránsito, entre otros, desplegados a través de una página de internet. El flujo de información se realiza en tiempo real y permite conocer los datos al instante de producirse algún cambio en las variables. Otra de las ventajas es el acceso desde cualquier punto en donde exista servicio de internet sin importar las distancias geográficas o estar fuera de las instalaciones de la empresa. Además, cuenta con acceso restringido al personal que previamente ha sido autorizado por cliente y proveedor para intercambiar información. Esto es muy importante para mantener la protección a la información estratégica del negocio y cumple con los parámetros establecidos en las relaciones negocio a negocio (*B2B*).

El sistema *e-procurement* brinda mejora en eficiencia de procesos, ahorro en tiempo y dinero, impacto directo sobre los beneficios, oportunidades en actividades de valor añadido en las compras, proceso de abastecimiento estratégico, principales componentes e impacto del proceso de abastecimiento estratégico.

Su utilización permite compras y ventas electrónicas automatizadas sobre internet con catálogos en línea, órdenes de producción electrónicas incluyendo aprobaciones y manejo de órdenes. Por ello se convierte en un vehículo para maximizar la eficiencia al unir electrónicamente compradores con vendedores, mejorar la logística e inventarios e integrar la cadena de abastecimiento. Permite procesos más eficientes para manejar proveedores y clientes.

Beneficios de inversión

La procuración electrónica de materia prima es considerada por los directivos de empresas de clase mundial como una de las que proporciona un retorno de Inversión (ROI) superior a otros proyectos de tecnologías de información y genera una significativa reducción de costos en un periodo de tiempo corto después de su implementación. Crouch (2003) señala que la reducción de costos es consecuencia de los siguientes factores:

- Disminución en los niveles de inventario.
- Requisición de materia prima con base en necesidades reales de cliente.
- Eliminación de excesos.
- Cumplimiento de los planes de producción.
- Reducción de gastos originados por el transporte del material.

Lo anterior se logra al mejorar la comunicación entre proveedor y cliente utilizando internet para mostrar, de una manera gráfica, fácil de entender y en tiempo real, el estatus de inventario para cada número de parte, la proyección de requerimientos, los niveles mínimos y máximos de inventario establecidos por el cliente, entre otras variables que permiten reducir costos en base a un mejor manejo de inventarios.

4.4.4 E-Fulfillment, 'momento de la entrega'

Se trata del punto de la cadena más delicado, cuando el comercio virtual se hace físico. Si las dificultades de adecuar unos procedimientos de trabajo ideados para dar servicio originariamente a las empresas son enormes, trasladar todo un sistema de reparto ideado para dar servicio a un cliente empresarial a una estructura con necesidades radicales de personalización implica un reto muy importante y clave.

Función de distribución: Factor clave de éxito

Estructura totalmente nueva enfocada exclusivamente en las características de la entrega (*delivery*) o distribución intensiva en:

- Frecuencias de envíos.
- Pequeños volúmenes.
- Bajo costo.

Grandes desafíos

- Entregas en menores plazos posibles.
- Alta eficiencia para mantener precios confiables.

Es indispensable seleccionar una empresa transportista o distribuidora de acuerdo a las variables logísticas de los pedidos: Costo, precio, volumen.

Una **estructura urbanística vertical** provoca aglomeraciones urbanas muy densas donde el anonimato y las largas jornadas fuera del hogar hacen difícil encontrar las viviendas ocupadas. Por ello, la repetición de viajes para una sola entrega es una muesca en la cuenta de resultados de los operadores logísticos *on-line*. Su incidencia se trata de solventar a través de un *e-mail*, SMS o llamada a móvil/fijo previa, pero no siempre es posible.

Unos **centros urbanos** incapaces de proporcionar una convivencia viable entre peatón y vehículo se convierten en trampas mortales para flotas de reparto de vehículos demasiado grandes, adaptados a muelles y playas de almacenes.

Los operadores logísticos no siempre disponen **personal especializado** en interactuar con clientes consumidores, a pesar de que el repartidor es el único contacto personal de la tienda *on-line* con el comprador y las consecuencias de dicho encuentro pueden ser desastrosas.

La posibilidad del consumidor, de acuerdo con la legislación sobre venta a distancia, de **devolver el producto** sin coste durante un periodo determinado de días desde la recepción de la mercancía es una sangría en la estructura de costos de difícil solución.

Estos son solo algunos de los problemas que encontramos cada día a la hora de hacer viable como negocio el comercio electrónico a través de las entregas y el reparto físico. La 'última milla' ofrece multitud de factores que complican su perfecta realización. hasta el momento nadie ha dado con la fórmula mágica. La pregunta clave es ¿dicha fórmula existe?

Horizontes

La logística en internet presenta problemas que pueden solucionarse; se impone un nuevo comienzo, volver a construir sobre nuevas bases, más firmes, más sólidas, nuevos retos, nuevas dificultades. Es difícil recordar sin una sonrisa la cara de un almacenero de cierto operador logístico acostumbrado a los grupajes (agrupación de distintos pedidos con idéntico destino geográfico) de '*palets*' completos el día en que se le informó de la necesidad de comenzar a preparar pedidos unitarios, de un solo producto, con una dirección de entrega aislada, que no existía dada de alta en la BBDD de clientes.

Igual asombro pudo mostrar el repartidor con su horario laboral, de 2 a 10 de la noche, con el objetivo de encontrar las viviendas ocupadas. Además, le recomendaron una buena presencia física (quien entrega es el único eslabón físico de la tienda *on-line* con el cliente) y le pidieron una gestión adecuada del dinero en efectivo a manejar como consecuencia de los pedidos contrarreembolso.

A nivel técnico, el responsable de aprovisionamiento intentaba encajar con deportividad el dilema que le planteaban: Como somos una *e-shop*, trabajamos con *stock* 0, contactamos con el proveedor únicamente cuando contamos con un pedido en firme del cliente. Sin embargo, como somos ambiciosos y comercialmente brillantes, prometemos en nuestra web plazos de entrega de 48 horas a partir de que el cliente finaliza el proceso de compra. Mientras tanto, el flamante nuevo director de sistemas escuchaba embobado la carta de los Reyes Magos del gerente, o CEO, que suena mejor. Los pedidos *on-line* no solo tenían que reflejarse inmediatamente en el ERP y BBDD de la empresa y viceversa, reflejando, a su vez, en la web el nivel de *stock* de cada referencia en venta. Además, el sistema de gestión interna debía remitir el pedido individualizado de forma automática al proveedor. Este prepararía un solo pedido porque para él, se trata del mismo cliente, con un código de expedición propio. En muchos casos se trata de un número y no de un código de barras, imposibilitando el uso de RFID (radiofrecuencia) en la recepción y *picking* posterior. El operador logístico 'solo' debe recoger el producto, consolidarlo en su propio almacén, vincularlo con un pedido del cliente que cuenta con una dirección de entrega, realizar la expedición por medio de almacenes intermedios de distribución y realizar la entrega encontrando la dirección correcta (en muchas ocasiones errónea) a la hora fijada por el comprador. Todo para que el interesado haya cambiado de opinión –sobre todo en los contrareembolsos– y no quiera el producto.

Gráfica 90. **Centro de distribución detallista.**

Dentro de los sistemas para almacenamiento y despachos de *e-pedidos* tenemos:

- Estanterías más livianas.
- Estanterías de flujo de cajas.

- Transportadoras con estanterías de flujo.
- Carritos inteligentes.
- Cubicaje.
- Infraestructura tecnológica –WMS.
- Transportadoras y clasificación.
- Consolidación de pedidos de áreas diferentes.
- Etiquetas.
- Clasificación.
- Listado de despacho por camión, ruta, etc.

A pesar de que algunos de los obstáculos hallados en el camino de la *e-logística* parecen del todo insalvables, como casi todo en esta vida, tienen solución. Es cierto que la planificación urbana no siempre ayuda a un reparto físico fluido. Sin embargo, nuestras calles soportan un régimen de tráfico y colapso muy segmentado por períodos y horas. La apuesta por las entregas nocturnas es una obligación para las empresas de reparto, que disponen de varias horas al día donde la circulación se hace fácil y es probable encontrar los puntos de entrega 'activos', con integrantes de la familia en casa. Igualmente, los sábados se convierten en otra posibilidad en muchas ocasiones. Es indudable que las condiciones laborales de quienes trabajan sujetos a estos horarios tan poco convencionales se degradan frente a un repartidor de horario y jornada comercial. Pero la creación de nuevos escenarios de trabajo y los índices de productividad de hora de reparto a horas alternativas pueden ser motivos suficientes para repensar ciertos esquemas mentales. Las empresas logísticas deben abogar y colaborar por una seguridad electrónica que haga innecesarios los medios de pago en efectivo y que obligan a instaurar una operativa de cobro costosa y poco eficiente.

La formación de un personal de reparto que pasa a desarrollar una labor de *marketing* relacional es fundamental. De hecho, en aras de considerar la logística como un todo integral dentro de los procesos de negocio, el repartidor se convierte en un eslabón más de la compra del cliente *on-line* que comenzó delante de su PC y tecleando la dirección de cierto *e-commerce*. Los uniformes, las estrategias de comunicación y un conocimiento mínimo del producto y de la realidad de la compra *on-line* se convierten en elementos imprescindibles. El operador pasa a formar parte del proceso de *e-fullfillment* de la tienda consolidando una relación de partenariado frente al de mero proveedor de servicios logísticos.

Por último, parece razonable pensar que la viabilidad de la *e-logistics* para un operador pasa por elaborar un portafolio de *e-commerce* con mínimas sinergias en cuanto al producto a entregar, que posibilite estrategias de recogidas y entregas simultáneas en puntos cercanos, maximizando el kilómetro recorrido dentro del territorio urbano. No debemos olvidar, sin embargo, que no todos los modelos de negocio electrónico requieren la misma solución logística. En logística, como en el mundo empresarial en general, la posibilidad tecnológica de hacer algo no implica la necesidad de hacerlo, si no aporta valor añadido a los actores. Es decir, si no es negocio.

4.4.5 Infraestructura tecnológica necesaria

Gráfica 91. **Interacción de los actores.**

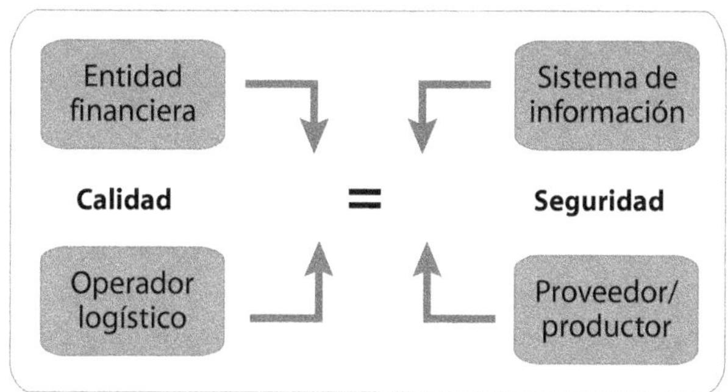

Es muy importante para ambas empresas (cliente-proveedor) contar con tecnologías de información que le permitan la implementación y funcionamiento adecuado de una herramienta de *e-procurement*. Ambas necesitan de acceso a internet y ligar los sistemas de intercambio electrónico de datos (EDI, XML, ASCII) con internet para mostrar los datos internos de una manera gráfica a través de una página en línea. Para pequeños proveedores, incluso, no es necesario invertir en tecnología costosa de EDI o XML, ya que algunas aplicaciones de *e-procurement* permiten el suministro de datos de manera directa por medio de internet.

Para las grandes organizaciones que cuentan con sistemas de ERP, SCM y CRM, se resalta que *e-procurement* mejora la comunicación interna y externa en la organización. Esto proporciona las siguientes ventajas:

- Permite la monitorización del proveedor en tiempo real.
- Proporciona información clave del desempeño del proveedor.
- Administración de múltiples procesos para órdenes de material incluyendo kanban, sistema de empuje, etc.
- Administración de inventarios (excesos, establecer niveles mínimos y máximos de inventario).
- Permite la administración del transporte de material (logística) al mostrar el estatus en tiempo real del material en tránsito.
- Detectar con anticipación problemas potenciales en el suministro de material.

Es importante mencionar que el cliente o la empresa que muestra sus requerimientos e inventarios es la que necesita una mayor inversión en recursos tecnológicos para lograr el despliegue de la información, así como la que debe tomar la decisión de la aplicación de *e-procurement* que se adapta a su negocio. Las empresas proveedoras solamente monitorizan el estatus del cliente y manipulan variables como:

- Cantidades de material en tránsito.
- Guías de rastreo para facilitar la logística del material.
- Fecha de embarque.
- Promesa de próximas fechas y cantidades de embarque.

En la práctica, las grandes empresas proveedoras de productos para la industria cuentan con más de un sistema que les permite conocer los requerimientos e inventarios del cliente. El aspecto tecnológico no es el único factor que las empresas deben evaluar antes de implementar una herramienta de *e-procurement*. El factor humano es parte del éxito en la implementación, por lo que los responsables de esta aplicación deben tener los conocimientos y habilidades que permitan tomar decisiones con base en la información compartida por ambos negocios. Además, de acuerdo a Crouch (2003), las estrategias de implementación deben establecer procesos de colaboración y coordinación para lograr la integración de ambas empresas a través de una tecnología de *e-procurement*.

Gráfica 92. Portal de Amazon.com

Tomado de www.amazon.com

4.5 Gestión logística inversa y verde *(reverse and green)*

La logística inversa es el macroproceso de planificar, administrar y controlar el flujo de productos y materiales desde el lugar de consumo hasta el punto de origen, incluyendo la información asociada desde el sitio de destino hasta el fabricante o proveedor, con el propósito de adecuar los productos en el lugar indicado y crear valor económico, ecológico, legal o de imagen, entre otros.

4.5.1 Generalidades de la logística inversa

La logística inversa es el proceso de proyectar, implementar y controlar un flujo de materia prima, inventario en proceso, productos terminados e información relacionada desde el punto de consumo hasta el punto de origen de forma eficiente y lo más económica posible con el propósito de recuperar su valor o el de la propia devolución.

En EE.UU. la logística inversa se ha convertido en una importante herramienta competitiva, estableciéndose una política de devoluciones totalmente liberal, llegando en algunos casos a niveles extremos. Allí el incremento de devoluciones ha pasado de 40 billones de dólares en el año 1992 hasta alcanzar la vertiginosa cantidad de 65 billones hoy día.

Causas de activación de la logística inversa

- Mercancía en estado defectuoso.
- Retorno de exceso de inventario.
- Devoluciones de clientes.
- Productos obsoletos.
- Inventarios estacionales.

Motivación para la logística inversa

La logística inversa gestiona el retorno de las mercancías en la cadena de suministro de la forma más efectiva y económica posible. Se encarga de la recuperación y reciclaje de envases, embalajes y residuos peligrosos; así como de los procesos de retorno de excesos de inventario, devoluciones de clientes, productos obsoletos e inventarios estacionales. Incluso se adelanta al fin de vida del producto, con objeto de darle salida en mercados con mayor rotación. Directivas comunitarias, además, obligan o van a obligar próximamente a la recuperación o reciclado de muchos productos bienes de consumo, envases y embalajes, componentes de automoción, material eléctrico y electrónico. Esto va a implicar en los próximos años una importante modificación de muchos procesos productivos y, además, una oportunidad como nuevo mercado para muchos operadores de transporte, almacenaje y distribución.

Es necesario que los socios y fabricantes que participen dentro de un proyecto se vean involucrados en la organización para descubrir formas de reducir costos a la hora de devolver productos. En estudios realizados alrededor de la logística inversa se ha observado que las compañías que hacen su logística de forma externa tendrán costos más bajos que los que la realizan de manera interna.

Dentro de las razones o justificaciones para la aparición de la logística inversa, se destacan tres en las que se puede fundamentar esta megatendencia:

- **Costo-Beneficio.** Productos mejores con costo de producción más bajo, recuperación del valor de envases, empaques, embalajes y unidades de manejo reciclables.
- **Exigencias legales.** Derivados de la protección a la salud y del ambiente, de consideraciones por costos de procesamiento de residuos, etc.
- **Responsabilidad social.** Generalmente impulsado por organizaciones no gubernamentales y asociaciones de consumidores que apoyados en su poder de compra buscan productos más seguros y ambientalmente amigables. Obviamente las firmas nunca pierden dinero, detrás hay un posicionamiento mercadotécnico en un segmento 'Premium' orgulloso de consumir de manera 'correcta'.

Tendencias de la logística inversa

- El ciclo de los productos es más corto.
- Más responsabilidad de las empresas productoras (ISO 14.000).
- Alta frecuencia de envíos y manipulación de productos (retornos).
- Aumento de los desechos y devoluciones.
- Aumento de legislaciones ambientales.
- Agotamiento de recursos naturales.

4.5.2 Procesos involucrados en la logística inversa

Los procesos en logística inversa se enfocan en cinco objetivos claves:

- Procuración de compras.
- Reducción de insumos vírgenes.
- Reciclado.
- Sustitución de materiales.
- Gestión de residuos.

En cada uno de los procesos de la logística empresarial se pueden identificar los cinco enfoques señalados:

1. **Procuración y compras.** Implica la procuración, desarrollo de proveedores y la adquisición de materias primas, componentes, materiales para envase, empaque, embalaje y unidades de manejo que sean 'amigables con el ambiente'.

2. Reducción de insumos vírgenes. Implica actividades de ingeniería de producto y reentrenamiento delos recursos humanos con el propósito de valorar actividades de reutilización de materiales sobrantes, preferir materiales de origen reciclado, escoger contenedores, embalajes, unidades de manejo, empaques y envases reutilizables y reciclables, impulsar la cultura del 'retorno.'

3. Reciclado. Es necesario desarrollar políticas de reciclado respetando el desempeño o estándares del producto: Utilizar materiales de origen reciclado y reciclables; explorar innovaciones tecnológicas que permiten utilizar materiales reciclados; financiar estudios para reducir el uso de materias primas vírgenes.

4. Sustitución de materiales. El incremento de la tasa de innovación en procesos de reciclado debe impulsar la sustitución de materiales, en particular de los más pesados, por otros más ligeros con igual o mayor desempeño (como es el caso en la industria automotriz donde los plásticos están sustituyendo masivamente partes de metal y vidrio en los automóviles, así como el aluminio o los materiales 'compuestos' en los nuevos chasises de los camiones disminuyen la tara, facilitando un aumento de la unidad de carga para igual peso por eje).

5. Gestión de residuos. Las políticas de procuración de materiales deben evaluar la tasa de residuos en la utilización de materiales y el manejo de residuos es un costo no despreciable. También puede ser necesario tener políticas de aceptación de muestras si las exigencias de gestión de los residuos de estas, o simplemente su disposición por rechazo, es costosa. La logística inversa es sin duda una filosofía que cualquier empresa debe agregar a su entorno, debido a todos los factores mencionados y ante la globalización. Por ende, es importante tener una planificación estratégica de logística inversa.

Gráfica 93. **Logística inversa de postventa y postconsumo.**

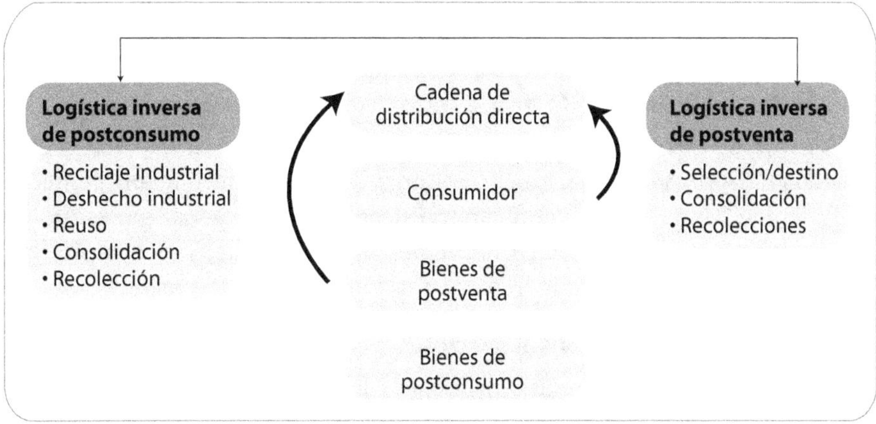

- Retirada de productos.
- Clasificación de productos.

- Re-acondicionamiento de productos.
- Devolución a punto de origen.
- Destrucción.
- Procesos administrativos.
- Recuperación, reciclaje de envases y embalajes y residuos peligrosos.

4.5.3 Elementos de dirección en la logística inversa

Se han identificado diez elementos claves en pro de una adecuada dirección en logística inversa:

1. **Filtrado de entrada.** Se trata de controlar la mercancía defectuosa o que no cumple con los requisitos de devolución.

2. **Ciclos de tiempo.** Las devoluciones son siempre procesos excepcionales, por lo que es muy difícil reducir los ciclos de tiempo relativos a las decisiones en cuanto a la aceptación de un pedido devuelto. Se trata de definir un buen mecanismo de toma de decisiones, es decir, que hacer con cada posible devolución (reventa, reparación, eliminación). También aquí entra la decisión de cómo recompensar al personal de la empresa que consiga acortar al máximo este ciclo de tiempo.

3. **Sistemas de información de la logística inversa.** No existe un *software* diseñado especialmente para este propósito, así que la elección lógica será bien el desarrollo de un sistema a medida o la implementación y modificación de uno que ya se posea (opción más económica). Este sistema deberá ser lo suficientemente flexible como para manejar la enorme variedad de casos distintos que se puedan dar en las devoluciones y lo suficientemente complejo como para funcionar bien a través de los posiblemente numerosos departamentos de la empresa. Un *software* de logística inversa exitoso deberá reunir información significativa que de hecho pueda ayudar en el seguimiento, tanto de las propias devoluciones como de los costos que impliquen las mismas, y crear una base de datos con información relativa a las razones de cada devolución.

4. **Centros de devolución centralizados.** Los centros de devolución centralizados (CDC) son instalaciones dedicadas a manejar devoluciones rápidas y eficientes. Aquí los productos serán ordenados, procesados y enviados a sus respectivos destinos. Los CDC se vienen utilizando hace muchos años, pero últimamente se han visto incrementados por las siguientes razones:

   » Se logra aumento en los beneficios.

   » Se mejora enormemente el proceso de devoluciones.

   » Se mentaliza y forma al personal hacia este respecto.

   » Se ven reducidos los niveles en inventario.

   » Lógica satisfacción del cliente.

Si no se dispone de los recursos para tener un CDC se puede optar por la posibilidad de adecuar dentro de las instalaciones del CEDI un espacio para el procesamiento de devoluciones y productos retornados a la cadena de suministro de la empresa.

1. **Devoluciones 'cero'.** En un programa típico de devolución cero, el proveedor comunica a sus clientes que *no* se aceptarán devoluciones. En lugar de esto, el proveedor facilitará al cliente un descuento sobre la factura del pedido general y, entonces, dependiendo del proveedor, el cliente o bien destruirá el producto o dispondrá libremente de él de otra manera.

2. **Reparación y reforma.** Existen cuatro categorías: Reparación, reforma, uso parcial y reciclaje. Las dos primeras categorías implican un acondicionamiento y/o actualización del producto devuelto. El usado parcial se basa en la recuperación estricta de solo aquellos elementos o partes aún funcionales.

3. **Recuperación de bienes.** Es la clasificación y disposición de los productos devueltos, es decir: Excedentes, caducados, obsoletos, deshechos, etc., realizada de manera que aumenten los beneficios y disminuyan los costos. El objetivo principal será el de recuperar tanto valor económico (y ecológico) como sea posible, reduciendo a su vez las cantidades finales de deshechos. Esencialmente se puede reconstruir, revender, reciclar, re-empaquetar o destruir estos productos devueltos. La decisión determinará el diseño de la instalación de procesado, el tipo de formación para los empleados y los procedimientos específicos en cuanto al manipulado de los productos devueltos. Los electrodomésticos, por ejemplo, podrían ser reparados y vueltos a vender en almacenes de descuento, y los productos perecederos o farmacéuticos que caducan serían destruidos.

4. **Negociación.** Esta es una parte importante en un proceso de logística inversa bien definido. Dado un flujo de productos 'hacia delante' los precios son establecidos por directores de marca o especialistas en *marketing*. En nuestro proceso inverso nos encontraremos, en cambio, con una fase de 'regateo', donde el valor del producto devuelto será negociado sin el empleo de guías previas sobre establecimiento de precios. Estas negociaciones suelen ser 'flexibles'.

5. **Dirección financiera.** La inmensa mayoría de las empresas necesitan mejorar sus procesos de contabilidad internos. El hecho es que, la enorme cantidad de problemas contables que conlleva una devolución, aleja aún más a los ya reacios directores de almacén. Pongamos aquí un ejemplo de esto: La mercancía que es devuelta al proveedor debido a excedentes de *stock* o porque no ha sido vendida se devuelve a través del canal normal de logística inversa. Hasta aquí todo va bien. Sin embargo, el sistema de contabilidad, por ejemplo, establecerá automáticamente un precio de descuento sobre estos productos, ya

que vienen por el canal de devoluciones y se suponen caducados, averiados, defectuosos, etc. Existen programas adecuados que pueden brindar soporte directo a estas actividades contables, recogiendo y suministrando la información necesaria. Es importante no tener como respaldo a las devoluciones los descuentos o tarifas especiales en próximas compras, ya que esto deteriora la imagen de la empresa en el mercado y hace que pierda la confianza ante sus clientes. Lo más importante es contar con un programa estricto que evite las devoluciones y el reingreso de productos a la cadena por medio de la ejecución de procesos con altos estándares de calidad.

6. ***Outsourcing.*** Contratando el proceso inverso con un tercero. Cada vez más empresas están contratando firmas externas especializadas en logística. A menudo, estas firmas realizan los procesos de logística inversa más eficientemente y mejor, además de dejar más recursos para vender más y mejor. Sin embargo, esto no quiere decir que se debe dejar toda la responsabilidad a estas firmas. El nivel de éxito en un programa de logística inversa es proporcional al nivel de control sobre el mismo. Si no se conocen todos los recovecos de la logística inversa, se estará vulnerable a lo que una posible negligencia de estas firmas pueda acarrear para la empresa.

Opciones para el manejo inverso

1. **Re-uso:** En la misma actividad o en otra.
   - » EPSL.
   - » Firmas de repuestos.
   - » Distribuidores.
   - » Mayoristas, minoristas.

2. **Remanufactura:** Desensamblaje de componentes o producción de nuevos productos.
   - » Industria automotriz.
   - » Industria de llantas.
   - » Industria informática.
   - » Industria aeronáutica.
   - » Industria electrónica (*chips*).
   - » Industria química.
   - » Industria de teléfonos.
   - » Partes para equipos industriales.

3. **Reciclaje:** Desagregar, destruir, clasificar y reutilizar materiales.
   - » Industria perecederos.
   - » Industria vidrios.

» Industria confecciones.

» Industria de los lubricantes.

» Industria plásticos.

» Industria alimentos.

» Industria maderera.

Gráfica 94. **Manejo de los retornos.**

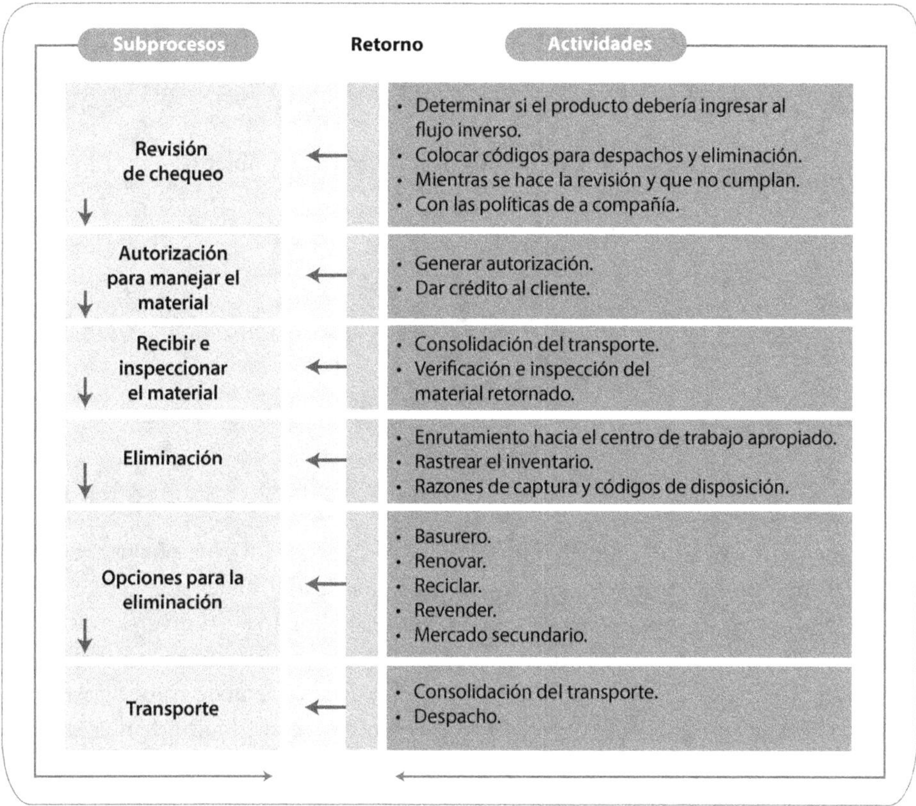

4.5.4 Gestión logística verde (ambiental)

Retrospectiva y definiciones

La logística verde consiste en la adopción de requerimientos ambientales en las actividades logísticas tradicionales que se llevan a cabo entre proveedores y clientes. Es decir, tiene en cuenta los aspectos medioambientales en todas las actividades logísticas tradicionales desde la empresa productora a la parte consumidora, con el objetivo de consumo racional de recursos naturales no renovables, manejo seguro de desechos, descontaminación de sitios insalubres, control de las emisiones atmosféricas, reducción de la congestión y el uso racional del transporte, del ruido y la eliminación final de residuos peligrosos y no peligrosos.

En definitiva, trata de medir y reducir al mínimo el impacto ambiental de las actividades de logística tradicional, persiguiendo los objetivos de reutilización de contenedores, reciclaje de los materiales de embalaje, rediseño de los embalajes, utilización de menos materiales, reducción de energía y contaminación en el transporte de los productos, etc.

Por tanto, la aplicación de la logística verde tiene un impacto favorable en el compromiso hacia la protección del medio ambiente en la empresa, así como en el rendimiento operativo de la misma (Qinghua *et al.*, 2008).

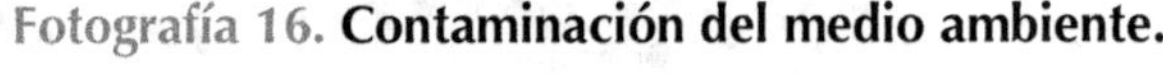

Fotografía 16. **Contaminación del medio ambiente.**

Históricamente, nunca se registró una preocupación tan urgente por la preservación del medio ambiente como la que se presenta desde finales del siglo XX, intensificándose en los inicios del siglo XXI. Esto está ligado a los diversos sistemas logísticos, lo que ha permitido la creación de la logística verde. Esta se puede entender como una coordinación de las actividades de la cadena de suministros para satisfacer las necesidades del mercado a un costo mínimo, tomando en cuenta no solamente la parte económica sino también el impacto al medio ambiente y al equilibrio de los recursos.

La meta que busca la logística verde es la coordinación de todas las actividades de la cadena de suministros, con el fin de satisfacer las necesidades del mercado, pero considerando otros gastos relacionados con el cambio climático, la contaminación y el deterioro del nivel de vida. Las operaciones logísticas en la actualidad son conducidas por un régimen donde las presiones ambientales, como la polución del aire, agua y el suelo, eficiencia energética del consumo de combustibles y minimizaciones de los desperdicios, son factores decisivos en el negocio.

La logística verde representa una oportunidad para profundizar el equilibrio de eficiencia, costo/beneficio y servicio al cliente, en colaboración con los clientes, proveedores y el personal de la empresa. De esta forma, el sector y el proveedor logístico se convierten en un elemento estratégico para las organizaciones, pues, en logística, los efectos de implementar dichas estrategias amigables con el ambiente pueden ser medidas de forma clara y objetiva.

Las empresas productoras de bienes y servicios comienzan a realizar acciones de compra en sintonía con el valor potencial de comercialización que tendrá el reducir su huella ecológica. De acuerdo al Informe Europeo de Transporte y la Logística un 91% de los 400 profesionales logísticos encuestados reportaron un aumento en el escrutinio de sus clientes en sus estrategias corporativas ecológicas. Otro estudio realizado conjuntamente por IBM, la CSC (*Computer Science Corporation*) y la revista *Supply Chain Management Review* informa que el 78% de los 250 ejecutivos que respondieron a la encuesta del estudio indica que sus empresas están actualmente evaluando o ejecutando programas para medir, conocer y disminuir su huella de carbono. El 50% de estos 250 ejecutivos dijeron que tienen un plan documentado a nivel corporativo y que sus empresas cuentan con un representativo de alto nivel en un puesto medioambiental. De esta forma, se relacionan las siguientes actividades y propósitos que se identifican en la logística verde o ambiental.

- Medir los niveles de consumo de energía durante el trasporte del producto con el fin de reducir dicho consumo.
- Reducir la contaminación del aire, del suelo, agua y auditiva en la fabricación y transporte de los productos terminados.
- Reutilizar los contenedores.
- Reciclar embalajes.
- Rediseño del producto para minimizar el consumo de materiales tanto para el producto final como para su embalaje.
- Minimizar el impacto ambiental en la disposición final de los productos y embalajes.

Al hablar de logística verde, se sugieren mayores costos, tanto para oferentes como para demandantes, ¿existen incentivos para cambiar las prácticas establecidas hacia procesos ambientalmente más amigables? ¿las empresas estarían dispuestas a absorber el costo? ¿la sociedad querría pagar más por productos que no afecten a nuestro medio ambiente?

En un principio, la logística verde parecería no tener sentido. Además, cambiar los procesos de una cadena de valor a una cadena de valor verde afectaría no solo a los costos en sí, sino que también se podrían ver perjudicados los tiempos de entrega y la calidad de los productos.

Es necesario precisar que los aparentes ahorros en costos empresariales implican mayores costos sociales, que además pueden no ser tangibles en el corto plazo.

Un cliente no ve el momento de consumir, todos los procesos implicados en la cadena de valor, sea esta verde o no. El cliente solo ve el costo final y la calidad. Sin embargo, como miembro de una sociedad, podría estar reduciendo su beneficio a largo plazo.

Entonces ¿quién debe absorber los costos de la logística verde? La propuesta es responsabilizar a todas las partes afectadas: empresas, gobiernos, clientes y organismos internacionales.

Las empresas son las primeras unidades que deben absorber el costo de hacer verdes sus cadenas de valor. Evidentemente en conjunto, con sus proveedores y distribuidores, los dos procesos más importantes en donde se podría hacer conciencia es en el transporte de carga y el manejo de materiales, pues son los procesos que pueden volverse más eficientes en términos de emisión de gases. Una vez más, no debe ser visto solo como una inversión, sino como una inversión de alta rentabilidad social y a largo plazo.

Los gobiernos deben fomentar la logística verde cumpliendo su papel de guardianes del bienestar futuro de la sociedad. El gobierno es el árbitro que debe decidir sobre la transformación de costos privados en sociales y viceversa.

Por su parte, los clientes deben también asumir su responsabilidad mediante el consumo de bienes y servicios amigables con el medio ambiente, pues, son parte final de la cadena de valor. Además, a cambio de su mayor involucramiento, es necesario garantizar al comprador que lo que está consumiendo realmente viene de procesos "verdes", pues, no olvidemos que el consumidor no ve hacia el interior de la cadena.

Por último, los organismos internacionales, dada la naturaleza global de la logística, también deben tener peso en el camino hacia la logística verde. Los procesos de muchas cadenas de valor están actualmente ubicados a través de varias fronteras, por lo que su coordinación y ordenamiento no puede caer en las manos de un solo gobierno.

Si el mundo de los negocios pudiera ver a las cadenas de valor verdes no como gasto sino como inversión, vería que se generarían los siguientes beneficios en un largo plazo:

1. Recuperación y acumulación de energía.
2. Menores costos logísticos operativos.
3. Beneficios impositivos (deducciones/multas), regulaciones/normatividad.
4. Creación de una conciencia individual y colectiva.
5. Reducción de emisiones de dióxido y monóxido de carbono.

6. Favorecimiento del medio ambiente (directa o indirectamente).

7. Creación de instalaciones energéticamente eficientes.

8. Renovación de la flota vehicular con vehículos híbridos, de biogás y eléctricos permite reducir los gases de efecto invernadero entre un 15% y 100%.

9. Utilización de sistema de comunicación GPS, sistemas de información geográfica y ruteo en tiempo real (evaluación de la densidad del tránsito) para mejorar la planificación de las rutas.

10. Nuevas ideas ecológicas, se le da al personal capacitación y sistema de incentivos para gratificarlas.

11. Desarrollo, en conjunto con los clientes, de estrategias para procesos ecológicos.

12. Desarrollo, en conjunto con los proveedores, para crear estrategias en los procesos verdes.

13. Desarrollo, en conjunto con los distribuidores, para ahorrar costos en esta nueva tendencia.

Las externalidades generadas por la creación de cadenas de valor verdes benefician a todos los miembros de la sociedad y a todos los agentes que forman los eslabones de las mismas y, además, aseguran nuestra supervivencia a largo plazo. No se trata de un simple 'capricho verde' sino de una inversión rentable.

Relación de la gestión logística verde e inversa

Gráfica 95. **Relación logística verde vs. logística inversa.**

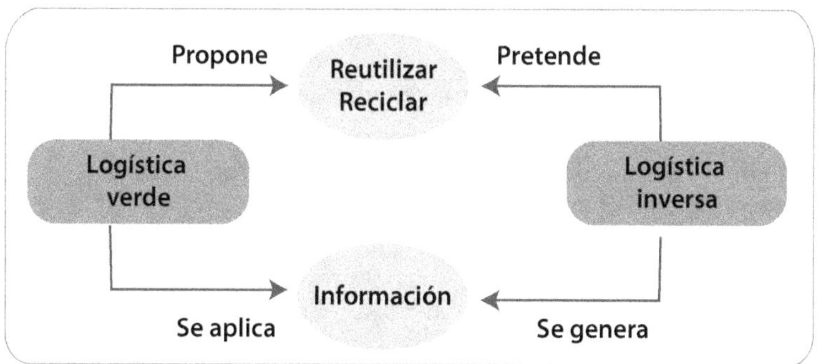

Fuente: Adaptado de Reyes *et al.* (2008).

Ahora bien, no se puede identificar logística inversa con logística verde. Así, las actividades verdes de la logística directa incluyen la medición de las consecuencias para el medio ambiente del transporte, reducción del uso de la energía y materiales. De esta forma, existen actividades verdes que no son logística inversa (López, 2009).

En la literatura, no existe una definición explícita de la 'logística verde' y normalmente se identifica la logística tradicional con la logística verde siempre y cuando el desempeño de sus actividades tenga en cuenta las cuestiones medioambientales y esta es la correlación entre ambos temas:

1. Son procesos mutuamente excluyentes.

2. La logística verde *propone* la reutilización de contenedores, así como el reciclado de los embalajes o materiales. Estas propuestas son actividades que se *pretende* conseguir con la logística inversa.

3. La logística verde plantea la búsqueda del rediseño del producto para minimizar el consumo de materiales. Uno de los resultados que se obtienen al desarrollar la logística inversa es la generación de dicha información. Es decir, la logística inversa provee de información a la logística verde para el rediseño de los productos a fin de minimizar el consumo de materiales y su embalaje.

En definitiva, podemos considerar que la logística inversa traslada la mercancía para recobrar valor, mientras que la logística verde es el proceso de reducir al mínimo el impacto ecológico de la logística (López, 2008).

Evolución de la logística verde

Se puede observar cómo ha ido cambiando la percepción de este tema en los negocios debido a esta concientización social en las cadenas de abastecimientos en las empresas modernas y se están desarrollando acciones de mejora del impacto ambiental de las operaciones logísticas.

Tabla 23. **Percepción de materias medioambientales en los negocios**

Manejo de riesgos	Manejo de desperdicios y control de la contaminación	70' a mediados de los 80'
Prevención de la contaminación	Mejora de procesos para reducir el uso de materiales, minimizar el desperdicio y mejorar la eficiencia.	Mediados de los 80 y principio de los 90.
Manejo del ciclo de vida y la ecología industrial	Manejo sistemático de productos y procesos para maximizar los beneficios y asegurar la calidad ambiental. Se enfoca en el ciclo de vida de procesos y productos y sus efectos ambientales.	Mediados de los 90 e inicios del siglo XXI.

Fuente: Beamon, 2009

La logística verde se refiere principalmente a la necesidad de evaluar y replantear la cadena de abastecimiento y los procesos de producción con un enfoque en el ambiente.

Se afirma que cuando una empresa se enfrenta a la necesidad de definir una estrategia de logística verde debe identificar y categorizar cada uno de los aspectos de sostenibilidad que la afectan según su impacto en tres categorías: Genérica (cuando no es una amenaza significativa para la empresa), operacional (cuando afecta moderadamente el desarrollo del negocio), estratégica (cuando afecta directamente la permanencia del negocio). Una vez realizado este proceso las empresas deben fijar su posición frente a estas amenazas y definir las estrategias con las cuales las enfrentarán.

El segundo paso es identificar los puntos clave de la cadena de abastecimiento teniendo en cuenta los recursos del medio ambiente necesarios para la producción y detectando los puntos en donde se generan deshechos. Esto requiere un profundo conocimiento de los productos que permita identificar aspectos de mejora en su diseño, en su uso y en su disposición final. Una vez realizado este análisis se deben definir las estrategias potenciales como logística inversa, adaptación de las instalaciones, establecer procesos como re-manufactura, reciclaje y re-uso, buscar mercados secundarios interesados en adquirir los deshechos y establecer alianzas entre socios de negocios con el objetivo de optimizar el desempeño ecológico de toda la cadena.

La aplicación de un proceso de logística verde en las empresas permite obtener beneficios positivos. En general, el uso de políticas internas y externas amigables con el medio ambiente, han generado resultados positivos como: La generación de ahorros al tener una mayor conciencia sobre el uso adecuado de los recursos de la organización, mejoras en la eficiencia de equipos de transporte por medio de la introducción de vehículos eléctricos, nuevas prácticas de reciclado que permiten la reutilización de materiales desechables como materia prima para nuevos productos y mayor aprovechamiento de la tecnología. Además, beneficia a un consumidor ecológicamente responsable, conciente del impacto en el cambio climático que ocasionan las prácticas empresariales y que exige un mejor producto, calidad y tiempo de entrega eficiente todo lo anterior al menor costo.

Una de las características de la logística verde es la innovación, pues centra sus esfuerzos en la búsqueda de nuevos equipos, maquinaria, tipo de iluminación, materiales, etc., que por medio de su aplicación dentro de la cadena de suminis-tros logren reducir el impacto de la huella de carbono, en el medio ambiente.

Las empresas de la región tienen que ser vanguardistas y adaptarse a la logística verde, ya que, si estas buscan exportar sus productos, especialmente a Europa, de-ben tomar en cuenta que en ese continente este tipo de logística es la tendencia en el traslado de la mercadería. Adicionalmente sus leyes buscan beneficiar al medio ambiente y establecer reglas a sus proveedores para lograr dicho objetivo, dejando de lado a aquellas empresas que no cumplan los estándares establecidos.

La aplicación de la logística verde en una organización genera una mejor imagen a la empresa, la cual, es percibida por sus clientes como una entidad conciente del impacto de la huella de carbono, responsable con el ambiente y que posee planes de acción verdes dentro y fuera de la organización, con el objetivo de compensar el impacto generado por las operaciones diarias. Además, es percibida como pionera ante la competencia, porque dichas prácticas verdes aún no se encuentran presentes dentro de la oferta de productos y/o servicios de las demás organizaciones.

4.6 Sistemas de información y logística inalámbrica (tecnologías aplicadas)

4.6.1 Sistemas de información en la gestión logística

Gráfica 96. **Las tecnologías de la logística.**

SCM	*Supply Chain Management*
MRP	*Material Resource Planning*
WMS	*Warehousing Management System*
DRP	*Distribution Resourcing Planning*
DMS	*Distribution Management System*
TMS	*Transportation Management System*
CRM	*Consumer Relationship Management*
ERP	*Enterprice Resource Management*
BPI	*Business Planning Intelligence*
EDI	*Electronic Data Interchange*
GPS	*Global Position System*

4.6.2 Intercambio Electrónico de Datos (EDI)

Hace unos 30 años, las empresas de transporte y envío de mercancías comenzaron a desarrollar un intercambio de datos informático, que eliminaba las dificultades y los retrasos del papeleo de ciertas transacciones mercantiles como facturas y órdenes de compra, entre otras, logrando con esto reducir costos. Así nació el EDI (*Electronic Data Interchange* o Intercambio Electrónico de Datos), que permite intercambiar información entre empresas, mediante un formato específico común. Esto hace innecesaria la intervención humana, ya que las operaciones se llevan a cabo íntegramente a través de ordenadores. Con el internet, el EDI gana de nuevo protagonismo, en el escenario del B2B (*Business to Business*) o negocios electrónicos entre empresas.

La información incluida en una transacción EDI suele ser, en su mayor parte, la misma que figura en formatos impresos convencionales, como órdenes de compra, documentos de embarque, facturas y pagos. Sin embargo, el desarrollo de estándares y la generalización de la informática ha impulsado el uso del EDI en muchos otros sectores como: Seguros de atención médica, archivos, servicios financieros, compras gubernamentales y transacciones en internet. El EDI permite que una empresa pueda realizar una transacción con otra a través de un texto semi-ilegible compuesto por una larga cadena de caracteres. Este texto, estructurado según el estándar EDI, tiene establecidas las posiciones en las cuales se encuentra cada uno de los datos, para efectuar la transacción enviada.

Cuando la empresa destinataria lo recibe, puede interpretarlo con solo seccionarlo.

Funcionalidad

En el EDI, las interacciones entre las partes tienen lugar por medio de aplicaciones informáticas que actúan a modo de interfaz con los datos locales y pueden intercambiar información comercial estructurada. Para su implementación cabe destacar:

- Establece cómo se estructuran, para su posterior transmisión, los datos de los documentos electrónicos.

- Define el significado comercial de cada elemento de datos.

- Para transmitir la información necesita un servicio de transporte adicional (por ejemplo, un sistema de tratamiento de mensajes o de transferencia de ficheros).

- Respeta la autonomía de las partes involucradas.

- No impone restricción alguna en el procesamiento interno de la información intercambiada o en los mecanismos de transmisión.

Generalmente las aplicaciones EDI se ven más reflejadas en organizaciones de carácter comercial y financiero, sin embargo, la transmisión electrónica puede darse también en instituciones gubernamentales, entidades hospitalarias, educativas e industriales. Estas últimas son jalonadas por las comerciales (como cadenas de supermercados). Más allá de la característica de la empresa o del sector, el EDI estructura la información y los formatos a emplear entre las partes. El ámbito de los documentos que se pueden generar por EDI es muy amplio, sin embargo, se destacan algunos que por su uso mayormente común son tomados siempre como genéricos en la implementación del EDI:

- Órdenes de compra.
- Facturas de venta.
- Aviso de despacho.
- Reportes de inventarios y ventas.
- Reportes de transferencias de fondos.

Ventajas del EDI

Las empresas utilizan el EDI por las mismas razones que adoptan la mayoría de las tecnologías modernas: Aumentar la eficacia en sus operaciones e incrementar los beneficios. Algunas de las ventajas son:

- Reducción de costos administrativos.
- Mejor control del inventario.
- Integración estratégica de los datos EDI y el proceso de la información.

De una forma más específica, los beneficios que representa para un proveedor el uso del EDI se materializa en una gestión más eficaz de los procesos de suministro de producto (los tiempos se acortan), de los *stocks* y su relación con otros proveedores. A los fabricantes les sirve el EDI para optimizar la cadena de suministros y también integra sus MPR (sistema de planificación de recursos de fabricación) con los de sus proveedores. Aquí es donde el EDI puede ayudar a reducir los costos y a que los márgenes de tiempo se disminuyan. Otras ventajas que aporta el EDI son:

- Mejor gestión de la planificación de recursos.
- Acceso a la información en tiempo real, y a una mayor cantidad de datos.
- Una mejor capacidad de respuesta al cliente.

Para llevar a cabo estas operaciones, se utilizan los denominados servidores de integración B2B, los cuales traducen las órdenes y respuestas de los distintos MPR a lenguaje XML (*Extensible Markup Languaje* o Lenguaje de Marcas Extendido). Estos servidores permiten que se establezca la comunicación entre los sistemas de diversas empresas, independientemente del lenguaje de programación que utilicen, o de las arquitecturas de sistemas que empleen. Además se encargan de gestionar la seguridad de las transacciones y eliminan las diferencias que tengan las diferentes interfaces.

¿Qué son los estándares?

Para acceder a los beneficios del EDI en las transacciones empresariales, se requiere que existan unos estándares, pues, con ellos se asegura que la información que se transmita será recibida por cualquier receptor. Estos estándares se organizan de tal modo que los programas informáticos pueden traducir los datos de la empresa emisora (en distintos formatos) a formatos estándar o viceversa.

Esta operación se lleva a cabo gracias al uso de *software* instalado en la propia empresa o por medio de los servicios de una compañía VAN (*Value Added Network*).

En la actualidad existen varios cientos de estándares para una amplia gama de transacciones B2B. El principal es el X12, desarrollado por el ASCX12 (*Accredited Standards Committee*). Una entidad dependiente del ASC, la DISA (*Data Interchange Standards Association*) se dedica a proporcionar la formación e información sobre el EDI.

Estándares ASC X12. En 1979 la ANSI (*American National Standards Institute*) creó el Comité de Acreditación de Estándares X12 (ASC), el cual se dedica a desarrollar estándares uniformes para el intercambio electrónico de transacciones entre empresas. Las labores de esta entidad son desarrollar, mantener, interpretar, dar a conocer y promocionar el correcto uso de los estándares EDI de la ANSI y de la UN/EDIFACT (Intercambio Electrónico de Datos para la Administración, el Comercio y el Transporte. Iniciativa de las Naciones Unidas).

Para ello el ASC se reúne tres veces al año y su principal objetivo es crear estándares que faciliten el intercambio electrónico.

Los estándares X12 facilitan las transacciones, estableciendo un tipo de lenguaje de negocios común y uniforme, con el fin de que los ordenadores situados en cualquier lugar se comuniquen sin problemas. En la actualidad el formato más usado es el X12-3040 el cual está conformado por 275 grupos de transacciones que hacen posible realizar cualquier tipo de operación B2B.

La aparición de este estándar X12 incrementó la accesibilidad al EDI a través de la Web, ya que con solo un ordenador con acceso a internet y un *browser*, las empresas pueden conectarse con las redes EDI de manera segura.

Aviso de despacho (entrega certificada)

El aviso de despacho es un documento donde un proveedor con entrega certificada notifica el despacho de un pedido realizado por su cliente. Esta clase de documento ha permitido la creación de un proceso exigente y a la vez beneficioso para ambas partes, tanto cliente como proveedor, se refiere a la entrega certificada, actividad que ha sido impulsada por las grandes cadenas de *retailer* y consiste en la recepción de mercancías con cero verificaciones. Solo existe una inspección ocasional acorde con un muestreo previamente establecido por las partes.

La entrega certificada consta de cuatro etapas de verificación, cada una con un nivel de revisión de mercancías más pequeño. Este proceso puede tomar alrededor de seis meses para ser implementado, tiempo en el cual entran a jugar integraciones en términos de tecnología de comunicaciones, bases de datos de precios y productos comunes, procedimientos de despacho y recepción planeados conjuntamente, personal altamente calificado, actividades de control permanente y altos índices de seguridad en la transmisión y manejo de la información transmitida entre las partes.

Estas etapas se caracterizan así:

- **Fase 1:** Inspección al 100%.
- **Fase 2:** Inspección aprox. al 12%.
- **Fase 3:** Inspección aprox. al 7%.
- **Fase 4:** Inspección ocasional al 100%.

Beneficios

La implementación de esta metodología de trabajo hace que las empresas se exijan al máximo en sus recursos humanos, tecnológicos e informáticos y que abran las puertas de su información la una a la otra. Es un claro ejemplo, en niveles básicos, de la colaboración en logística. Los tres principales beneficios de la entrega certificada son:

- Disminuye los tiempos y errores en la gestión documental de la mercancía por parte del cliente.
- Disponer más oportunamente de la mercancía en los puntos de venta.
- Disminuir los errores en cartera (facturación, notas crédito) e inventarios.

Requerimientos de la entrega certificada

A fin de que el proceso de implementación sea eficaz y se noten resultados positivos en términos de la mejora en la eficiencia en los procesos de recepción, facturación y control de inventarios, es necesario que las compañías involucradas desarrollen los siguientes elementos:

- Alineación de bases de datos.
- Generación de códigos EAN 128 'serial code container shipping' en la generación de palés o empaques mixtos.
- Desarrollo de *software* que genere el respectivo documento de aviso de despacho al cliente, antes de que los productos ingresen a su centro de distribución, almacén o punto de venta.

- Correspondencia entre la información del aviso de despacho, la factura y la orden de compra.

4.6.3 Aplicación de código de barras

Es una herramienta para capturar información de manera automática que permite identificar productos, servicios, localizaciones y activos de manera única a nivel mundial. El código de barras tiene dos componentes:

- El Código.
- El Símbolo.

El Código es la representación numérica, es decir, los caracteres humanamente legibles. *El Símbolo* es la representación gráfica del código. Está conformado por barras claras y oscuras de diferente grosor que permite la captura automática de la información por medio del lector. Un mismo código puede estar representado en diferentes simbologías.

Características del código de barras

Magnificación: Es la dimensión del código de barras (alto x ancho) incluyendo las áreas de silencio (espacios en blanco en los laterales del código). El tamaño del estándar del código se denomina magnificación 100%. La ampliación o reducción del código de barras depende del elemento a identificar.

Truncamiento: Es la reducción de la altura de las barras. Solo puede realizarse si la magnificación del código es igual o mayor al 100%.

Ganancia de impresión: Es la expansión que ocurre en las barras al realizarse la impresión. Se debe tener en cuenta al momento de imprimir, debido a que la tinta utilizada tiende a expandirse, deformando el ancho de las barras.

Tipos de impresión

La impresión de un código de barras puede hacerse de 2 formas:

- Directamente en el envase utilizando el patrón de impresión.
- En etiquetas autoadhesivas generadas por impresora.

Los tipos de código y simbología dependen del elemento que se desea identificar, se debe utilizar un código y simbología diferentes. Veamos los más utilizados:

- El código EAN-UCC-13. Identifica unidades de comercialización detallista (productos, multi-empaques, promociones) que pasan por puntos de pago.

- El código EAN-UCC-8. Identifica unidades de comercialización detallista con áreas de impresión reducida, en las que no es posible codificar con EAN-UCC-13.

- El código SSCC. Identifica unidades logísticas (palés y cajas mixtas); composición de ítem para transportar y almacenar.

Dónde se debe ubicar el código de barras

El código deberá colocarse en la parte inferior del reverso del envase, pero, de no ser posible, se colocará en la parte inferior de la cara frontal. Debe evitarse la cercanía a las áreas de unión, distorsiones, dobles o cortes. En envases cilíndricos se debe colocar horizontalmente. En multiempaques y promociones se deben ocultar los códigos de las unidades contenidas, para evitar dobles lecturas. En unidades de comercialización no detallistas (cajas), la impresión debe hacerse en las cuatro caras laterales, al menos en una de ellas.

Se asigna un nuevo código cuando se modifica un producto en tamaño, marca, descripción del producto y empaque. Cuando se establece una promoción, es decir, un producto con descuento en precio, con contenido o un regalo adicional y que no permanezca en el mercado más de ocho semanas. El código debe ubicarse en la promoción de manera que no sean visibles los códigos de los productos contenidos.

4.6.4 Radio Frequency Identification (RFID)

RFID (siglas de *Radio Frequency Identification*, en español Identificación por radiofrecuencia) es un sistema de almacenamiento y recuperación de datos remoto que usa dispositivos denominados etiquetas, transpondedores o tags RFID. El propósito fundamental de la tecnología RFID es transmitir la identidad de un objeto (similar a un número de serie único) mediante ondas de radio. Las tecnologías RFID se agrupan dentro de las denominadas Auto ID (*Automatic Identification* o Identificación Automática).

Una etiqueta RFID es un dispositivo pequeño, similar a una pegatina, que puede ser adherida o incorporada a un producto, animal o persona. Contienen antenas para permitirles recibir y responder a peticiones por radiofrecuencia desde un emisor-receptor RFID. Las pasivas no necesitan alimentación eléctrica interna, mientras que las activas sí lo requieren. Una de las ventajas del uso de radiofrecuencia (en lugar, por ejemplo, de infrarrojos) es que no se requiere visión directa entre emisor y receptor.

En la actualidad, la tecnología más extendida para la identificación de objetos es la de los códigos de barras. Sin embargo, estos presentan algunas desventajas, como la escasa cantidad de datos que pueden almacenar y la imposibilidad de ser modificados (reprogramados). La mejora obvia que se ideó y que constituye el origen de la tecnología RFID, consistía en usar *chips* de silicio que pudieran transferir los datos que almacenaban al lector sin contacto físico (de forma equivalente a los lectores de infrarrojos utilizados para leer los códigos de barras).

Se ha sugerido que el primer dispositivo conocido similar a RFID pudo haber sido una herramienta de espionaje inventada por León Theremin para el gobierno soviético en 1945. El dispositivo de Theremin era un dispositivo de escucha secreto pasivo, no una etiqueta de identificación, por lo que esta aplicación es dudosa. Según algunas fuentes, la tecnología usada en RFID habría existido desde comienzos de los años 20, desarrollada por el MIT y usada extensivamente por los británicos en la Segunda Guerra Mundial (fuente que establece que los *sistemas* RFID han existido desde finales de la década de 1960 y que solo recientemente se había popularizado gracias a las reducciones de costos).

Una tecnología similar, el transpondedor de IFF, fue inventada por los británicos en 1939 y fue utilizada de forma rutinaria por los aliados en la Segunda Guerra Mundial para identificar los aeroplanos como amigos o enemigos. Se trata probablemente de la tecnología citada por la fuente anterior.

Otro trabajo temprano que trata el RFID es el artículo de 1948 de Harry Stockman, titulado 'Comunicación por medio de la energía reflejada' (Actas del IRE, pp. 1196-1204, octubre de 1948). Stockman predijo que "... el trabajo considerable de investigación y de desarrollo tiene que ser realizado antes de que los problemas básicos restantes en la comunicación de la energía reflejada se solucionen, y antes de que el campo de aplicaciones útiles se explore." Hicieron falta treinta años de avances en multitud de campos diversos antes de que RFID se convirtiera en una realidad.

Funcionabilidad del RFID

El modo de funcionamiento de los sistemas RFID es simple. La etiqueta RFID, que contiene los datos de identificación del objeto al que se encuentra adherido, genera una señal de radiofrecuencia con dichos datos. Esta señal puede ser captada por un lector RFID, el cual se encarga de leer la información y pasársela, en formato digital, a la aplicación específica que utiliza RFID.

Por tanto, un sistema RFID consta de los siguientes tres componentes:

- *Etiqueta RFID o transpondedor*: compuesta por una antena, un transductor de radio y un material encapsulado o chip. El propósito de la antena es permitirle al *chip*, el cual contiene la información, transmitir la información de identificación de la etiqueta. Existen varios tipos de etiquetas; el *chip* posee una memoria interna con una capacidad que depende del modelo y varía de una decena a millares de bytes. Existen varios tipos de memoria:

>> **Solo lectura:** El código de identificación que contiene es único y es personalizado durante la fabricación de la etiqueta.

>> **De lectura y escritura:** La información de identificación puede ser modificada por el lector.

>> **Anticolisión:** Se trata de etiquetas especiales que permiten que un lector identifique varias al mismo tiempo (habitualmente las etiquetas deben entrar una a una en la zona de cobertura del lector).

- *Lector de RFID o transceptor*: Compuesto por una antena, un transceptor y un decodificador. El lector envía periódicamente señales para ver si hay alguna etiqueta en sus inmediaciones. Cuando capta una señal de una etiqueta (la cual contiene la información de identificación de esta), extrae la información y se la pasa al subsistema de procesamiento de datos.

- *Subsistema de procesamiento de datos*: proporciona los medios de proceso y almacenamiento de datos.

Clases de etiquetas

Las etiquetas RFID pueden ser *activas*, *semi-pasivas* (o *semi-activas*) o *pasivas*. Las etiquetas RFID pasivas no tienen fuente de alimentación propia; la mínima corriente eléctrica inducida en la antena por la señal de escaneo de radiofrecuencia proporciona suficiente energía al circuito integrado CMOS de la etiqueta para poder transmitir una respuesta. Debido a las preocupaciones por la energía y el coste, la respuesta de una etiqueta pasiva RFID es necesariamente breve, normalmente apenas un número de identificación (GUID). La falta de una fuente de alimentación propia hace que el dispositivo pueda ser bastante pequeño: Existen productos disponibles de forma comercial que pueden ser insertados bajo la piel.

Las etiquetas pasivas en la práctica tienen distancias de lectura que varían entre unos 10 milímetros hasta cerca de 6 metros dependiendo del tamaño de la antena de la etiqueta y de la potencia y frecuencia en la que opera el lector. Estando en 2007, el dispositivo disponible comercialmente más pequeño de este tipo medía 0,05 milímetros × 0,05 milímetros, era más fino que una hoja de papel. Estos dispositivos son prácticamente invisibles.

Las etiquetas RFID semi-pasivas son muy similares a las pasivas, salvo que incorporan además una pequeña batería. Esta batería permite al circuito integrado de la etiqueta estar constantemente alimentado. Además, elimina la necesidad de diseñar una antena para recoger potencia de una señal entrante. Por ello, las antenas pueden ser optimizadas para la señal de *backscattering*. Las etiquetas RFID semipasivas responden más rápidamente, por lo que son más fuertes en el alcance de la lectura comparadas con las etiquetas pasivas.

Las etiquetas RFID activas, por otra parte, deben tener una fuente de energía y pueden tener rangos mayores y memorias más grandes que las etiquetas pasivas, así como la capacidad de poder almacenar información adicional enviada por el transmisor-receptor. Actualmente, las etiquetas activas más pequeñas tienen un tamaño aproximado de una moneda. Muchas etiquetas activas tienen rangos prácticos de diez metros, y una duración de batería de hasta varios años.

Como las etiquetas pasivas son mucho más baratas de fabricar y no necesitan batería, la gran mayoría de las etiquetas RFID existentes son del tipo pasivo. En fecha de 2004, las etiquetas tienen un precio desde 0,40$, en grandes pedidos. El marcado de RFID universal de productos individuales será comercialmente viable con volúmenes muy grandes, es decir, de 10.000 millones de unidades al año, llevando el coste de producción a menos de 0,05$ según un fabricante. La demanda actual de *chips* de circuitos integrados con RFID no está cerca de soportar ese coste. Los analistas de las compañías independientes de investigación como *Gartner and Forrester Research* convienen en que un nivel de precio de menos de 0,10$ (con un volumen de producción de 1.000 millones de unidades) solo se puede lograr en unos 6 u 8 años, lo que limita los planes a corto plazo para una adopción extensa de las etiquetas RFID pasivas. Otros analistas creen que esos precios serían alcanzables dentro de 10 a15 años.

A pesar de las ventajas en cuanto al coste de las etiquetas pasivas con respecto a las activas son significativas, otros factores, incluyendo exactitud, funcionamiento en ciertos ambientes, como cerca del agua o metal y la confiabilidad, hacen que el uso de etiquetas activas sea muy común hoy en día.

Estandarización de RFID

Los estándares de RFID abordan cuatro áreas fundamentales:

- Protocolo en el interfaz aéreo: Especifica el modo en el que etiquetas RFID y lectores se comunican mediante radiofrecuencia.
- Contenido de los datos: Especifica el formato y semántica de los datos que se comunican entre etiquetas y lectores.
- Certificación: Pruebas de que los productos deben pasar para garantizar que cumplen los estándares y pueden interoperar con otros dispositivos de distintos fabricantes.
- Aplicaciones: Usos de los sistemas RFID.

Como en otras áreas tecnológicas, la estandarización en el campo de RFID se caracteriza por la existencia de varios grupos de especificaciones competidoras. Por una parte, está ISO y, por otra, Auto-ID Centre (conocida desde octubre de 2003 como EPC global, de EPC, *Electronic Product Code*). Ambas comparten el objetivo de conseguir etiquetas de bajo coste que operen en UHF.

Los estándares EPC para etiquetas son de dos clases:

Clase 1: Etiqueta simple, pasiva, de solo lectura con una memoria no volátil programable una sola vez.

Clase 2: Etiqueta de solo lectura que se programa en el momento de fabricación del chip (no re-programable posteriormente).

Las clases no son interoperables y además son incompatibles con los estándares de ISO. Aunque EPC global está desarrollando una nueva generación de estándares EPC está (denominada Gen2), con el objetivo de conseguir interoperabilidad con los estándares de ISO, aún se está en discusión sobre el AFI (*Application Family Identifier*) de 8 bits.

Por su parte, ISO ha desarrollado estándares de RFID para la identificación automática y la gestión de objetos. Existen varios estándares relacionados, como ISO 10536, ISO 14443 e ISO 15693, pero la serie de estándares estrictamente relacionada con las RFID y las frecuencias empleadas en dichos sistemas es la serie 18000.

Requisitos sobre RFID para su uso en logística

WalMart y el Departamento de Defensa de los Estados Unidos han publicado los requisitos para que los fabricantes sitúen las etiquetas RFID en todos sus transportes con el fin de mejorar la gestión de la cadena de suministro. Debido al tamaño de estas dos organizaciones, sus mandatos sobre RFID han causado un impacto en miles de compañías de todo el mundo. La fecha límite se ha extendido varias veces porque muchos fabricantes se enfrentan a grandes dificultades para implementar sistemas RFID. En la práctica, las cifras de lecturas exitosas están actualmente en un 80%, debido a la atenuación de la onda de radio causada por los productos y el empaquetado. Dentro de un tiempo está previsto que incluso las compañías más pequeñas sean capaces de poner etiquetas RFID en sus transportes.

Desde enero de 2005, WalMart ha puesto como requisito a sus 100 principales proveedores que apliquen etiquetas RFID en todos sus envíos. Para poder cumplir el requisito, los fabricantes usan codificadores/impresoras RFID para etiquetar las cajas y palets que requieren etiquetas EPC. Estas etiquetas inteligentes son producidas integrando el RFID dentro del material de la etiqueta, e imprimiendo el código de barras y otra información visible en la superficie de la etiqueta.

Electronic Product Code (EPC)

El EPC es un número diseñado para identificar cada unidad del producto, por ejemplo, cada paquete de café tendrá una única identificación. Lo ideal es que el EPC sea la única información almacenada en el *micro chip* del *tag* de RFID. Esto permite que el costo del *tag* se mantenga bajo y provea flexibilidad. Una cantidad infinita de datos dinámicos puede ser asociada con el número EPC y hace posible su acceso a la base de datos donde está almacenada la información complementaria. Sin embargo, se supone que inicialmente los usuarios solicitarán que se almacene información adicional en el *tag* para usar la tecnología en conjunción con sus sistemas de informática actuales.

La codificación de números EPC en *tags* RFID trae beneficios como la habilidad de detectar un producto sin tener contacto directo visible entre el lector y el *tag*, además de la habilidad de 'leer' múltiples productos al mismo tiempo. La tecnología EPC permitirá una gran visibilidad de los productos en la cadena de abastecimiento teniendo información más detallada y segura acerca de los mismos, mejorando el traslado en tiempo real, la administración de inventario y las prácticas de re-abastecimiento. Esto dará como resultado una reducción en la pérdida de ventas a causa de los quiebres de *stock* y permitirá a las compañías responder eficientemente a las demandas de los clientes.

El código EPC está compuesto por un encabezador (o número de versión), un administrador EPC (administrador de dominio), la clase de objeto y un número serial. La combinación del administrador EPC y la clase de objeto son equivalentes al número mundial de artículo comercial. Un valor específico del número de versión será asignado a una estructura EPC incluyendo el GTIN seguido de un número serial. Esto permitirá que los actuales usuarios del sistema EAN-UCC puedan aplicar la tecnología EPC de manera totalmente compatible con las implementaciones actuales. Sin embargo, debemos reconocer que algunos futuros usuarios de EPC probablemente nunca utilicen el GTIN, porque utilizarán otros sistemas distintos al Sistema EAN-UCC o porque sus requerimientos de aplicación no necesitarán la identificación de artículos comerciales.

El concepto de EPC 'puro' es almacenar solamente el número EPC sobre el *tag* RFID y acceder a la información relevante por medio de la búsqueda en bases de datos remotas o locales utilizando ONS (*Objects Names Services*) y PML (*Physical Markup Language*). Las especificaciones EPC estarán provistas de datos adicionales al número EPC, que serán almacenados en el *tag*.

Aplicaciones potenciales

Las etiquetas RFID se ven como una alternativa que reemplazará a los códigos de barras UPC o EAN, puesto que tienen un número de ventajas importantes sobre la arcaica tecnología de código de barras. Quizás no logren sustituir en su totalidad a los códigos de barras, debido a su coste relativamente más alto. Para algunos artículos con un coste más bajo, la capacidad de cada etiqueta de ser única se puede considerar exagerado, aunque tendría algunas ventajas como una mayor facilidad para llevar a cabo inventarios.

También se debe reconocer que el almacenamiento de los datos asociados al seguimiento de las mercancías a nivel de artículo ocuparía muchos *terabytes*. Es mucho más probable que las mercancías sean seguidas a nivel de palés usando etiquetas RFID y a nivel de artículo con producto único, en lugar de códigos de barras únicos por artículo.

Los códigos RFID son tan largos que cada etiqueta RFID puede tener un código único, mientras que los códigos UPC actuales se limitan a un solo código para todos los casos de un producto particular. La unicidad de las etiquetas RFID significa que un producto puede ser seguido individualmente mientras se mueve de lugar en lugar, terminando finalmente en manos del consumidor. Esto puede ayudar a las compañías a combatir el hurto y otras formas de pérdida del producto. También se ha propuesto utilizar RFID para comprobación de almacén desde el punto de venta y sustituir así al encargado de la caja por un sistema automático que no necesite ninguna captación de códigos de barras. Sin embargo, no es probable que esto sea posible sin una reducción significativa en costo de las etiquetas actuales.

4.6.5 Sistema de gestión del transporte – TMS

Es una solución para la gestión del proceso de transporte, la cual posibilita al usuario diariamente visualizar, racionalizar, simplificar y controlar toda la operación y el costo de transporte de una manera integrada. El sistema se desarrolla en módulos independientes, que pueden ser adquiridos por el cliente de acuerdo con sus necesidades. El sistema busca identificar y controlar los costos inherentes a cada operación, midiendo su desempeño, simulando modelos de fletes, monitorizando eventos de carga y descarga de vehículos, haciendo seguimiento de la emisión de documentos asociados y manifiestos de carga, así como tasas o tarifas. También es posible soportar estudios para el dimensionamiento de la flota y su renovación, así como la gestión y administración de la misma y, por medio de interfaces externas, controlar un vehículo con tecnología GPS.

El TMS debe permitir la entrega de productos en días específicos y a una hora acordada.

El TMS hace viable la utilización de muchos controles de difícil aplicación, como la simulación de tablas de fletes, rastrear un vehículo con información detallada del mismo, de la carga, del transportador y su ubicación geográfica.

Gráfica 97. **Sistema de administración de transporte.**

> ## Sistema de administración de transporte
>
> • Tecnologías, códigos de barras y EDI
> • Mapas digitales centros urbanos
> • Volumetría mercancías (carga camiones)
> • Asignación de rutas y clientes
> • Impresión etiquetas/códigos de barras
> • Diseño de rutas
> • Indicadores de gestión *online*
> • Optimización costos de transporte

Beneficios de un TMS

El Sistema de Gestión de Transporte permite la identificación y el control de los costos en la operación de transporte, el cual aporta varios beneficios:

- Un TMS proporciona un mínimo costo en las operaciones, pues permite visualizar y controlar todas las actividades comprometidas con la gestión del transporte.

- Posibilita controlar, interna y externamente, la calidad de los servicios, estableciendo metas de eficiencia y eficacia acordes con los requerimientos formulados por la empresa.

- Se pueden tomar decisiones más eficientes en relación con los procesos y operaciones, en la medida en que se pueda mantener una mejor información histórica para la planificación y control de las actividades del transporte.

- Aumenta la eficiencia y disponibilidad de la flota de acuerdo con las capacidades, a través de un mantenimiento debidamente monitorizado, previniendo los posibles problemas que se puedan presentar a lo largo del proceso.

- Permite el seguimiento y la administración de un vehículo, proporcionando información detallada y propendiendo una mayor oportunidad en la toma de decisiones.

- Proporciona respuestas en tiempo real, rastreando de una manera lógica el ciclo de pedido de los clientes y gestionando su costo a lo largo del proceso.
- Mejora la agilidad de los controles, reduciendo las rutinas y el flujo de documentos.

Con el avance y el uso del internet para los procesos de compra, las mayores reclamaciones se centran en el retraso de las entregas, los TMS ayudan a prever algunas eventualidades que dificultan la entrega o recibimiento de los productos.

Rutas flexibles

Durante la implementación y operación del TMS, es importante tener presente, desde el punto de vista técnico, la puesta en marcha de un sistema flexible, que incorpore la variabilidad de la demanda. En este sentido, algunas empresas que utilizaban rutas fijas, ahora trabajan con esquemas mucho más flexibles que operan según la demanda, y en los cuales, una vez el *software* procesa y orienta al operador del sistema sobre el manejo de las entregas, se indica la ruta y el vehículo más adecuado, de acuerdo con el tipo de carga y la distancia a recorrer.

Aún más evolucionados, los TMS también permiten controlar el horario de los itinerarios de entrega que deben cumplir los vehículos en los puntos de venta, establecer indicadores para monitorizar y mejorar el nivel de servicio a los diversos clientes, así como el cumplimiento en los plazos de entrega y los tiempos de espera.

Funcionabilidad de los TMS

Entre las muchas funciones que un TMS puede aportar, se pueden enumerar las siguientes:

- **Costos:** Costos de mantenimiento, informes que son alimentados por el sistema de mantenimiento de forma integrada. Costos de operación, informes generados por el sistema de operación de manera integrada.
- **Control de portes a terceros**: información sobre empresas transportistas y de la red de transporte, direccionamiento de las tasas y tarifas, registros de embarque, cálculo de provisiones de portes y emisión de facturas pro forma.
- **Facturación de transporte:** registro de clientes y tercerización, registro de tasas y tarifas, requisición de transporte, registros de notas físicas, emisión de conocimientos y manifiestos de carga y emisión de facturas de cobro a los clientes.
- **Implementos:** Control de materiales en oficinas propias, control de requisiciones y de compras.

- **Mantenimiento:** Control de las garantías de piezas y mano de obra aplicada al proceso para los diferentes componentes.

- **Operación:** Carga, seguimiento de las cargas, control de trasbordo y entrega, tráfico, liberación de embarque, órdenes de transporte, registro de eventos, gestión de la operativa de transporte.

- **Planificación:** administración de rutas, cálculo de dimensionamiento de recursos, renovación de la flota, capacidad y análisis de otras variables.

- **Seguimiento:** interfaces con rastreadores GPS, con tecnología de seguimiento, lectores de códigos de barras y transmisión de datos en tiempo real.

Un Sistema de Gestión de Transporte (TMS) es una solución para tres grandes grupos de organizaciones:

1. Operadores logísticos y empresas de transporte organizadas como tal.

2. Empresas que emplean transporte propio como apoyo a su gestión de negocio (distribución, transferencia).

3. Las empresas que hacen transporte tercerizado.

La utilización de un TMS varía de acuerdo con las necesidades de cada empresa y su real disponibilidad, pues sus módulos son independientes.

Un usuario puede disponer de una variada gama de soluciones en el mercado, pero, lo relevante es no omitir y evaluar las reales necesidades de los recursos disponibles en el *software* del TMS.

En general, un TMS es una herramienta que, bien implementada, proporciona verdaderos ahorros, eficiencia y administración de los materiales, equipos personas y capital comprometido en el desarrollo de la gestión del transporte. Todo esto en busca de unos costos logísticos más acordes con la operación de la empresa, a lo largo de la cadena de abastecimiento:

- *Outsourcing* de operaciones logísticas.

- Logística del servicio al cliente y *marketing.*

- *Supply Chain Management.*

- *E-Logistics.*

- Logística inversa y verde.

- Logística *wireless* (trazabilidad, visibilidad y RFID).

4.6.6 Sistemas de localización satelital (GPS)

La constelación llamada NAVSTAR GPS (*Global Positioning System*) está compuesta por 24 satélites de órbita media (MEO), 21 de ellos operativos y 3 de repuesto. Están distribuidos en 6 planos orbitales alrededor de la tierra a una altura de 20.200 km, girando a una velocidad de una revolución cada 12 horas (dos vueltas a la tierra por día).

A principios de la década de los 70, el Departamento de Defensa de los EE.UU., comenzó a diseñar un nuevo proyecto de localización mundial, por medio de tecnología satelital. Esta necesidad surgió, principalmente, para poder establecer un sistema de posicionamiento preciso para los submarinos nucleares y para ello se requería de un sistema de precisión centimétrica en tiempo real. Es decir, con un error mínimo y en el mismo instante en que se necesita conocer la posición del receptor.

Este sistema está compuesto por tres segmentos:

- *Segmento espacial.* Los satélites son una parte esencial del sistema, ya que estos son los que emiten constantemente las señales hacia los receptores GPS, cubriendo todo el globo terrestre.

- *Segmento de control.* Está compuesto por cinco estaciones de monitores (MS), una estación de control (MCS) y tres estaciones terrestres (TS), localizadas en sitios estratégicos, para un control permanente de la localización de los satélites del sistema.

  Las estaciones de monitorización rastrean todos los satélites que se encuentran a la vista, acumulando la información monitorizada. Esta información es procesada en la MCS para determinar las órbitas de los satélites y para actualizar cada mensaje de navegación de cada satélite. Una vez actualizada esta información es transmitida a cada satélite desde las estaciones terrestres.

- *Segmento del usuario.* El segmento del usuario lo componen los receptores, que proporcionan la posición, altitud, velocidad y tiempo preciso al usuario desde cualquier parte del mundo las 24 horas del día. Varían en precios, tamaños y precisión, desde los más sencillos para la localización de vehículos, hasta los más sofisticados.

Funcionamiento

Cada uno de los satélites artificiales, corresponde a un punto con coordenadas conocidas (efemérides), calculadas a partir de la trayectoria, velocidad y hora.

El funcionamiento y precisión obtenidos por el sistema (GPS), presenta algunas diferencias en cuanto a correcciones y cubrimiento.

El sistema emite cada milisegundo información acerca de su identificación, efemérides y tiempo en dos frecuencias básicas (L1, L2) y tres códigos de información C/A (civil), P (preciso) y D (navegación del sistema). Las señales son emitidas sincrónicamente por todos los satélites con tal intensidad y frecuencia que son capaces de atravesar cualquier condición climática adversa. La señal contiene la identificación del satélite (coordenadas de posición) y hora en la cual es emitida.

Cada receptor interpreta la señal recibida desde el satélite y compara el tiempo que demora desde su emisión (en el satélite) hasta su recepción. Este tiempo de viaje, multiplicado por la velocidad de la luz, determina la distancia del receptor al satélite. Esta distancia se denomina 'alcance'.

La señal recibida desde un satélite determina una esfera de posibles localizaciones del receptor. Dos satélites reducen las posibilidades a un círculo y tres satélites determinan dos puntos posibles en el espacio. Para efectuar una corrección en el tiempo de viaje de todas las señales, se requiere un cuarto satélite. Mientras más señales de satélites sean captadas, más precisa es la determinación de la localización del receptor.

La precisión de los equipos depende del diseño del receptor. A mayor potencia, mayor cantidad de satélites puede copiar. El receptor proporciona cálculos de localización y esta está dada por la rapidez con que encuentre las señales de los satélites.

4.7 Las TIC en la logística de aprovisionamiento

La logística de aprovisionamiento, o de entrada, es considerada dentro de la logística externa debido que se enfoca en planificar y gestionar las actividades relacionadas con los agentes de la cadena de suministro, que proveen la materia prima e información necesaria para la producción del bien o prestación del servicio. Las principales TICs aplicadas a esta son:

- **EDI (*Electronic Data Interchange*):** Corresponde a la transmisión electrónica de documentos comerciales normalizados entre ordenadores, de modo que la información pueda ser procesada sin necesidad de intervención manual. Si las transacciones e intercambio de información entre empresas son automatizadas y normalizadas por medio del EDI, se puede mejorar el aprovisionamiento y la SCM en general, debido a que posiblemente se reduce el tiempo de envío, recepción de documentos, disminución de costos, y se mejoraran las relaciones comerciales entre las partes que intervienen. El EDI presenta desventajas, como los altos costos de implementación y complejidad de la infraestructura física, lo cual, no ha permitido que muchas empresas pequeñas lo utilicen.

Gráfica 98. **Esquema operacional del EDI.**

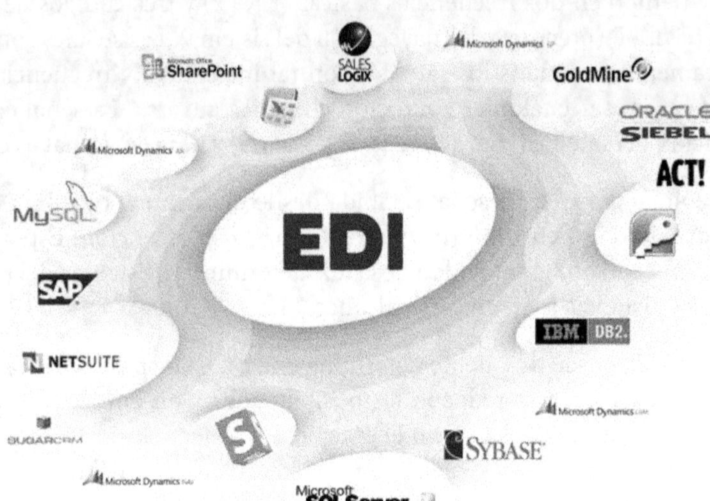

- **E-*procurement***: Es una herramienta que permite automatizar los procesos tácticos y el flujo de información asociados con el aprovisionamiento. Además, automatiza el proceso de compras, a través del *software* y de la tecnología de internet. También mejora la relación entre comprador y vendedor compartiendo información ágil y continua. Las soluciones e-*procurement* basan la optimización del proceso de aprovisionamiento (productos estandarizados y altos volúmenes), a través del uso de catálogos para la realización de pedidos, la automatización de las aprobaciones de órdenes de compra y el establecimiento de controles para hacer cumplir las políticas de aprovisionamiento establecidas para compradores y proveedores.

Las ventajas del e-*procurement* radican que esta soportada en internet e intranet y se basa en las mejores prácticas de aprovisionamiento, lo que permite optimizar las operaciones de compra y venta entre las empresas. Esto maximiza los intercambios de bienes e información a través de toda la cadena de suministro de una forma ágil y oportuna, y se crea una sola interfaz de comunicación con los proveedores. Una de las principales desventajas que presenta es que requiere la utilización de catálogos electrónicos para la realización de pedidos, por lo que en ocasiones se presentan errores de precios y productos.

- **VMI (*Vendor Managed Inventory*) / CRP (*Continuos Replenishment Program*)**: El VMI y CRP son un sistema de aprovisionamiento que se basa en el intercambio de información (internet/EDI), de tal forma que es el propio proveedor quien gestiona los niveles de *stock* de su empresa cliente y el que genera los pedidos. El VMI se presenta cuándo el proveedor controla los inventarios del cliente y reabastece las cantidades necesarias. Además, se ha incrementado el uso del VMI debido que nos encontramos en una era en la cual la información acerca del consumo y las necesidades de la empresa pueden ser fácilmente transmitidas a los proveedores.

Algunas de las ventajas de la utilización del VMI son: Manejar eficientemente el reaprovisionamiento, reducción de costos de transporte, disminución de cantidad de inventarios y mejoras en el sistema de demanda (*Forecast*) en la empresa del cliente. Adicionalmente, la aplicación del VMI mejora la estimación de pronósticos y la administración y control de la producción e inventarios. Mientras las desventajas pueden ser: La poca confianza por parte de las empresas para delegar tal responsabilidad a sus proveedores y la falta de infraestructura tecnológica de muchas empresas para garantizar el flujo de información de consumos e inventarios para realizar las operaciones. El CRP es considerado una parte del VMI y maneja la información para que el reaprovisionamiento sea continuo.

4.8 Las TIC en la logística interna

La logística interna o de fabricación se enfoca en planificar y gestionar las actividades relacionadas con la transformación de la materia prima en producto terminado e incluye los procesos de almacenamiento, producción y *picking*. Las principales TIC aplicadas a esta son:

ERP (*Enterprise Resource Planning*): Concepto que se traduce como 'planificación de recursos de la empresa'. Son programas de *software* concebidos para gestionar de forma integrada las funciones de la empresa, por lo cual, facilita e integra información entre las funciones de manufactura, logística, finanzas y recursos humanos.

Las ventajas de los ERP residen principalmente en la utilización de una única base de datos, lo que facilita la comunicación e intercambio de información entre los departamentos de la empresa y evita la redundancia y duplicidad de la información.

Adicionalmente, la composición de módulos integrados e independientes entre sí facilita la modificación y el ajuste. Las principales desventajas que presentan en su uso son las grandes inversiones de dinero y altos porcentajes de fracasos en proyectos de implementación, debido a la no reestructuración de los procesos de negocio y a la mala gestión del cambio de la cultura organizacional.

WMS (*Warehouse Management System*): Es un subsistema de información que ayuda en la administración del flujo del producto y el manejo de las instalaciones en la red logística. Además, se considera que controla las operaciones que alimentan de materia prima y componentes al proceso de producción, y atiende las órdenes de pedidos de los clientes.

Los elementos de un WMS son:

1. Recepción.
2. Almacenamiento.
3. Administración de inventarios.
4. Procesamiento de órdenes y cobros.
5. Preparación de pedidos.

Las ventajas potenciales con la utilización de un WMS son:

1. Conocimiento en tiempo real de la utilización de los recursos del almacén.

2. Reducción en costos debido a la optimización de operaciones (diseño de rutas óptimas de *picking* y la programación de maquinaria).

3. Mejora en la calidad del servicio, el cual implica el manejo adecuado de la trazabilidad, exactitud en el cumplimiento de las especificaciones de la mercancía despachada, y fiabilidad en los tiempos de entrega. Además de lo anterior, el WMS permite un control adecuado del *stock*.

Las desventajas que presenta el WMS son los altos costos de implementación debido a la capacidad de procesamiento de este *software* y la necesidad de reestructuración del proceso de almacenamiento.

El WMS permite una adecuada gestión de la cadena de suministro debido que facilita la optimización de los recursos, lo cual reduce costos y brinda una mejora en la prestación del servicio debido a que se reduce la actividad de *picking*.

Pick to light* y *pick to voice: Son sistemas de *picking* que no utilizan papeles, sino que se basan en redes luminosas y sistemas de voz, respectivamente. *Pick to light* tiene como componente básico una serie de indicadores luminosos que guían al operario tanto en términos de ubicaciones de *picking*, como cantidades a recoger, y una vez realizada la operación pulsa un botón de confirmación y el *stock* se actualiza en tiempo real. Mientras en el *pick to voice*, el operario del almacén lleva un receptor y un auricular donde puede recibir, transmitir y enviar mensajes cortos acerca de la operación de *picking* que está realizando.

Este tipo de tecnología, cuando es usada de forma conjunta, potencia los beneficios individuales y optimiza las operaciones de *picking*, las cuáles suelen representar el 75% del costo del almacén. Además, es una variable que afecta la satisfacción del cliente y el funcionamiento de la cadena de suministro en general, debido que incluye la preparación de pedidos. Su principal desventaja son los costos de implementación y cambios organizacionales y físicos en el almacén.

Fotografía 17. **Sistema de recolección de *"Picking to light"*.**

Fotografía 18. **Sistema de recolección de *"Voice Collect"*.**

4.9 Las TIC en la logística de salida/distribución

La logística de salida se considera dentro de la logística externa debido a que se encarga de planificar y controlar los procesos de distribución y relación con clientes finales. Además, se encarga de gestionar las relaciones con los procesos logísticos internos, tales como el almacenamiento y el *picking*. Las principales TIC aplicadas a la logística de salida son:

CRM (*Consumer Relationship Management*): El CRM, o Administración de Relaciones con el Consumidor, es definido por Microsoft como una estrategia que permite a las empresas identificar, atraer y retener a sus clientes. El CRM cubre los procesos de *marketing,* ventas y servicio al cliente.

Dentro de sus ventajas se considera la facilidad para administración de la información relacionada con los clientes y aumento de su satisfacción, reducción de costos y mejora en la productividad debido a la automatización de actividades. Entre las desventajas se considera la dificultad del cambio de la cultura organizacional para enfocarla al cliente, y altos costos de implementación. El CRM mejora la gestión de la SCM debido que permite conocer información acerca de las necesidades y satisfacción de los clientes, lo cual puede mejorar la estimación de la demanda.

EPC (*Electronic Product Code*): Es un sistema que usa radiofrecuencia para la identificación automática de productos de consumo a través de la cadena de suministro. El EPC mejora el flujo de la información en la cadena de suministro en tiempo real, lo que permite un despacho rápido de productos, asegura disponibilidad de productos en el momento y cantidad que el cliente lo desee. También permite mejorar la trazabilidad y genera valor. El EPC contiene la información que hoy está en el Global Trade Item Number (GTIN) del código de barras, más otros datos. Finalmente, los costos de los TAGS, las antenas lectoras y el *software* se convierten en un obstáculo para su implementación.

GPS (*Global Position System*): El sistema de posicionamiento global (GPS) es un sistema de satélites utilizando navegación que permite determinar la posición de un objeto con exactitud. La aplicación del GPS en la cadena de suministro se enfoca a la monitorización de cargas y camiones, sus ventajas son la reducción de costos debido al mejor control a realizar sobre la flota de transporte y aumento en la seguridad debido a la trazabilidad a los productos.

Grafica 99. Esquema operacional del GPS.

4.10 Nuevas tendencias

- **Teléfonos inteligentes, tabletas,** *cloud computing* o el intercambio de datos entre máquinas (*Machine to Machine Technology*, M2M), voice *picking* o *smart glasses*, se utilizarán cada vez más para las tareas operativas como la recolección, embalaje, recogida y las instrucciones de entrega, selección de transportistas, etc.

- *Big data*: Engloba un conjunto de herramienta que permiten obtener ventajas competitivas para las empresas que sepan extraer las conclusiones adecuadas, siendo además el foco para identificar nuevas tendencias o crear conceptos innovadores a partir del análisis de los datos, en tiempo real o estudiando el comportamiento de datos históricos.

- *Additive manufacturing* **(impresión 3D):** Calificada como una de las tecnologías que revolucionará la producción industrial, flexibilizando y adaptando la producción a las necesidades de cada mercado, a la vez que estimulará la formación de una economía circular (o en red). Entre los beneficios de su irrupción se mencionan la reducción de los costos y simplificación de procesos, ahorro de tiempo en la fabricación de productos, construcción de elementos que antes no eran posibles y mejora de la productividad, gracias también a la eliminación de los residuos. Si bien faltan años de desarrollo, se prevé que el impacto en la economía alcanzaría los USD 500 mil millones en 2025.

- **Sensores de bajo costo:** Es probable que la irrupción de esta tecnología en el sector aumente el uso de los sensores en muchos procesos, posibilitando la creación de infraestructuras logísticas inteligentes dado el potencial de estos en la integración de producción y procesos logísticos propiamente tal.

Bibliografía

Beltrán Jaramillo, Jesús Mauricio. (2000) *Indicadores de gestión*, Editorial 3R Editores ltda, 2da edición.

Camp, Robert C. (1993) *Benchmarking*. 1ªedición. Panorama Editorial S.A.

Cohen, Daniel y Asin, Enrique (2000). *Sistemas de información para los negocios: Un enfoque de toma de decisiones*. 3ª edición. Editorial Mc. Graw Hill.

Domínguez Giraldo, Gerardo. (1999) *Indicadores de gestión*, Biblioteca Jurídica Dike, 2da Edición.

Durán, Heras Alfonso y otros. (2001) *La logística y el comercio electrónico*. Ed. Mc Graw Hill.

Fajardo Osorio, Rubén Patricio. (2009) *Logística base de la gestión de negocios*. EAN, Perú.

Ibáñez Gimeno, José María. (2000) *La gestión del diseño en la empresa*. McGraw Hill.

Jarillo, José Carlos y Martinez Echezarraga, Jon. (1991) *Estrategia Internacional: Más allá de las exportaciones*, Editorial Mc Graw Hill.

Miquel Peris, Salvador y otros. (1997) *Distribución Comercial*. Editorial ESIC, Madrid.

__________. (1997) *Logística Integral*. Editorial ESIC, Madrid.

__________. (1997) *Marketing y Logística para la Distribución Comercial*. Editorial ESIC, Madrid.

Mora, Luis Aníbal. (2008) *Indicadores de la Gestión Logística*, Ecoe Ediciones, Bogotá, Colombia.

Mora, Luis Aníbal. Muñoz, Rubén Darío. (2006) *Diccionario de logística y negocios internacionales*, 1ª. ed. Ecoe Ediciones, Bogotá.

Prida Romero, Bernardo y Gutiérrez, Casa Gil, (1995) *Logística de aprovisionamientos*, Editorial McGraw-Hill.

Ruibal Handabaka, Alberto. (1998) *Gestión de Distribución Física Internacional*. Editorial Norma.

Schonberger, Richard J. (1986) *Manufactura de categoría mundial*, Editorial Norma, Colombia.

Soret, Ignacio. (1997) *Logística Comercial y Empresarial*. Editorial ESIC, Madrid.

Spendolini, Michael J. (1994) *Benchmarking*, Editorial Norma, 1ª edición.

Stanton, William, Etzel, Michael, Walker, Bruce. (1995) *Fundamentos de Marketing*. Editorial Mc Graw Hill, México, 10ª Edición.

Tejero Anaya, Juan José. (1999) *La gestión operativa de la empresa (un enfoque de logística integral)*, Editorial ESIC, Madrid.Id entur? Conseque con re vellisquat.

Micrologística

Rodolfo Enrique Silvera Escudero

Prevención de riesgos laborales: Personal de transporte y estiba

Alba Ramírez Soriano, Eva María Hernández Ramos

Prevención de riesgos laborales: Personal de reparto y de conducción

Alba Ramírez Soriano

Logística urbana. Manual para operadores logísticos y administraciones públicas

Ignasi Ragàs

Manual del transporte en contenedor

Jaime Rodrigo de Larrucea

Transporte de mercancías por carretera. Manual de competencia profesional

José Manuel Ruiz Rodríguez

Manual del transporte marítimo

Agustín Montori Díez, Carlos Escribano Muñoz, Jesús Martínez Marín

Técnicas para ahorrar costos logísticos. Aurum 2

Luis Carlos Hernández Barrueco

Título de transportista. Competencia profesional para el transporte de mercancías por carretera

Francisco Martín, M. Teresa Maza, María J. de la Maza

Manual de gestión de tráfico de mercancías

Rut Castell

Cómo desarrollar la carga aérea en aeropuertos

Javier Arán Iglesia

Cadena de suministro. Principios, máximas y recomendaciones

Luis A. Mora García

Transporte ferroviario de mercancías

Miguel Ángel Dombriz

Gestión documental del transporte por carretera

Eva María Hernández Ramos

Manual del transporte de mercancías

Jaime Mira, David Soler

Transporte marítimo de mercancías. Los elementos clave, los contratos y los seguros

Rosa Romero, Alfons Esteve

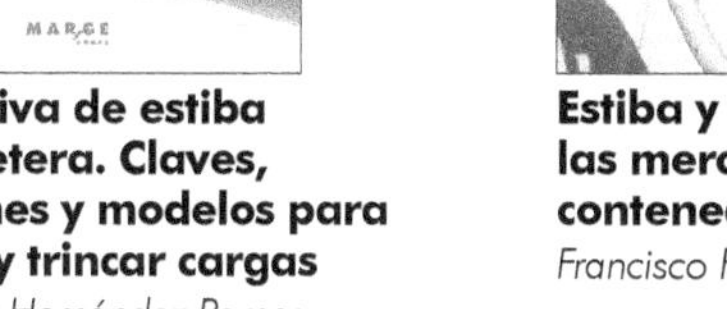

Normativa de estiba en carretera. Claves, soluciones y modelos para estibar y trincar cargas

Eva María Hernández Ramos

Estiba y trincaje de las mercancías en contenedor

Francisco Fernández Sasiaín

València, 558 – 08026 Barcelona – Tel. +34-931 429 486 – marge@margebooks.com – www.margebooks.com